Der Autor:

Marc Bloch, 1886 in Lyon geboren, gehörte zu den renommiertesten Historikern Frankreichs im 20. Jahrhundert.

1929 Mitbegründer der Annales-Schule: Ihre strukturgeschichtliche Methode beabsichtigt eine »umfassende Geschichte«, die »histoire totale«.

Von 1919 bis 1936 Professor in Straßburg, dann an der Sorbonne, Paris, 1940 in Clermont-Ferrand und Montpellier.

Auf seiten der »Résistance« einer der Führer im Widerstand gegen das Dritte Reich und die Vichy-Regierung; 1942 als Professor abgesetzt. 1944 von der Gestapo verhaftet und bei Lyon von den Nationalsozialisten ermordet.

Marc Bloch

# Apologie der Geschichtswissenschaft oder Der Beruf des Historikers

Nach der von Étienne Bloch edierten französischen Ausgabe herausgegeben von Peter Schöttler

Vorwort von Jacques Le Goff

Aus dem Französischen von Wolfram Bayer

Klett-Cotta

Klett-Cotta
www.klett-cotta.de
Die Originalausgabe erschien unter dem Titel «Apologie pour l'histoire ou Métier d'historien» im Verlag Armand Colin, Paris

Printed in Germany
Umschlag: Klett-Cotta-Design unter Verwendung eines Fotos aus dem Privatbesitz von Étienne Bloch
Gesetzt aus der New Baskerville von Fotosatz Janß, Pfungstadt
Gedruckt und gebunden von Esser printSolutions GmbH, Bretten
ISBN 978-3-608-98645-7

Vierte Auflage, 2021

Bibliografische Information der Deutschen Nationalbibliothek
Die Deutsche Nationalbibliothek verzeichnet diese Publikation in der Deutschen Nationalbibliografie; detaillierte bibliografische Daten sind im Internet über http://dnb.d-nb.de abrufbar.

## Inhalt


Editorische Notiz . . . . . . . . . . . . . . . . . . . . VII
Jacques Le Goff: Vorwort . . . . . . . . . . . . . . . . IX
Hinweise zur Textgestaltung . . . . . . . . . . . . . . XLV

Für Lucien Febvre. Anstelle einer Widmung . . . . . . . 3
Einleitung . . . . . . . . . . . . . . . . . . . . . . . . 5

Erstes Kapitel
**Die Geschichte, die Menschen und die Zeit**
**23**

1. Die Auswahl des Historikers . . . . . . . . . . . . . 25
2. Die Geschichte und die Menschen . . . . . . . . . . 27
3. Die historische Zeit . . . . . . . . . . . . . . . . . 32
4. Der Götze Ursprung . . . . . . . . . . . . . . . . . . 33
5. Vergangenheit und »Gegenwart« . . . . . . . . . . . 41

Zweites Kapitel
**Die historische Beobachtung**
**55**

1. Allgemeine Merkmale der historischen Beobachtung . . . . . . . . . . . . . . . 57
2. Die Zeugnisse . . . . . . . . . . . . . . . . . . . . . 69
3. Die Überlieferung der Zeugnisse . . . . . . . . . . 79

## Drittes Kapitel

## Die Kritik

89

1. Entwurf einer Geschichte der kritischen Methode . . . 91
2. Der Lüge und dem Irrtum auf der Spur . . . . . . . . . 103
3. Versuch einer Logik der kritischen Methode . . . . . . 124

## Viertes Kapitel

## Die historische Analyse

153

1. Urteilen oder verstehen? . . . . . . . . . . . . . . . . . 155
2. Von der Vielfalt menschlicher Phänomene zur Einheit des Bewußtseins . . . . . . . . . . . . . . . 161
3. Die Nomenklatur . . . . . . . . . . . . . . . . . . . . 173
4. [ohne Titel] . . . . . . . . . . . . . . . . . . . . . . . 193

## Fünftes Kapitel

## [ohne Titel]

205

[Ohne Titel] . . . . . . . . . . . . . . . . . . . . . . . . 207

Peter Schöttler: Nachwort . . . . . . . . . . . . . . . . 215

Register . . . . . . . . . . . . . . . . . . . . . . . . . . . 281

# Editorische Notiz

Marc Blochs *Apologie pour l'histoire ou Métier d'historien* erschien zuerst 1949. In alle Weltsprachen übersetzt, avancierte das Buch zu einem Klassiker der Geschichtswissenschaft. Sein immenser Erfolg beruht zum einem auf der Fähigkeit des Autors, die theoretischen und methodischen Voraussetzungen der Geschichtsforschung einem breiten Publikum anschaulich zu vermitteln, zum anderen aber auch auf der besonderen Faszination, die das Leben und Werk dieses Historikers auf immer neue Generationen ausüben. Heute gilt Marc Bloch, der zusammen mit Lucien Febvre die französische »*Annales*-Geschichtsschreibung« begründete und 1944 als Résistance-Kämpfer von der Gestapo erschossen wurde, nicht nur in Frankreich, sondern weltweit als einer der wichtigsten Anreger einer kritischen Geschichts- und Humanwissenschaft.

Die *Apologie der Geschichtswissenschaft* war der letzte große Text, an dem Marc Bloch vor seiner Ermordung arbeitete. Aus den hinterlassenen Fragmenten stellte Lucien Febvre eine posthume Ausgabe zusammen, die 1974 – unter dem Titel »Apologie der Geschichte« – auch ins Deutsche übersetzt wurde. Doch Ende der achtziger Jahre wurde bekannt, daß weitere Manuskripte existierten und Febvres Edition zahllose Mängel enthielt, die eine vollständige Neuausgabe notwendig machten. So entstand eine kritische Rekonstruktion des Textes, die 1993 von Étienne Bloch vorgelegt wurde. 1997 folgte eine Studienausgabe, die die rekonstruierte »Endfassung« einem breiteren Publikum zugänglich machte. Die vorliegende neue deutsche Ausgabe basiert auf dieser Edition. Von der alten Ausgabe unterscheidet sie sich in dreierlei Hinsicht: eine veränderte Textgrundlage, eine völlig neue Übersetzung und ein veränderter Titel.

Zur allgemeinen Bedeutung und Aktualität der *Apologie der Geschichtswissenschaft* sei auf das Vorwort von Jacques Le Goff verwiesen, das aus der französischen Ausgabe übernommen wurde. Weitere Informationen zum historischen und theoretischen Kontext des Buches sowie zu seiner Rezeption enthält das Nachwort.

Étienne Bloch hat seit Jahren für eine neue deutsche Ausgabe plädiert. Christoph Selzer hat sie bei Klett-Cotta geduldig betreut. Barbara Hahn und Bertrand Müller haben das Nachwort gelesen. Patrick Krassnitzer hat das Register zusammengestellt. Allen sei herzlich gedankt.

Berlin, Januar 2002 *Peter Schöttler*

## Jacques Le Goff
# Vorwort

Das Erscheinen dieser neuen Ausgabe des posthumen und unvollendeten Werks von Marc Bloch, *Apologie der Geschichtswissenschaft oder Der Beruf des Historikers*, ist sehr zu begrüßen. Der Text wurde von Marc Blochs ältestem Sohn, Étienne, rekonstruiert und mit Anmerkungen versehen.

Es ist allgemein bekannt, daß der große Historiker, der 1929 die Zeitschrift *Annales* (damals *Annales d'histoire économique et sociale*, heute *Annales. Histoire, sciences sociales*) mitbegründete, während des Vichy-Regimes untertauchen mußte, weil er Jude war. 1943 schloß er sich der Widerstandsbewegung »Franc-Tireur« in Lyon an und am 16. Juni 1944 wurde er unweit dieser Stadt von der Gestapo erschossen. Er war eines der Opfer von Klaus Barbie.

In seinen Papieren hinterließ Marc Bloch ein unvollendetes Werk zur Methodologie der Geschichtswissenschaft, an dem er bis zuletzt gearbeitet hatte. Es trug den Titel *Apologie pour l'histoire* und in seinem ältesten Entwurf den Untertitel: *ou Comment et pourquoi travaille un historien* [*oder Wie und warum ein Historiker arbeitet*]. 1949 wurde dieses Manuskript unter dem Titel *Apologie pour l'histoire ou Métier d'historien* von Lucien Febvre publiziert.

Ich möchte hier keine systematische Untersuchung des Textes in Zusammenhang mit dem vor 1944 entstandenen, veröffentlichten oder noch unveröffentlichten Werk von Marc Bloch unternehmen. Aber es wird zu erörtern sein, ob die *Apologie der Geschichtswissenschaft* im wesentlichen eine Zusammenfassung der von Bloch in seinem Werk angewandten Methodologie darstellt, oder ob sich hier eine Weiterentwicklung seines Denkens und seiner Projekte ankündigt.

Ausklammern möchte ich auch einen Vergleich zwischen diesem Text und anderen methodologischen Texten aus der Zeit zwischen dem Ende des 19. und der Mitte des 20. Jahrhunderts, wobei ich vor allem den Gegensatz zwischen diesem Text und der berühmten *Introduction aux études historiques* von Langlois und Seignobos im Auge habe. Das würde eine aufwendige Forschungsarbeit voraussetzen. Wie schon die erste Fußnote des Manuskripts bezeugt (vgl. S. 5), betrachtete Bloch dieses Buch als ein abschreckendes Beispiel, auch wenn er den beiden Historikern, die seine Lehrer waren, durchaus Anerkennung zollte. Das ist nicht erstaunlich, denn die *Annales* haben sich seit ihrer Gründung als Organ eines Kampfes gegen die von Langlois und Seignobos vertretene Geschichtsauffassung verstanden.

Statt dessen will ich hier versuchen, als posthumer Schüler dieses großen Historikers – denn leider bin ich Marc Bloch nie persönlich begegnet –, dessen Werk und dessen Denken meine Ausbildung und meine Arbeit als Historiker entscheidend geprägt haben, und zwar bis heute, zumal mir Fernand Braudel, der große Erbe von Febvre und Bloch, 1969 die ehrenvolle Aufgabe eines Mitherausgebers der *Annales* übertrug, die Reaktionen eines heutigen Historikers zu formulieren, der sich in der Nachfolge Marc Blochs und der *Annales* versteht. Wir wollen ihnen heute dieselbe Treue erweisen, die auch Marc Bloch in der erwähnten Fußnote paktiziert, indem er erklärt, daß Treue und Kritik sich keineswegs ausschließen. Ich will also versuchen zu skizzieren, was dieser Text im allgemeinen Kontext der Geschichtswissenschaft, und vor allem der französischen um 1944, bedeutete und was er noch heute bedeutet.

Titel und Untertitel, *Apologie der Geschichtswissenschaft oder Wie und Warum ein Historiker arbeitet,* geben die Absichten Marc Blochs sehr genau wieder. Dieses Buch ist zuallererst eine Verteidigung der Geschichtswissenschaft. Diese Verteidigung wendet sich gegen die im Text ausdrücklich erwähnten Angriffe, vor allem von Paul Valéry, aber auch gegen die tatsächliche oder mögliche Entwicklung eines wissenschaftlichen Wissens, das die Geschichte an den Rand drängt oder gar ausschließt. Denkbar wäre auch, daß Marc Bloch die Historie gegen jene Historiker in Schutz nehmen will, die ihr zwar zu dienen glauben, aber ihr gerade damit in seinen Augen einen schlechten Dienst erweisen. Und nicht zuletzt, das ist eine der Stärken des Buches, weist er auf die Unterschiede zwischen Historikern einerseits und Soziologen oder Ökonomen andererseits hin, deren Denkweise ihm zwar wichtig ist, deren Gefahren für das historische Fach er aber ebenfalls erkennt. Dies gilt, wie wir noch sehen werden, für Émile Durkheim und François Simiand.

Der endgültige Untertitel, *Der Beruf des Historikers,* der den ursprünglichen treffend ersetzt, weist auf ein anderes Anliegen von Marc Bloch hin, nämlich die Beschreibung des Historikers als Handwerker. Es geht um dessen Arbeitsmethoden und wissenschaftliche Ziele, die allerdings, wie wir sehen werden, auch über die Wissenschaft hinausreichen.

Was im Titel zwar nicht gesagt wird, im Text aber wohl, ist, daß Marc Bloch sich nicht damit zufrieden gibt, die Geschichtswissenschaft und den historischen Beruf zu definieren, sondern gleichzeitig darlegen möchte, was Geschichte ist und wie ein Historiker arbeiten sollte.

Bevor ich meine Lektüre von Marc Blochs Text zusammenfasse, möchte ich auf die außerordentliche Fähigkeit des Historikers hinweisen, seine persönlichen Lebensumstände in historische Reflexionen zu verwandeln. Diese große Gabe kommt natürlich vor allem in *L'Étrange Défaite* [*Die seltsame Niederlage*] zum Ausdruck, der bis heute wohl scharfsinnigsten Analyse der Ursachen und Umstände der französischen Niederlage von 1940. Marc Bloch hat über dieses Ereignis nachgedacht, als die Gemüter noch erhitzt waren, und er hat es praktisch ohne Zugang zu Archiven oder Unterlagen analysiert, die dem Historiker eigentlich unentbehrlich sind. Dennoch handelt es sich um das Werk eines Historikers und nicht etwa eines Journalisten. Sogar die besten Journalisten bleiben nämlich am Ereignis »kleben«. Und bereits im Juni 1940 – Bloch hielt sich damals im besetzten Rennes auf, fern jeder Bibliothek – verwendet er seine »von vielen Gefahren bedrohte Muße, die ein seltsames Schicksal ihm auferlegt hat«, dazu, an einem Text zu schreiben, von dem er sagt, daß er unter den gegebenen Umständen zwangsläufig die Form eines Testaments annehmen mußte. Aus diesem Text über die Legitimitätsprobleme der Historie wurde die schließlich *Apologie der Geschichtswissenschaft.*

Auf die Einleitung des Buches, die einige der Leitgedanken enthält, möchte ich etwas näher eingehen. Marc Bloch geht aus von der Frage seines Sohnes, der von ihm wissen möchte, wozu die Geschichtswissenschaft gut sei. Diese vertrauliche Eröffnung zeigt uns nicht nur einen Mann, der genauso für seine Familie wie für sein Werk lebt, sondern führt uns auch ins Zentrum einer seiner Überzeugungen: die Pflicht des Historikers, seine Arbeit bekannt zu machen und zu lehren. Er müsse sich »Gelehrten und Schuljungen gleichermaßen verständlich [...] machen« können, wobei er betont, daß »diese Schlichtheit [...] nur wenigen Auserwählten gegeben« ist. Schon allein um dieser Forderung willen ist dieses Buch heute, da der Jargon in allzu viele historische Werke Eingang gefunden hat, brennend aktuell.

Der von Marc Bloch schon in den ersten Zeilen des Buches verwendete Ausdruck »Legitimität der Geschichtswissenschaft« zeigt, daß das epistemologische Problem der Historie für ihn nicht nur ein intellektuelles und wissenschaftliches, sondern auch ein staatsbürgerliches und sogar ein moralisches ist. Der Historiker hat eine Verantwortung, über die er »Rechenschaft ablegen« muß. Marc Bloch weist dem Historiker damit einen Platz unter den Handwerkern zu, die ebenfalls ihrem Berufsethos gerecht werden müssen. Aber bezeichnenderweise denkt er dabei unwillkürlich in Kategorien langer historischer Zeiträume: »Hier steht aber weit mehr zur Diskussion als die kleinen Gewissensbisse einer Gelehrtenzunft. Es geht um die gesamte westliche Zivilisation.« Damit werden zugleich die Zivilisation als privilegierter Untersuchungsgegenstand des Historikers sowie das historische Fach als Zeugnis und integrierender Bestandteil einer Zivilisation bestätigt.

Aus der Sicht einer vergleichenden Geschichtswissenschaft fügt Marc Bloch hinzu, daß die westliche Zivilisation »im Unterschied zu anders gearteten Kulturen stets große Erwartungen in ihr Gedächtnis gesetzt« hat, womit er das sowohl für Historiker wie für Geschichtsliebhaber grundlegende Begriffspaar Geschichte und Gedächtnis einführt – ein Gedächtnis, das einer der wichtigsten Rohstoffe der Geschichtsschreibung bildet, mit dieser aber keineswegs gleichgesetzt werden darf. Damit bietet sich auch sofort die Erklärung für ein Phänomen an, das nicht nur festgestellt wird. Dieser für das Abendland so charakteristische Bezug auf das Gedächtnis ist nämlich ein Erbe sowohl der Antike als auch des Christentums.

Danach folgen ein paar Zeilen, die in eine lapidare Formel münden, deren Fruchtbarkeit vielleicht noch nicht hinreichend erkannt wurde: »Das Christentum ist eine Historikerreligion.« In diesem Zusammenhang erwähnt Marc Bloch zwei Phänomene, die für ihn im Zentrum der Geschichtswissenschaft stehen: die Dauer, die konkrete Materie der Zeit, und das Abenteuer, die individuelle und kollektive Form des Lebens der Menschen, die von Systemen mitgerissen werden, die mächtiger sind als sie, und zugleich mit einem Zufall konfrontiert sind, in dem sich die Mobilität der Geschichte häufig äußert. Einige Seiten weiter wird Marc Bloch auch von den »Abenteuern des Körpers« sprechen.

Wenn er anschließend die Meinung vertritt, die Franzosen seien an ihrer Geschichte weniger interessiert als die Deutschen an der ihren, so bin ich mir nicht sicher, ob er recht hat. Darin äußert sich aber auch, wie mir scheint, die Meinung, die Marc Bloch von den Deutschen hatte, eine Meinung, die sowohl auf seinem Deutschlandaufenthalt als Student in den Jahren 1908–1909 als auch auf seine Erfahrung als Historiker zurückgeführt werden kann. Die deutsche Geschichtsschreibung und die deutsche Geschichte (wir dürfen nicht vergessen, daß Marc Bloch während des Krieges schreibt) enthalten eine gefährliche Ausrichtung, die aus der Vergangenheit, aus der Geschichte kommt.

Dieses Urteil über die Beziehung der Franzosen zu ihrer Geschichte ist auch von der Verzweiflung über die Niederlage geprägt, und der Pessimismus, den Bloch empfindet, legt ihm apokalyptische Voraussagen in den Mund. In seinen Augen läuft die Geschichtswissenschaft Gefahr, in Verruf zu geraten, ja aus unserer Zivilisation zu verschwinden, wenn die Historiker nicht wachsamer werden. Marc Bloch ist sich bewußt, daß die Geschichtsschreibung im Unterschied zur Geschichte, die ja mit dem Leben der Menschen zusammenfällt, selber ein historisches Phänomen ist, welches historischen Bedingungen unterliegt. Darin liegt die Legitimität, aber auch die Unsicherheit der Geschichtswissenschaft begründet.

Trotzdem hat Marc Bloch dieses apokalyptische Ende der Geschichtswissenschaft kaum in Erwägung gezogen, als uns sein klarer und von einem unerschütterlichen menschlichen Optimismus getragener Blick wieder eine friedlichere, hoffnungsvollere Sicht historischer Ereignisse anbietet. »Unsere unglücklichen [...] Gesellschaften«, schreibt er, »werden von Selbstzweifeln geplagt« – und hier ist die Nähe zu den *Traurigen Tropen* von Claude Lévi-Strauss erstaunlich. Sie fragen sich, ob nicht die Vergangenheit schuld daran ist: Wurden sie von ihr betrogen, haben sie ihr die falschen Fragen gestellt? Doch die Erklärung für diese Ängste liegt darin, daß diese »traurigen Gesellschaften« von ständigen Wachstumskrisen heimgesucht werden. Anstatt wie andere Historiker von Niedergang oder Dekadenz zu sprechen, gibt Marc Bloch, der viele Krisenzeiten als Perioden der Veränderung analysiert hat, diesen Gesellschaften und den historischen Bewegungen wieder Hoffnung und einen positiven Sinn.

Die Einleitung des Buches ist also äußerst ernst. Es handelt sich um ein ernstes Thema, abgehandelt in einer dramatischen Situation. Doch sofort besinnt sich Marc Bloch wieder auf eine der Tugenden der Geschichtsschreibung: Sie ist »unterhaltsam«. Noch vor der Wißbegierde wird sie durch das »schlichte Interesse« angespornt. Damit werden – freilich nur marginal und in begrenztem Maße – die Neugier und der historische Roman als Diener der Geschichtswissenschaft rehabilitiert: Die Leser von Alexandre Dumas sind vielleicht »nichts anderes als potentielle Historiker«. Um gute Geschichte zu schreiben, um sie zu lehren und die Liebe zu ihr vermitteln zu können, darf man nicht vergessen, daß die Geschichte neben »ihrer mitunter unvermeidlichen Trockenheit [...] zweifellos ganz besondere ästhetische Genüsse« bietet. Neben dem notwendigen, mit wissenschaftlicher Arbeit und der Suche nach historischen Mechanismen verbundenen Zwang zur Genauigkeit läßt sie uns auch »die Wonne« empfinden, »Konkretes zu erfahren«. Daraus ergibt sich der Ratschlag, der mir noch heute aktuell zu sein scheint: »Hüten wir uns davor, unserer Wissenschaft das Poetische wegzunehmen.«

Verstehen wir Marc Bloch richtig! Er sagt nicht: Die Geschichtswissenschaft ist eine Kunst oder ist Literatur, sondern: Die Geschichte ist eine Wissenschaft, und eines ihrer Merkmale, das sowohl ihre Schwäche als auch ihre Stärke ausmachen kann, besteht darin, daß sie poetisch ist, da sie sich nicht auf Abstraktionen, auf Gesetze oder Strukturen reduzieren läßt.

Bei seinem anschließenden Versuch, den »Nutzen« der Geschichtswissenschaft zu definieren, setzt sich Marc Bloch mit dem Standpunkt der »Positivisten« auseinander (wobei er, stets um eine Unterscheidung zwischen nuancierten Historikern und Systematikern bemüht, hinzufügt: »strenger Observanz«).

Es bedürfte einer eigenen Untersuchung dieses Begriffs und seiner Verwendung durch Marc Bloch und die Historiker der *Annales*. Heute ruft er auch bei den Historikern, die dem Geist der *Annales* gegenüber aufgeschlossen sind, Widerstände, ja sogar Feindseligkeit hervor. Ich kann hier nur die Richtung einer möglichen Untersuchung und Reflexion andeuten. Die »positivistischen« Historiker, auf die sich Bloch hier bezieht, sind von der »positivistischen« Philosophie des späten 19. Jahrhunderts, also von der Schule Auguste Comtes geprägt – von jener Philosophie, die in ihren oft recht unterschiedlichen Formen (so ist z. B. der 1903 verstorbene Renouvier, der oft als »Positivist« bezeichnet wird, weitaus mehr als nur ein Schüler von Comte) herrschende Lehre war und während Blochs Studentenjahren die Grundlage philosophischen Denkens in Frankreich darstellte. Auf historischem Gebiet entwickelten sie ein spezifisches Denken, und dieses Denken, das den Vorzug hatte – welchen Bloch ihm auch nie absprach –, dem Vorgehen der Historiker objektive, »wissenschaftliche« Grundlagen zu geben, hatte vor allem den großen Nachteil, den deutschen Historismus des späten 19. Jahrhunderts zu unterschätzen und die Geschichtswissenschaft auf »die strikte Beobachtung von Tatsachen, den Verzicht auf moralische Urteile oder Ausschmückungen, also auf die reine historische Wahrheit« zu reduzieren (so die Diagnose des Amerikaners Henry Adams, 1884).

An seinem Lehrer Charles Seignobos, dem wichtigsten Vertreter dieser »positivistischen« Richtung, kritisierte Marc Bloch, daß er die Arbeit des Historikers mit dem Sammeln von Tatsachen beginnen läßt, wo doch eine wichtige Vorbereitungsphase darin besteht, daß sich der Historiker bewußt wird, daß historische Tatsachen kein »positives« Faktum sind, sondern das Ergebnis seiner eigenen, aktiven Konstruktion, die aus einer Quelle überhaupt erst ein Dokument macht und dann dieses Dokument, diese historische Tatsache, als Problem konstituiert. Das ist mit dem »Positivismus« gemeint, der jenen Historikern vorgeworfen wird, ein Positivismus, der außerdem eine utilitaristische Färbung bekommt, wenn die Historiker, statt eine ganzheitliche Geschichte zu schreiben, ihre Arbeit allein auf das reduzieren, was sie für »nützlich« halten.

Marc Bloch tritt hier nachdrücklich für den Eigenwert, für die scheinbare Nutzlosigkeit einer interesselosen geistigen Tätigkeit ein. In der Geschichtswissenschaft äußerst sich in seinen Augen eine allgemein menschliche Tendenz. Auch deshalb ist die Geschichte eine Humanwissenschaft: »Man würde die Menschheit auf befremdliche Weise verstümmeln, wollte man ihr das Recht vorenthalten, ihren Wissensdurst auch unabhängig von der Sorge um das eigene Wohlbefinden zu stillen.«

Hier tauchen zwei Schlüsselwörter auf, die das Historikertemperament von Bloch zu verstehen helfen. »Verstümmeln«: Marc Bloch lehnt eine Geschichtsschreibung ab, die den Menschen verstümmelt (echte Geschichtsschreibung interessiert sich für den ganzen Menschen, einschließlich seines Körpers, seines Gefühlslebens und seiner Mentalität, und nicht nur für seine Gedanken und Handlungen), aber auch die Geschichte verstümmelt, als einer umfassenden Bemühung, den Menschen in der Gesellschaft und in der Zeit zu verstehen. »Durst«: Das Wort erinnert an den Hunger, auf den in einem berühmten Satz des ersten Kapitels angespielt wird: »Der gute Historiker gleicht [...] dem Menschenfresser im Märchen. Seine Beute weiß er dort, wo er Menschenfleisch wittert.« Marc Bloch ist hungrig, er hat einen Heißhunger auf Geschichte, auf die Menschen in der Geschichte. Ein Historiker braucht einen guten Appetit. Er ist ein Menschenfresser. Marc Bloch erinnert mich an jenen Pariser Theologen der zweiten Hälfte des 12. Jahrhunderts, der auf der Suche nach dem Leben und der Geschichte Bücher verschlang: Petrus Comestor, Petrus der Esser.

Wenn schon nicht »positivistisch«, so ist die Geschichtswissenschaft für Marc Bloch trotzdem eine Wissenschaft, und sein Buch ist deutlich darauf bedacht, immer wieder Bezüge zur Mathematik, den Naturwissenschaften oder den Wissenschaften vom Leben herzustellen. Nicht, um daraus Rezepte für die Geschichtswissenschaft abzuleiten. Marc Bloch hat sich zwar der Statistik bedient (die für einen Mediävisten nur begrenzt von Nutzen ist), aber er gehört noch der Zeit vor der quantitativen Geschichtsschreibung an. Vielmehr weist er auf die Einheit des wissenschaftlichen Denkens hin, obwohl sich die Geschichte bereits ihre Autonomie paradigmatisch erobert hat: »Wir fühlen uns nicht mehr verpflichtet, allen Gegenständen des Wissens ein einheitliches, von den Naturwissenschaften übernommenes Denkmodell überzustülpen.« Echte Wissenschaften lassen sich an einem entscheidenden Kriterium erkennen: »Die einzig wahren Wissenschaften sind die, die zwischen den Phänomenen Erklärungszusammenhänge herzustellen vermögen.« Um ihren Platz unter den anderen Wissenschaften einnehmen zu können, muß die Geschichte daher »statt zusammenhangloser und endloser Aufzählungen rationale Klassifizierungen und zunehmende Verständlichkeit« bieten.

Marc Bloch fordert die Geschichtswissenschaft nicht zur Formulierung falscher Gesetzmäßigkeiten auf, die ohnehin durch das ständige Eingreifen des Zufalls durchbrochen werden. Aber er will sie nur dann als Wissenschaft gelten lassen, wenn sie von Rationalität und Verständlichkeit geprägt ist; ihre Wissenschaftlichkeit beruht nicht auf der Natur oder ihrem Gegenstand, sondern auf dem Vorgehen und der Methode des Historikers.

Die Geschichtswissenschaft ist also in einem zweifachen Kontext zu sehen: da ist einerseits der »Punkt, den das Fach auf seiner [...] Entwicklungskurve gerade erreicht hat« – wobei diese Entwicklungskurve »stets ein wenig unregelmäßig« ist, denn Marc Bloch lehnt jeden primitiven Evolutionismus ab –, und andererseits der ideengeschichtliche »Moment«, dem jeder Historiker verhaftet bleibt, das »mentale Klima« einer Zeit, was im Grunde genommen nicht so weit entfernt ist vom »Zeitgeist« einiger deutscher Historiker.

In dieser Suche nach zunehmender Verständlichkeit nimmt die Geschichte unter den Humanwissenschaften eine Sonderstellung ein. Sie ist wie die meisten Wissenschaften, ja sogar in noch höherem Maße, eine »Wissenschaft in Bewegung«, da die Zeit ein integrierender Bestandteil ihres Gegenstandes ist. Um Wissenschaft bleiben zu können, muß die Geschichte mehr als andere in Bewegung bleiben, fortschreiten. Sie darf niemals stehenbleiben.

Der Historiker darf kein Sitzarbeiter, kein Bürokrat der Geschichte sein, sondern er muß ein Wanderer sein, der sich seiner Pflichten als Forscher und Abenteurer bewußt ist. Denn ein weiteres Merkmal der Geschichtswissenschaft im Sinne Marc Blochs, über das die Historiker zu wenig nachgedacht haben, besteht darin, daß sie »eine Wissenschaft« ist, »die noch in den Kinderschuhen steckt«. Sie war lange Zeit nur ein Gestammel, eine Vorgeschichte, welche von Herodot bis Mabillon reicht, von dem Marc Bloch etwas später auch sagen wird, daß 1681, das Jahr der Veröffentlichung von *De re diplomatica,* »ein wichtiges Datum in der Geschichte des menschlichen Geistes« sei, denn mit diesem Buch wurde »die Quellenkritik endgültig begründet«. Über diese Frühzeit der Geschichtswissenschaft, die ja erst im 19. Jahrhundert zum Lehrstoff wird – einem Jahrhundert, in dem sie zwar begründet wurde, aber noch lange zwischen literarischer Kunst und wissenschaftlicher Erkenntnis schwankte –, wird noch nachzudenken sein. Für den Historiker ist dies ein Anlaß zur Demut, aber auch zu Zuversicht und Hoffnung. Denn jetzt erhebt sich in der Geschichtswissenschaft ganz allmählich der Wind des Wissens, und die Morgenröte historischer Erkenntnis bricht an. Sie dauert bis heute.

Manche Historiker vor Marc Bloch, aber auch viele seiner Zeitgenossen haben sich damit abgefunden, in der Geschichtsschreibung nur »eine Art ästhetische Spielerei« zu sehen, und einige Sozialwissenschaftler mußten »in Kauf nehmen, daß diese Erkenntnisbemühungen, die doch den Menschen galten, viele durchaus menschliche Tatsachen unberücksichtigt ließen, da sie sich ihrer Meinung nach einem rationalen Wissen hartnäckig widersetzten«. Marc Bloch muß hier aufmerksam gelesen werden. »Diesen Rückstand bezeichneten sie geringschätzig als ›*Ereignis*‹; gemeint war damit auch ein Gutteil des persönlichen, *individuellen* Lebens.«[1] Von wem ist hier die Rede? Es geht um die »von Durkheim begründeten soziologischen Schule«. Gleich

[1] Von mir hervorgehoben.

zu Beginn wird damit auf die außerordentliche Bedeutung der Durkheimschen Soziologie für Marc Bloch und die frühen *Annales* hingewiesen. Erneut unterstreicht Bloch seine Schuld gegenüber dieser Schule. Er verdankt ihr vor allem, daß er gelernt hat, »anspruchsvoller zu denken«. Das liegt ihm besonders am Herzen, dieses Nachdenken über Geschichte, dieses Nachdenken über deren Erforschung und über sein eigenes Werk, wobei es darauf ankommt, niemals kleinlich, armselig oder engstirnig zu denken. Er lehnt jede Praxis, jede Methode ab, die die Geschichte verkürzen könnte. Und er ist sehr darauf bedacht – eine Konstante seiner methodologischen Reflexion –, Geschichtswissenschaft und Soziologie nicht zu vermischen; er lehnt »starre Grundsätze« ab und wird an anderer Stelle noch darauf hinweisen, daß Durkheim und seine Schüler der Zeit gegenüber gleichgültig geblieben seien.

Durkheims Einfluß auf Marc Bloch und die frühen *Annales* müßte genau untersucht werden, da er sie zutiefst geprägt hat. Festzuhalten ist jedoch, daß Bloch den Verführungskünsten der Soziologie und insbesondere der Durkheimschen stets widerstanden hat. Mit der Soziologie einen Dialog führen, ja; die Geschichtswissenschaft braucht diesen Austausch mit den anderen Human- und Sozialwissenschaften. Aber Geschichtswissenschaft und Soziologie miteinander vermischen, nein. Marc Bloch ist Historiker und will es bleiben. Die Geschichtswissenschaft erneuern, ja, vor allem im Kontakt mit diesen Wissenschaften; aber sie in ihnen aufgehen lassen, nein.

Eine aufmerksamere Lektüre des eben zitierten Satzes über das Ereignis und das Individuelle hätte den Interpreten Marc Blochs und der *Annales* manche Fehler erspart. Das »Ereignis«, gegen das Bloch sich wendet, entspricht dem jener Soziologen, die es als einen armseligen »Rückstand« betrachten. Aber Bloch wendet sich keineswegs gegen das Ereignis an sich (Lucien

Febvre hat sich in diesem Zusammenhang vielleicht weniger vorsichtig geäußert). Wie sollte auch eine »histoire totale« ohne Ereignisse auskommen? Was heute nach einem Wort von Pierre Nora als »Wiederkehr des Ereignisses« bezeichnet wird, geht in direkter Linie auf diese Überlegungen Marc Blochs zurück.

Ebenso gilt, daß Marc Bloch dem Kollektiven weit mehr Beachtung schenkt als dem Individuellen. Aber dennoch macht er das Individuum zu einem der Interessenschwerpunkte der Geschichtswissenschaft. Von der historischen Forschung sagt er, sie müsse sich »vornehmlich dem *Individuum* oder der Gesellschaft zuwenden«[2], und er kritisiert die Definition der Geschichtswissenschaft von Fustel de Coulanges (obwohl dieser zusammen mit Michelet sein bewunderter »Lehrer« war): »Der Mensch ist die Wissenschaft von den menschlichen Gesellschaften«, wobei er anmerkt, daß damit »die Bedeutung des Individuums in der Geschichte vielleicht allzu gering veranschlagt« werde. Und schließlich und vor allem wäre ein wesentlicher Teil des fünften Kapitels, das unvollendet und ohne endgültigen Titel geblieben ist, dem Individuum gewidmet gewesen.

Nach einem Seitenhieb auf Paul Valéry, dem er vorwirft, die wahre Geschichtswissenschaft zu verkennen und mit seinem Diktum, die Geschichtet sei »das gefährlichste Produkt, das die Chemie des Intellekts je zusammengebraut hat«, die Ignoranz zu rechtfertigen, kommt er auf seine eigene Sicht der Geschichtswissenschaft und auf den Zweck seines Buches zu sprechen.

Die Geschichtswissenschaft, die er und seine Historikerfreunde anstreben, ist eine »zugleich erweiterte und vertiefte«. Der engstirnigen und oberflächlichen Geschichtsschreibung der Positivisten setzt er den Willen zur Erweiterung und Vertiefung des Faches entgegen. Bis heute fühlen sich die vom Geist der *Annales*

---

2 Von mir hervorgehoben.

berührten Historiker diesem Ansatz verpflichtet. »Neue Probleme, neue Ansätze, neue Gegenstände«, das war die dreifache Erweiterung, die Pierre Nora und ich in der Nachfolge Marc Blochs 1974 in dem Sammelband *Faire de l'histoire* von einer Gruppe von Historikern forderten. Es bleibt noch viel zu vertiefen. Zwar hat der Abstieg der Historiker in die Abgründe der Geschichte mit den Forschungen über Mentalitäten und Gefühle bereits begonnen, aber es gibt immer noch viel zu tun. Die Psychoanalyse, auf die Bloch in diesem Buch und auch in *Die Feudalgesellschaft* an einigen Stellen anspielt, hat noch kaum Eingang in das Denken der Historiker gefunden. Der jüngst verstorbene Alphonse Dupront, ein »Historiker der Tiefe«, dessen zum Teil unveröffentlichtes Werk dem Einflußbereich Marc Blochs und der *Annales* zugerechnet werden muß, war relativ isoliert, und die von Alain Besançon und Michel de Certeau unternommenen Versuche einer psychoanalytischen Geschichtsschreibung, denen die *Annales* der siebziger Jahre eine Tribüne boten, sind ohne Fortsetzung geblieben. Die amerikanische *Psychohistory* hat zwar interessante Perspektiven eröffnet, sich aber nicht durchsetzen können.

Was nun den Zweck des Buches betrifft, die Verteidigung und Erläuterung der Geschichtswissenschaft, so geht es vor allem um Handwerk: zu »sagen, wie und warum ein Historiker sein Handwerk ausübt«, »das Notizbuch eines Handwerkers«, »die Aufzeichnungen eines Gesellen«. Von der gewissenhaften Arbeit, die im 19. Jahrhundert geleistet wurde, heißt es, sie habe »den Historiker wieder an die Werkbank« zurückgeholt. Als ein Historiker der ländlichen Welt, dem immer wieder Bezüge und Metaphern des bäuerlichen Lebens aus der Feder fließen, vergleicht Marc Bloch den guten Historiker mit dem »guten Landmann«, der Péguy zufolge »das Ackern und Säen genauso leidenschaftlich« liebt »wie die Ernte«. Auch der Pascalsche Jäger ist ein Forscher, der die Jagd mehr liebt als die Beute.

Zwei Geständnisse schließen diese Einleitung ab. Zunächst gesteht Marc Bloch, daß er keine philosophische Ader habe. Er sieht darin, wie er sagt, eine »Lücke« seiner »Grundausbildung«. Wir erkennen darin aber auch und vor allem eine traditionelle Eigenschaft französischer Historiker. Meist können sie sich – ist es eine Vorsichtsmaßnahme oder ein Fehler? – für die Philosophie im allgemeinen und die Geschichtsphilosophie im besonderen nicht erwärmen. Insofern ist dieses Buch eine methodische Abhandlung und kein geschichtsphilosophischer Essay.

Aber Marc Bloch, der nichts so verabscheut wie Bequemlichkeit und Denkfaulheit, möchte in diesem Buch nicht nur sagen, was Geschichte ist und wie sie geschrieben wird, sondern: »Ich gestehe, daß es (dieses Buch) auch programmatischen Charakter hat.« Es ist Einführung und Leitfaden zugleich für eine Geschichtswissenschaft der Zukunft.

Ich kann mich den Worten Lucien Febvres, die natürlich viel maßgeblicher sind als die meinen, nur anschließen: »Zutiefst bedauerlich ist das Fehlen genauerer und detaillierterer Aufzeichnungen Marc Blochs über die letzten Teile seines Buchs. Sie hätten sicher zu den originellsten gehört.« Ich begnüge mich daher mit Hinweisen auf die mir interessant erscheinenden Passagen im Hauptteil des Buches.

Zunächst die Definition der Geschichtswissenschaft.

Die Geschichtswissenschaft ist Forschung, also Auswahl. Ihr Gegenstand ist nicht die Vergangenheit: »Schon der Gedanke, die Vergangenheit als solche könne Gegenstand einer Wissenschaft sein«, ist »absurd«. Ihr Gegenstand ist »der Mensch« oder besser »die Menschen« oder noch genauer: »die Menschen in der Zeit«.

Ich stelle hier einige der meines Erachtens wichtigsten Passagen über die Zeit der Geschichtswissenschaft zusammen, der Marc Bloch ursprünglich ein eigenes Kapitel widmen wollte. Die Zeit ist das Milieu und das Rohmaterial der Geschichtsschreibung: »Als konkrete und lebendige, in der Unumkehrbarkeit ihrer Dynamik rekonstruierte Realität ist die Zeit der Geschichtswissenschaft […] das Plasma, in dem die Phänomene schwimmen, der Ort ihrer Verstehbarkeit« (S. 32). Die Zeit der Geschichtswissenschaft oszilliert zwischen dem, was Fernand Braudel die *longue durée*, die lange Dauer, nennen wird, und jener Kristallisierung, die Marc Bloch lieber als »Augenblick« denn als »Ereignis« bezeichnet und in die er als Vermittlerin die »Bewußtwerdung« einsetzt: »Der Historiker tritt nie aus der Zeit hinaus. Er befaßt sich vielmehr […] bald mit den großen, sich durch die Zeit fortpflanzenden Wellenbewegungen miteinander verwandter Phänomene, bald mit dem Augenblick, in dem diese Strömungen im Bewußtsein der Menschen einen mächtigen Knoten bilden.« Ganz gleich, wie weit die Vereinheitlichung der Zeitmessung auch fortgeschritten sein mag, die Zeit der Geschichte widersetzt sich jeder Gleichförmigkeit: »Die Zeit der Menschen wird sich also stets der unerbittlichen Gleichförmigkeit und starren Unterteilung der Uhrzeit widersetzen. Sie braucht Maßeinheiten, die auf ihren veränderlichen Rhythmus abgestimmt sind und als Grenzen oft mit Randbereichen vorliebnehmen müssen, weil die Wirklichkeit es so will. Nur um den Preis einer solchen Elastizität darf die Geschichtswissenschaft hoffen, ihre Klassifikationen den, wie Bergson sie nannte, ›Linien der Wirklichkeit‹ anzugleichen – was ja das eigentliche Endziel jeder Wissenschaft ist« (S. 204).

Halten wir im Vorübergehen fest, daß hier auf Bergson Bezug

genommen wird. Blochs Denken konvergiert in mehrfacher Hinsicht mit der Bergsonschen Philosophie der Zeit und des fließenden Charakters von Denken und Leben.[3]

Aus dieser Sicht der Zeit folgt der Verzicht auf den »Götzen Ursprung«, auf die »Besessenheit von den Ursprüngen« und auf die bequeme Illusion, diese Ursprünge stellten einen »Anfang« dar, »der eine Erklärung bietet«, kurzum auf die Vermischung von »Herkunft« und »Erklärung«. Und Marc Bloch erwähnt erneut den für die Geschichte Europas und des Westens grundlegenden Umstand, daß »das Christentum [...] seinem Wesen nach eine historische Religion« ist, weshalb es als »Schnittpunkt zahlreicher konvergenter Merkmale entweder der Sozialstruktur oder der Mentalität« etwas zu verbinden erlaubt, was in der historischen Wirklichkeit allzu oft getrennt wird.

Als Wissenschaft von der Zeit und von der Veränderung stellt die Geschichtsforschung jeden Historiker vor heikle Probleme, wie zum Beispiel den Umstand, daß die Menschen »zum großen Leidwesen der Historiker [...] nicht immer ihren Wortschatz verändern, wenn sie ihre Gewohnheiten ändern«.

Nachdem er die müßige Frage, ob die Geschichtswissenschaft eher Wissenschaft oder Kunst sei, als alten Hut entzaubert hat, geht der Mediävist Marc Bloch nun zum Wesentlichen über. Als erstes wird der Standort der Gegenwart, die er lieber »das Aktuelle« nennt, ermittelt, indem er etwas definiert, das man heute als »Beschleunigung der Geschichte« bezeichnet. Dazu führt er ein konkretes Beispiel an, dessen Formulierung zugleich ein Problem anreißt und einen vorläufigen Erklärungsansatz bietet: »Seit Leibniz und Michelet ist [...] etwas Entscheidendes geschehen: Die aufeinanderfolgenden technischen Revolutionen ha-

---

3 *L'Évolution créatrice* erschien zuerst 1907, *Durée et simultanéité* 1922, *La Pensée et le mouvant* 1934.

ben den psychologischen Abstand zwischen den Generationen über die Maßen vergrößert.« Anschließend bezeichnet er die »Gegenwart der Menschen« als »wissenschaftlicher Erkenntnis durchaus zugänglich«; ihre Untersuchung möchte er nicht »ganz anderen Fächern« wie etwa der Soziologie, der Ökonomie oder dem Journalismus anvertrauen (Marc Bloch spricht von »Publizisten«), sondern solide in der Geschichtswissenschaft verankern. Daraus erklärt sich die Begrenztheit und Unfähigkeit mancher ängstlichen Historiker, die sich vor der Gegenwart fürchten und »der keuschen Klio allzu hitzige Berührungen ersparen« möchten. Bloch nennt sie »Antiquare«, die einer Vergangenheitsseligkeit erlegen sind, oder Gelehrte, denen es nicht gelingt, von der Sammlung historischer Daten zu deren Erklärung überzugehen – womit durchaus nicht die Gelehrsamkeit disqualifiziert werden soll, zu der jeder Historiker verpflichtet ist, ganz im Gegenteil, mit der er sich aber nicht zufriedengeben darf. Doch »der Wissenschaftler, der keinen Gefallen daran findet, die Menschen, Dinge und Ereignisse um ihn herum zu beobachten«, sollte »auf die Bezeichnung ›Historiker‹ […] besser verzichten.«

Nach gründlicher Erörterung und Definition der Gegenwart kann die eigentliche Arbeit des historischen Handwerks beginnen: die Gegenwart aus der Vergangenheit und umgekehrt auch die Vergangenheit mit Hilfe der Gegenwart zu verstehen.

Die Entwicklung und Anwendung einer »vorsichtig regressiven Methode« ist eine der wesentlichen Errungenschaften Marc Blochs, und dieses Erbe ist bis heute nur unzureichend gepflegt und genutzt worden. »Diese Fähigkeit, sich auf das Leben einzulassen, […] die wichtigste Tugend des Historikers«, kann nur in »ständigem Kontakt mit dem Heute« erworben und ausgeübt werden. Geschichte schreibt der Historiker zunächst »gegen den Strich«.

Erst dann kann er sich auf seine Beute, den »Wandel«, stürzen, kann er historische Vergleiche anstellen und sich an die »einzig wahre Geschichte [...], die Universalgeschichte«, heranwagen. Ich würde an dieser Stelle und in Anlehnung an Michel Foucault eher von einer »allgemeinen Geschichte« sprechen. Aus ihr ergeben sich drei Thesen, die zugleich Ermahnungen sind.

Die erste besteht darin, daß »die Unkenntnis der Vergangenheit [...] nicht nur dem Verständnis der Gegenwart« schadet, sondern »auch das gegenwärtige Handeln beeinträchtigt«. Marc Bloch wendet sich dabei nicht nur an Historiker, sondern an alle Mitglieder der Gesellschaft, vor allem an jene, die einen Führungsanspruch erheben. Offensichtlich hat man ihm bis heute kaum zugehört.

Die zweite These lautet, »daß sich auch der Mensch stark verändert hat, und zwar sowohl geistig als auch in den subtilsten Mechanismen seines Körpers. [...] Seine mentale Atmosphäre hat einen grundlegenden Wandel erfahren, seine Hygiene und Ernährungsweise nicht minder«. Daraus leitet sich die Berechtigung der Mentalitäten-Forschung in der Geschichtswissenschaft ab, aber auch die bis heute aktuelle Forderung, die Geschichte des Körpers zu erforschen, also dem nachzugehen, was Marc Bloch an anderer Stelle »die Abenteuer des Körpers« genannt hat. Er fügt hinzu: »Dennoch muß es in der menschlichen Natur und den menschlichen Gesellschaften einen durchgängigen Grundbestand geben. Ohne ihn wären die Begriffe ›Mensch‹ und ›Gesellschaft‹ bedeutungslos.« Wie könnte man die Berechtigung, ja Notwendigkeit einer historischen Anthropologie, die heute große Fortschritte macht, obwohl ihr die Traditionalisten noch immer die kalte Schulter zeigen, besser formulieren?

Und schließlich: Diese breit angelegte, tiefgreifende, in langen Zeiträumen denkende, offene und vergleichende Geschichtsschreibung kann nicht das Werk eines einzelnen Forschers sein: »Das Leben ist zu kurz.« »Wenn sie [die Spezialisten] sich voneinander isolieren, werden sie alles, auch das eigene Forschungsgebiet, nur halb verstehen.« Die Geschichtswissenschaft »ist auf gegenseitige Unterstützung angewiesen«. Der Beruf des Historikers ist eine Kombination aus individueller Arbeit und Teamarbeit. Die Entwicklung der Geschichtswissenschaft und der Historiographie hat die Mehrzahl der Historiker dazu bewegt, ihren Elfenbeinturm zu verlassen.

Nachdem damit der Arbeitsbereich und das Vorgehen des Historikers durch keine anderen Grenzen als die der Menschen und der Zeit bestimmt worden sind, kann er sich an seine Werkbank setzen. Seine erste Aufgabe ist »die historische Beobachtung« (Kapitel II). Er muß sich dabei auch mit »der unübersehbaren Menge nicht-schriftlicher Zeugnisse«, insbesondere den archäologischen, auseinandersetzen. Er darf also nicht mehr »auf der Ebene der Dokumente von der Erzählung und auf der Ebene der Fakten vom Ereignis [...] besessen« sein. Und zugleich muß er sich damit abfinden, über die Vergangenheit nicht alles wissen zu können, sich einer »Erkenntnis mittels Spuren« zu bedienen und auf einen »Rekonstruktionsprozeß« angewiesen zu sein, für den »alle Wissenschaften [...] zahlreiche Beispiele« bieten. Denn: »Die Vergangenheit ist definitionsgemäß etwas Vorgegebenes, das nicht mehr verändert werden kann. Das Wissen um sie macht jedoch Fortschritte, verändert und vervollständigt sich andauernd.« Auf dem wichtigen Gebiet der Erforschung individueller Mentalitäten sind allerdings die Historiker älterer Gesellschaften, einschließlich der Mediävisten, machtlos, weil ihnen »keine privaten Briefe oder Tagebücher« vorliegen, sondern nur, wenn es hochkommt, »schlechte, konventionell geschriebene Biographien«. Aus diesem Grund »wirkt ein Gutteil unserer Geschichte wie eine blutleere Welt ohne Menschen«.

Man muß Marc Bloch genau zuhören, wenn er seinen Historikerkollegen den Rat erteilt, aufrichtig zu sein und notfalls auch zu sagen: »Ich weiß es nicht, ich kann es nicht wissen«. Aus meiner Sicht ist er in dieser Hinsicht vielleicht zu pessimistisch. Die Historiker weit zurückliegender Epochen, und zumal des Mittelalters, versuchen heute durchaus Biographien zu schreiben, die einer strengen, ausgefeilten Methodik genügen. Dies gilt mindestens für die Lebensläufe berühmter Persönlichkeiten. Darüber hinaus dürfte die Erforschung historischer Individuen von den Studien profitieren, die in letzter Zeit im Zusammenhang mit der »Rückkehr des Subjekts« in Philosophie und Sozialwissenschaft unternommen wurden.

Im übrigen sollte der Mediävist, Marc Bloch zufolge, unter anderem Heiligenviten untersuchen, die für ihn »überaus wertvoll« sind, weil sie zahlreiche Informationen über die »Lebens- und Denkweisen« der Zeit enthalten, in der sie geschrieben wurden. (Ein berühmtes Kapitel von *Die Feudalgesellschaft* trägt bekanntlich den Titel »Formen des Fühlens und Denkens«.) Dabei sollte man allerdings – im Unterschied zu vielen Mediävisten, auch nach Marc Bloch – nicht vergessen, daß es sich bei diesen Informationen um Dinge handelt, »die der Hagiograph gar nicht erwähnenswert fand«.

Wichtig ist dabei, sich stets vor Augen zu halten, daß Dokumente und Zeugnisse nur zu dem sprechen, »der sie zu befragen versteht«, daß »jeder historischen Forschungsarbeit [...] von vornherein eine bestimmte Untersuchungsrichtung vorgegeben sein« sollte. Hier widerspricht Marc Bloch sehr deutlich der Konzeption der sogenannten »positivistischen« Historiker; statt dessen lehnt er sich an den berühmten Mathematiker Henri Poincaré an, der viel über seine eigene Arbeit und die seiner Kollegen nachgedacht und gezeigt hat, daß jede wissenschaftliche Entdeckung von einer Hypothese ausgeht. 1902 veröffentlichte er ein Buch mit dem Titel: *La science et l'hypothese.*

Eine andere Illusion, der manche Gelehrte erliegen, besteht in dem Glauben, »jedem historischen Problem entspräche ein einziger, darauf spezialisierter Dokumententyp«. Die Geschichtswissenschaft ist auf eine Vielzahl von Quellen und damit auch von Techniken angewiesen: »Nur wenige Wissenschaften müssen, glaube ich, so viele verschiedene Werkzeuge gleichzeitig verwenden. Das liegt daran, daß nichts so komplex ist wie menschliches Geschehen. Der Mensch nimmt eben einen herausragenden Platz in der Natur ein.« Daher die These: »Es ist ratsam, meiner Meinung nach sogar unerläßlich, daß ein Historiker wenigstens annähernd mit den wichtigsten Arbeitsmethoden seines Berufes vertraut ist.« Hier wird deutlich, daß Blochs Konzeption der »historischen Hilfswissenschaften« über die der meisten traditionellen Historiker weit hinausgeht. Hilfswissenschaften dürfen nicht als isolierte Spezialkenntnisse betrieben werden. Vielmehr ist auch hier ist ein globaler, umfassender Zugang zu den Techniken der Sammlung und Bearbeitung von Quellen nötig.

Doch wie sollen Durchführung und Auswertung dieser historischen Beobachtung organisiert werden? Durch die Erstellung von technischen Handbüchern, Inventaren, Katalogen und Nachschlagewerken. Marc Bloch erinnert an die großen wissenschaftlichen Leistungen seit Du Cange und Dom Mabillon (was die Mediävistik betrifft) sowie an die Arbeit, die im 19. Jahrhundert vollbracht wurde. Aber dieses handwerkliche Rüstzeug versteht er nicht als passiven Besitz, der sich selbst genügt, sondern er weist ihm die Funktion einer Sammelstelle aller Fragen zu, die an die Dokumente und an die Geschichte gestellt werden sollen.

Marc Bloch beschäftigt sich ebenfalls mit der Überlieferung der Zeugnisse, mit den Begegnungen zwischen Historikern (er nahm in den zwanziger und dreißiger Jahren gemeinsam mit Lucien Febvre regelmäßig an internationalen Historikerkongressen teil), mit dem »Austausch von Informationen«, also mit all dem, was man heute als *Kommunikation* in der Geschichtswissenschaft bezeichnen würde. Er geht aber noch einen Schritt weiter:

Er regt Absprachen innerhalb der Historikergemeinde an, so »daß vorab eine Übereinkunft über einige wichtige Problemkreise getroffen« werden kann; darüber hinaus hofft er, daß »sich die Gesellschaften endlich dazu entschließen, [...] ihr Gedächtnis und damit ihr Wissen um sich selbst nach rationalen Gesichtspunkten zu organisieren«.

Auch das ist sehr aktuell. Denn über kein Thema haben die Historiker gemeinsam mit anderen Fachleuten aus den Human- und Sozialwissenschaften in letzter Zeit mehr geforscht und nachgedacht als über das kollektive Gedächtnis, die Grundlage jeder Identitätssuche. Marc Bloch bezieht sich hier zweifellos auf die Arbeiten seines Straßburger Kollegen Maurice Halbwachs, dessen Studie über *Das Gedächtnis und seine sozialen Bedingungen* 1925 erschienen war.

Hier formuliert er einen Wunsch, der bis heute nicht ganz in Erfüllung gegangen ist. Er betrifft die Form, in der der Historiker seine Probleme und die Geschichte seiner Forschungarbeit darstellen sollte: »Jedes historische Werk, das diesen Namen verdient, sollte darüber hinaus ein Kapitel oder, wenn man will, einige an den entscheidenden Stellen der Argumentation eingefügte Absätze mit ungefähr folgender Überschrift enthalten: ›Wie kann ich wissen, was ich jetzt behaupten werde?‹ Ich bin sicher, daß es selbst den Lesern, die nicht vom Fach sind, ein großes geistiges Vergnügen bereiten würde, den Autoren diese Beichten abzunehmen. Das Schauspiel der Forschung, mit ihren Erfolgen und Hindernissen, ist nur selten langweilig. Nur das Abgeschlossene, Fertige verbreitet lähmende Langeweile.« Wie modern diese Überlegungen klingen!

Auf die Beobachtung folgt »die Kritik« (Kapitel III). Marc

Bloch skizziert ihre Geschichte und nennt das 17. Jahrhundert als entscheidenden Wendepunkt: »Die ganze Methodik der Forschung kristallisierte sich erst im Lauf jenes 17. Jahrhunderts – und vor allem seiner zweiten Hälfte – heraus, dessen wahre Bedeutung oft unterschätzt wird.« Er führt die Geburtsdaten der drei großen Namen der historischen Kritik an: Der Jesuit Papebrock, Begründer der wissenschaftlichen Hagiographie und Gründer des Ordens der Bollandisten, wurde 1628 geboren, Dom Mabillon, Benediktiner aus Saint-Maur und Begründer der Diplomatik, 1632, und Richard Simon, ein Oratorianer, mit dem die kritische Bibelexegese beginnt, 1638. Marc Bloch, stets auf eine genaue ideengeschichtliche Einordnung bedacht, weist darüber hinaus auf zwei große Philosophen hin, die im Hintergrund sichtbar sind: Spinoza, 1632 geboren, und Descartes, dessen *Discours de la méthode* 1637 veröffentlicht wurde.

Die historische Kritik kann jedoch in einer Forschungsroutine erstarren, der die »stets von neuem aufkommende Überraschung fehlt, die nur die Auseinandersetzung mit dem Dokument zu vermitteln vermag«. Ich zitiere diesen Satz, weil er zeigt, daß das Handwerk des Historikers für Bloch eine Quelle des Vergnügens ist. Er kritisiert ebenso die »Aura einer unzugänglichen Geheimwissenschaft«, mit der »sich mitunter auch die größten von uns« umgeben (wie flüssig liest sich dagegen der völlig jargonfreie, einfache und klare Stil der *Apologie der Geschichtswissenschaft*!), als auch die »trostlosen Lehrbücher« und den »falschen Glanz einer angeblichen Geschichtsschreibung«, verkörpert durch »Maurras, Bainville oder Plechanov«. An dieser Stelle findet Marc Bloch sogar liebevolle Worte für »unsere bescheidenen Fußnoten, unsere kleinen gewissenhaften Quellenangaben«.

Dann geht er ausführlich auf ein Problem ein, das ihm sehr am Herzen liegt, nämlich das Problem des Umgangs mit Irrtümern und Lügen – Erfahrungen, die er nicht nur in seiner Arbeit als

Historiker machte, sondern auch in seinem Leben als Mensch und Soldat. Die während des Ersten Weltkrieges kursierenden Falschmeldungen haben ihn, wie von Carlo Ginzburg und mir an anderer Stelle ausgeführt wurde[4], zutiefst geprägt und seine Forschungen über die *Wundertätigen Könige* beeinflußt. Letztere profitierten von der Leichtgläubigkeit des Volkes, das jahrhundertelang von der Fähigkeit der französischen und englischen Könige überzeugt war, Aussätzige heilen zu können. Marc Bloch nennt die konkreten historischen Bedingungen, unter denen bestimmte Gesellschaftstypen, wie die des mittelalterlichen Westeuropa, dazu neigten, nicht an das zu glauben, was man tatsächlich sah, sondern an das, was man »für selbstverständlich hielt zu sehen«.

Er begrüßt daher die Geburt einer »fast neuen« Disziplin, der Psychologie der Aussage (Blochs Denken kreist ständig um die Möglichkeiten, die die Psychologie dem Historiker zu bieten hat), eines Faches also, dem erst kürzlich in München ein großes Symposium und eine umfangreiche deutsche Veröffentlichung über *Fälschungen im Mittelalter* gewidmet wurde.

Darauf folgt der »Entwurf einer Logik der kritischen Methode«, in dem Marc Bloch der Geschichtswissenschaft mit ihren Besonderheiten einen Platz im Ensemble der »Wirklichkeitswissenschaften« zuweist: »Wenn die historische Kritik ihre Gewißheit auf eine Dosierung des Wahrscheinlichen und Unwahrscheinlichen beschränkt, unterscheidet sie sich von den meisten anderen Wirklichkeitswissenschaften nur darin, daß sie mit einer etwas nuancierteren Skala arbeitet.«

So kann Marc Bloch, der stets auf die Einheit des Wissens bedacht ist, feststellen: »Die Einführung einer rationalen kritischen Methode und ihre Anwendung auf menschliche Zeugnisse«

---

4 Im Vorwort zur italienischen Übersetzung der *Rois thaumaturges* (1973) sowie zur dritten französischen Ausgabe (1983).

brachte einen immensen Gewinn »nicht nur [...] für die historische Erkenntnis, sondern für die Erkenntnis schlechthin«.

Das Kapitel schließt mit einem Ausblick auf »weit größere Horizonte«: »Die Geschichtswissenschaft darf es zu ihren unbestreitbarsten Ruhmestaten zählen, daß sie mit der Entwicklung ihrer Methode den Menschen einen neuen Weg zur Wahrheit und damit auch zur Gerechtigkeit gewiesen hat.«

Marc Bloch verabscheut Historiker, die »urteilen« statt zu verstehen. Trotzdem hat die Geschichte für ihn etwas mit Wahrheit und Moral zu tun, und sie mündet in eine Ethik. Geschichtsschreibung muß wahr sein. Der vollkommene Historiker ist zugleich ein Moralist, ein Gerechter. Unsere Zeit, die verzweifelt nach einer neuen Ethik sucht, muß den Historiker unter jene aufnehmen, die nach Wahrheit und Gerechtigkeit suchen – nicht außerhalb, sondern in der Zeit.

Verstehen also, nicht urteilen. Das ist das Ziel der »historischen Analyse«, mit der – nach der vorbereitenden historischen Beobachtung und Kritik – die eigentliche Arbeit des Historikers beginnt (Kapitel IV). Marc Bloch, der stets darauf bedacht ist, sich nicht als denkfaul zu erweisen, betont an dieser Stelle: »Verstehen hat aber nichts mit Passivität zu tun«. Der Historiker »trifft eine Auswahl«, er »ordnet und sichtet« rational sein Material. Es lediglich passiv zu rezipieren hieße, »die Zeit und damit auch die Geschichte zu negieren«. Damit wird erneut ein Zusammenhang zwischen rationaler Arbeitsplanung, Zeit und Geschichte bekräftigt. Mehr noch, dieses rationale Vorgehen gleicht sich der Ordnung der Zeit[5] und der Natur der Geschichte an.

Diese Analyse soll vor allem »eine bestimmte Art von Zusammenhängen« erkennbar machen, »die viele gesellschaftliche Phä-

---

5 Ich denke hier an das schöne Buch von Krzysztof Pomian: *L'Ordre du temps*. Paris 1989.

nomene miteinander verbinden«, sowie auch »die ständige gegenseitige Durchdringung« verschiedener Haltungen und nicht zuletzt die »Ungleichzeitigkeiten«, die den Grund dafür bilden, »daß das Leben einer Gesellschaft fast immer einem unregelmäßigen Rhythmus folgt«. Indem er von einer »Tonlage« spricht, die zum Beispiel einer Gruppenmentalität ihre charakteristische Färbung verleiht, erweist sich Marc Bloch als Wegbereiter von Paul Veyne oder Michel Foucault, die historische *Stile* zu definieren versuchen. Er hat ein feines Ohr für diese Hintergründe, für diese Rhapsodien der Geschichte, und er spürt, daß es keine Autonomie spezieller Geschichten und vor allem nicht der Wirtschaftsgeschichte gibt. Das gilt besonders für das Mittelalter, das keine eigene Vorstellung von Ökonomie hatte und »Religion und Ökonomie nicht etwa nebeneinander bestehen« ließ, sondern miteinander »verschränkte«. Marc Bloch wies damit auf etwas hin, das der (1964 verstorbene) Wirtschaftswissenschaftler Karl Polanyi später als die – in Religion, Moral oder Politik – »eingelassene« Ökonomie archaischer und alter Gesellschaften bezeichnen sollte.

Man muß Marc Bloch hier sehr sorgfältig lesen. Denn die eifersüchtigen Hüter seines Andenkens – meist sind sie um so eifersüchtiger, als sie nicht seine wirklichen Erben sind – wittern Verrat, sobald ein Historiker, der sich zurecht auf die *Annales* beruft, statt der »globalen« oder »totalen« Geschichtsschreibung ein spezielles Thema aus der Geschichte herausgreift. Dabei schreibt Marc Bloch ganz ausdrücklich: »Nichts ist legitimer, nichts ist aussichtsreicher, als die Untersuchung einer Gesellschaft auf einen einzelnen Aspekt, oder, besser noch, auf ein von diesem oder jenem Aspekt aufgeworfenes spezielles Problem zu konzentrieren: Glaubensvorstellungen, Klassen- oder Gruppenstrukturen, politische Krisen, usw.«[6]

---

6 Diese Probleme gruppieren sich um die von Pierre Toubert und mir so bezeichneten »globalisierenden« Themen der Geschichtswissenschaft. Vgl. un-

Ein wichtiger Aspekt der historischen Analyse betrifft das Vokabular, die Terminologie, die »Nomenklatur«. Marc Bloch weist darauf hin, daß der Historiker seine Analyse in einer doppelten Sprache durchführen muß – zum einen in der Sprache der untersuchten Epoche, was ihm dabei hilft, Anachronismen zu vermeiden. Aber auch mit den sprachlichen und begrifflichen Mitteln der heutigen Geschichtswissenschaft: »Die Auffassung, die Nomenklatur der Quellen reiche zur Festlegung unserer Terminologie völlig aus, würde letztlich auf die Annahme hinauslaufen, sie könnten uns bereits eine fertige Analyse anbieten.« Hier treffen wir erneut auf seine gesunde Phobie der Passivität. Der Historiker soll keinem Fetischismus der Etymologie anhängen (»Der Sinn eines Wortes ergibt sich weniger aus seiner Etymologie als aus seinem Gebrauch«), sondern sich mit der Untersuchung von Bedeutungen, also mit »historischer Semantik« befassen, deren Wiederaufleben auch heute wünschenswert scheint. Er wird sich daher nie damit abfinden dürfen, daß in seinem Vokabular schlecht gewählte, schwammige oder völlig bedeutungsleere Begriffe enthalten sind, wie etwa »Feudalsystem«, »Kapitalismus« oder »Mittelalter«. Allerdings kommt diesen Begriffen das Verdienst zu, die Geschichte von Klassifizierungen nach »Hegemonien [...] diplomatischer und militärischer Natur« zu befreien. Marc Bloch erinnert daran, daß schon Voltaire dagegen protestiert hatte: »Offenbar haben in Gallien seit vierzehnhundert Jahren nur Könige, Minister und Generäle gelebt.«

Die Zeit, in der die Geschichte nach Regentschaften eingeteilt wurde, ist zwar vorüber, doch die schreckliche Tyrannei der Jahrhunderte – vollkommen künstliche Einteilungen – dauert bis

seren Aufsatz: Une histoire totale du Moyen Âge est-elle possible?, in: *Actes du 100ᵉ Congrès national des sociétés savantes.* Paris 1975.

heute an. Wie können wir je das »Feudalsystem«, den »Kapitalismus« oder das »Mittelalter« loswerden?

Kehren wir noch einmal zum zentralen Gedanken dieses Kapitels zurück, zum Ineinandergreifen der Komponenten menschlicher Gesellschaften in der Geschichte: »Wir haben erkannt, daß in jeder Gesellschaft, ganz gleich welcher, alles mit allem zusammenhängt und sich wechselseitig bestimmt: politische und soziale Struktur, Wirtschaft, Glaubensvorstellungen, elementarste ebenso wie subtilste Äußerungen der Mentalität.« Hier verneigt sich Marc Bloch vor Guizot, einem der Gründerväter der modernen Geschichtsschreibung, der von einem Komplex sprach, »in dem alle Elemente im Lebens eines Volkes, alle Kräfte seiner Existenz zusammenfließen«. Wie soll man diesen Komplex bezeichnen? Marc Bloch schlägt einen Begriff vor (und einen Gedanken), dessen Geschichte schon Lucien Febvre geschrieben hat: »Zivilisation«. Ich will die Bedeutung dieses Begriffs keineswegs leugnen, muß aber, nicht ohne Bedauern, feststellen, daß sein Gebrauch sich mittlerweile auf die französische Sprache und Kultur beschränkt. Überall sonst triumphiert »Kultur«, ein Begriff, der nicht dasselbe bezeichnet und nicht dieselben Qualitäten hat. Das ist wohl ein Zeichen unserer Zeit, die die »Zivilisation« wegen ihres elitären Charakters verurteilt und statt dessen eine Massenkultur propagiert. Auf diese Weise wird ein historischer Begriff besetzt, der zugleich eine weniger humane und materielle Färbung erhält. Auch der von Fernand Braudel geführte Kampf um die Ersetzung von »materielle Kultur« durch »materielle Zivilisation« war offenbar vergeblich. Müssen wir uns also mit dieser Inhumanität abfinden?

Das fünfte Kapitel, das der »Erklärung in der Geschichtswissenschaft« gewidmet sein sollte, konnte Marc Bloch nicht mehr vollenden, da seine Arbeit durch das aktive Engagement in der Résistance unterbrochen und sein Leben durch die Kugeln des feindlichen Hinrichtungskommandos gewaltsam beendet wurde. Nur die ersten Seiten über den »Begriff der Ursache« wurden ausgeführt. Sie enthalten allerdings einige wichtige Botschaften:

– Zunächst protestiert Marc Bloch erneut gegen den »Positivismus«, der »den Gedanken der Ursache aus der Wissenschaft ausmerzen« wollte. Er weist außerdem alle Versuche zurück, das Problem der Ursache auf ein Problem der Motive zu reduzieren und auf irgendeine »Küchenpsychologie« zurückzugreifen. Diese Abgrenzungen gilt es zu bedenken, zumal der Königsweg – der allzu königliche Weg – der Mentalitätsforschung von den Fluten der Vulgärpsychologie überschwemmt wurde.

– Dann folgt der Hinweis auf einen weiteren Götzen, der aus der Problemstellung des Historikers zu verbannen sei: »der Aberglaube der alleinigen Ursache«. Seine Verurteilung ist unwiderruflich: »Der Monismus der Ursache – gleich, ob Vorurteil des gesunden Menschenverstandes, logisches Postulat oder fixe Idee eines Untersuchungsrichters – wäre für die historische Erklärung nur hinderlich.« Das Leben – und folglich auch die Geschichte – ist in seinen Strukturen ebenso vielfältig wie in seinen Ursachen.

– In diesem Zusammenhang weist Marc Bloch noch auf einen anderen »Irrtum« hin, »der dem – heute ein für allemal erledigten – geographischen Pseudodeterminismus zugrundelag«. Und er fügt hinzu: »Die Wüste ist, was auch immer Renan darüber gesagt haben mag, nicht unbedingt ›monotheistisch‹.« Ich bin mir nicht sicher, ob dieser Leichnam endgültig begraben ist. Noch vor nicht allzu langer Zeit begeisterten sich schlichte Gemüter über die (wie man heute weiß, obendrein von rassistischen Anwandlungen nicht ganz freien) Ergüsse eines André Siegfried, dessen phantasmatische Wählergeographie Frankreichs offenbar sehr verführerisch war. Aber Granitfelsen gehen nicht zur Wahl.

Schließlich kommt dann der schmerzhafte Augenblick, in dem der Satz unvollendet und die Seite unerbittlich weiß bleibt. Der Schluß ist jedoch besonders schön: »Mit einem Wort, Ursachen dürfen in der Geschichtswissenschaft, wie auch überall sonst, nicht postuliert werden. Man muß sie suchen.« So endet das unvollendete Buch mit dem Wort eines Handwerkers, eines Forschers und zugleich mit einem Anklang an Pascal.

Heute wird oft gesagt – vor allem von denen, die ihnen nicht wohlgesonnen sind – , daß Marc Bloch und die *Annales* auf der ganzen Linie gesiegt und daß ihre Geschichtsauffassung die Geschichtswissenschaft erobert hätte. Das ist jedoch nur ein Vorwand, um ihre Lehre und ihr Beispiel in das Museum historiographischer Altertümer zu verbannen. Hinter dieser entweder irrtümlichen oder böswilligen Ansicht verbergen sich zwei Wahrheiten:

Erstens, daß Marc Bloch und die *Annales* zwar einen entscheidenden Einfluß auf die Erneuerung der Geschichtswissenschaft ausgeübt haben, daß sich diese Erneuerung aber auf einige wesentliche Aspekte wie etwa die Problemgeschichte oder die interdiziplinäre Geschichtsschreibung beschränkt hat.

Zweitens, daß sich ein Buch wie das vorliegende einen Großteil seiner Neuartigkeit und Notwendigkeit bewahrt hat und daß dieser Nutzen heute wiederentdeckt werden muß.

Über die Komplexität der historischen Zeit, über die Notwendigkeit historischer Erklärungen, über das Wesen der Gegenwartsgeschichte, über die Beziehungen zwischen Gegenwart und Vergangenheit, über den »Götzen Ursprung«, über den Begriff der »Ursache« in der Geschichtswissenschaft, über das Wesen und die Konstruktion historischer Tatsachen, über die Bedeutung der Bewußtwerdung, den Umgang mit dem »Zufall« und die verschiedenen Arten der Lüge und des Irrtums in der Geschichte, über den historischen Diskurs, über die legitimen Arten, Geschichte zu schreiben, über die Definition einer notwendigen Suche nach der historischen »Wahrheit« (unter dem Vorwand, nicht auf die Künstlichkeit der Geschichte hereinfallen zu wollen, die sie mit allen Wissenschaften teilt – Wissen ist nur um diesen Preis zu haben – , wollte man die Existenz historischer Wahrheiten leugnen und statt dessen ein angeblich nietzscheanisches Geschichtsspiel mit willkürlichen Regeln spielen), über die Verpflichtung zu einer Ethik der Historie und des Historikers – über alle diese Themen wird man weiterhin aus diesen Buch etwas lernen können. Auch wenn uns Marc Bloch nicht mehr verraten hat, wie er sich die Haltung des Historikers gegenüber der Zukunft dachte, hinterließ er uns sogar dieses Problem als vordringliches Erbe.

Also zurück zu Marc Bloch? Gewiß. Eine solche Rückkehr wäre zweifellos fruchtbarer als all die modischen Rückgriffe, die oft nur einen Rückfall in die historiographische Vorgeschichte notdürftig kaschieren. Allerdings sollte man dabei auch Blochs Ratschlag befolgen, wenn er schreibt: »Ich werde ihrer Lehre gerade dadurch treu bleiben, daß ich sie unbefangen kritisiere, wenn ich es für notwendig erachte – genauso, wie ich selbst einmal von meinen Schülern kritisiert werden möchte.« Dieses Buch ist in der Tat kein Endpunkt, sondern eine Ausgangsbasis.

Was mögen heute ein Historiker, ein Geschichtslehrer, ein Student oder auch nur ein Geschichtsliebhaber (und müssen nicht jeder Mann und jede Frau im Geiste von Bloch zuallererst Freunde und vielleicht sogar Liebhaber der Geschichte sein?) über dieses Buch?

Es ist zunächst das Werk eines außerordentlich klugen und

empfindsamen Autors, der gleichermaßen Mensch und Bürger, Hochschullehrer und Historiker war, der zwar Gewißheit über alles stellt, sich aber dennoch der ungewissen Jugend der Geschichtswissenschaft bewußt ist, der über eine breite und profunde Gelehrsamkeit verfügt, aber stets zu intellektuellen Abenteuern bereit ist, da er nach Wissen, Einsicht und Erklärung sucht. Darüber hinaus ist es das Werk eines 1886 geborenen, in einer Familie jüdischer Akademiker und Dreyfus-Anhänger aufgewachsenen Historikers, der mit der Beschränktheit und Oberflächlichkeit der Konzeption, Praxis und Lehre der Geschichtswissenschaft in Frankreich zu Beginn des 20. Jahrhunderts unzufrieden war. Durch seine Zusammenarbeit mit Lucien Febvre, durch seine Werke, seine Lehrtätigkeit und seine Mitarbeit an den *Annales*, deren Mitbegründer er war, wurde er zu einem der großen Akteure der historiographischen Erneuerung in der Zwischenkriegszeit. Als geistiger Erbe von Michelet und Fustel de Coulanges, außerdem vertraut mit den größten Leistungen der europäischen Geschichtsschreibung des späten 19. und frühen 20. Jahrhunderts sowie als Leser von Marx, Durkheim und Simiand war er stets bereit, aus deren Botschaften alles herauszuhören, was die Geschichtswissenschaft stärkt und vertieft, sich gleichzeitig aber auch allem zu versagen, was in ihren Analysen die wirkliche Zeit der Geschichte oder die konkreten Menschen unterschlägt, die sie zugleich erleiden und gestalten – bis hin zu den namenlosen Akteuren im Hintergrund. Genau so hätte er sich auch selbst definiert, als Sohn seiner Zeit, mehr noch als seines Vaters. Und diese Zeit war die der Dritten Republik und der beiden Weltkriege, die Marc Bloch intensiv miterlebte, als Bürger, Soldat und Historiker.

Die *Apologie der Geschichtswissenschaft* ist das Werk dieses individuellen und kollektiven Marc Bloch und zugleich das Produkt eines historischen Augenblicks. Frankreich ist besiegt, gelähmt durch die Niederlage, die Besatzung und die Schande des Vichy-Regimes. Doch Marc Bloch verspürt einen ersten Hoffnungsschimmer, sich einerseits von der Geschichte zu befreien, indem er der aktiven Résistance beitritt, und gleichzeitig die Geschichtswissenschaft voranzutreiben, indem er das vorliegende Buch schreibt. Ebenso wie der belgische Historiker Henri Pirenne, sein häufig erwähnter Lehrer und Mitstreiter, im Ersten Weltkrieg von den Deutschen unter Hausarrest gestellt, seine bahnbrechende *Geschichte Europas* schrieb, oder wie Fernand Braudel, der etwa zur selben Zeit wie Marc Bloch in einem deutschen Kriegsgefangenenlager seine Habilitationsschrift *Das Mittelmeer und die mediterrane Welt in der Epoche Philipps II.* entwarf.

So ist dieses unvollendete Buch ein vollendeter historischer Akt.

## Hinweise zur Textgestaltung

Um die Originaltexte möglichst getreu wiedergeben zu können, wurden in dieser Ausgabe verschiedene Symbole verwendet:

- ... stehen für ein oder mehrere unleserliche Wörter in den Manuskripten von Marc Bloch. Handelt es sich um mehrere Wörter, wird dies besonders erwähnt.
- (?) weist darauf hin, daß die angeführte Lesart nicht völlig gesichert ist.
- / trennt Wörter, Wortgruppen oder Satzglieder, wenn im Manuskript die Interpunktion fehlt.
- [] bezeichnen Wörter oder Passagen, die von Marc Bloch zu einer vorherigen Fassung (Erstfassung oder Zwischenstufen) hinzugefügt wurden.
- ][ bezeichnen Wörter oder Passagen, die von Marc Bloch aus vorherigen Fassungen gestrichen wurden.
- [a] Hochgestellte Ziffern im Text verweisen auf Anmerkungen des Herausgebers der französischen Ausgabe, Étienne Bloch.

In der deutschen Ausgabe werden Anmerkungen des Herausgebers mit A. d. H. und solche des Übersetzers mit A. d. Ü. gekennzeichnet. Deutsche Ausdrücke im französischen Original sind *kursiv* gesetzt.

*In memoriam matris amicae*

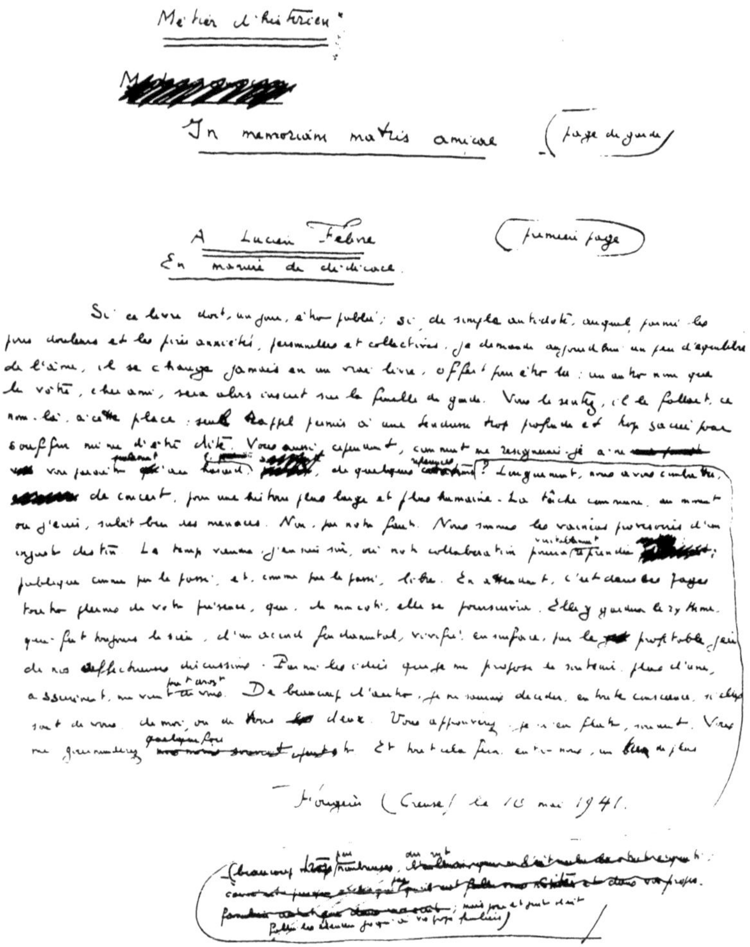


Widmung an Lucien Febvre
(Privatarchiv Étienne Bloch)

## Für Lucien Febvre
## Anstelle einer Widmung

Sollte dieses Buch eines Tages veröffentlicht werden, sollte dieses Gegengift, von dem ich mir heute, inmitten größter persönlicher wie kollektiver Leiden und Sorgen, ein wenig inneren Frieden erhoffe, jemals zu einem wirklichen Buch werden, dargeboten, um gelesen zu werden, dann wird, mein lieber Freund, ein anderer Name als der Ihre auf der Widmungsseite stehen. Sie erahnen wohl den Namen, der dort genannt werden müßte: die einzige statthafte Erinnerung an eine Liebe, die zu tiefempfunden und zu heilig ist, um ausgesprochen zu werden. Wie könnte ich mich hingegen damit abfinden, daß auch Sie nur da und dort in einigen (im übrigen viel zu spärlichen)[a] Quellenangaben aufscheinen? Lange Zeit haben wir Seite an Seite für eine umfassendere und menschlichere Geschichtsschreibung gekämpft. In den Tagen, in denen ich dies schreibe, ist unser gemeinsames Vorhaben ernstlich bedroht. Es ist nicht unsere Schuld. Wir sind die vorläufig Besiegten eines ungerechten Schicksals. Doch es wird die Zeit kommen, dessen bin ich mir gewiß, in der unsere Zusammenarbeit wiederaufgenommen wer-

[a] Die Wörter in Klammern sind Teil eines nachträglichen Einschubs. Sie wurden beibehalten, während die darauffolgenden von Marc Bloch oder von anderer Hand gestrichen wurden. Sie lauten folgendermaßen: »als es angemessen gewesen wäre. Eigentlich hätten Sie auf Schritt und Tritt zitiert werden müssen, und zwar sowohl Ihre persönlichen Äußerungen wie Ihre Schriften. Es wäre nur recht und billig gewesen, auch Ihre persönlichen Äußerungen zu kennzeichnen.«

den kann – genauso öffentlich und genauso frei wie damals. Bis dahin werde ich sie für meinen Teil auf diesen Seiten, in denen Sie stets gegenwärtig sind, weiterführen. Sie wird ihren gewohnten Rhythmus beibehalten, den Rhythmus einer grundsätzlichen Übereinstimmung, an der Oberfläche belebt durch das fruchtbare Zusammenspiel unserer freundschaftlichen Diskussionen. Mehr als eine der Ideen, die ich vertreten möchte, verdanke ich bestimmt Ihnen. Von vielen anderen könnte ich nicht mit Gewißheit sagen, ob sie von Ihnen, von mir oder von uns beiden stammen. Sie werden mir, hoffe ich, oft beipflichten. Gelegentlich werden Sie mich tadeln. Und all dies wird uns noch mehr verbinden.

Fougères (Creuse), am 10. Mai 1941[a]

---

[a] Es existieren zwei Texte dieser Widmung, beide von der Hand Marc Blochs. Wiedergegeben wird hier die Originalfassung; die andere, eine Abschrift, wurde einem Brief an Lucien Febvre vom 17. August 1942 beigelegt. Lucien Febvre hat diese letzte Fassung publiziert. In ihr fehlt die Klammer »(im übrigen viel zu spärlichen)«.

# Einleitung

»Sag' mir, Papa! Wozu ist eigentlich die Geschichte gut?« Diese Frage stellte vor einigen Jahren ein kleiner Junge, der mir sehr nahe steht, seinem Vater, einem Historiker. Von diesem Buch möchte ich sagen können, es sei meine Antwort darauf. Denn ich kann mir für einen Schriftsteller kein größeres Lob vorstellen, als daß er es versteht, sich Gelehrten und Schuljungen gleichermaßen verständlich zu machen. Diese Schlichtheit ist freilich nur wenigen Auserwählten gegeben. So möchte ich diese Frage eines Kindes, dessen Wissensdurst ich auf der Stelle vielleicht nicht ganz stillen konnte, hier wenigstens als Motto voranstellen. Manche mögen sie für naiv halten. Mir erscheint sie ganz im Gegenteil als durchaus berechtigt. Das Problem, das sie mit der umwerfenden Direktheit dieses unerbittlichen Alters aufwirft, ist kein geringeres als das der Legitimität der Geschichtswissenschaft.[a]

[a] Anmerkung von Marc Bloch: »Damit stehe ich von Anfang an, und ohne es beabsichtigt zu haben, in Widerspruch zur *Introduction aux études historiques* von Langlois und Seignobos. Diese Passage war schon lange geschrieben, als ich im Vorwort des genannten Buches (S. XII) auf eine Liste ›müßiger Fragen‹ stieß. Sie enthält wörtlich auch diese: ›Wozu dient die Geschichte?‹ Mit dieser Frage hat es wohl dieselbe Bewandtnis wie mit allen, die die Beweggründe unseres Handelns und Denkens betreffen: Diejenigen, die derlei Fragen entweder von Natur aus gleichgültig gegenüberstehen oder sich bewußt dafür entschieden haben, können wohl nur schwer verstehen, daß andere in ihnen Anlaß zu leidenschaftlichen Erörterungen finden. Dennoch möchte ich die Gelegenheit ergreifen und schon jetzt meine Meinung über ein zu Recht allgemein bekanntes Werk äußern, welches durch mein Buch, das sich ja auf einer anderen Ebene bewegt und zudem in vielen Tei-

Der Historiker ist damit zu einer Rechtfertigung seines Tuns aufgerufen. Er wird sich darauf wohl nur mit einiger Beklommenheit einlassen können. Welcher in seinem Beruf ergraute Handwerker hat sich je ganz ohne Seelenzweifel gefragt, ob er sein Leben sinnvoll genutzt hat? Hier steht aber weit mehr zur Diskussion als die [kleinen] Gewissensbisse[a] einer Gelehrtenzunft. Es geht um die gesamte westliche Zivilisation.

Diese hat nämlich im Unterschied zu anders gearteten Kulturen stets große Erwartungen in ihr Gedächtnis gesetzt. [Alles, sowohl das christliche wie auch das antike Erbe, ging in diese Richtung. Griechen und Römer, unsere ersten Lehrmeister, waren geschichtsschreibende Völker. Das Christentum ist eine Historikerreligion. Andere religiöse Systeme gründeten ihren Glauben und ihre Riten auf Mythologien, die weitgehend außerhalb der menschlichen Zeit stehen; die heiligen Bücher der Christen dagegen sind Geschichtsbücher, und ihre Liturgien gedenken der Ereignisse des Erdenlebens eines Gottes sowie der Begebenheiten im Leben der Kirche und der Heiligen. Historisch ist das Christentum aber auch auf eine andere, vielleicht noch grundlegendere Art und Weise: Es stellt das Schicksal der Menschheit zwischen Sündenfall und Letztem Gericht als eine lange Abenteuerreise dar, die sich in jedem Einzelschicksal, in jeder individuellen »Pilgerfahrt« widerspiegelt; das große Drama

---

len weit weniger ausführlich ist, keineswegs ersetzt werden soll. Ich war ein Schüler der beiden Verfasser, insbesondere von Seignobos. Beide haben mir ihr Wohlwollen auf unschätzbare Weise zu erkennen gegeben. Ich verdanke ihrer Lehre und ihren Werken einen Großteil meiner Grundausbildung. Beide haben uns aber nicht nur gelehrt, daß die erste Pflicht des Historikers Wahrhaftigkeit ist, sondern auch betont, daß sich der Fortschritt unserer Studien der notwendigen Auseinandersetzung zwischen den aufeinanderfolgenden Forschergenerationen verdankt. Ich werde ihrer Lehre also gerade dadurch treu bleiben, daß ich sie unbefangen kritisiere, wenn ich es für notwendig erachte – genauso, wie ich selbst einmal von meinen Schülern kritisiert werden möchte.«

a ], so achtenswert sie auch sein mögen,[

von Sünde und Erlösung, um das jedes christliche Denken kreist, vollzieht sich in der Zeit und damit in der Geschichte. In unserer Kunst und unseren literarischen Denkmälern hallt deutlich vernehmbar die Vergangenheit nach, und unsere Männer der Tat sprechen ständig von ihren tatsächlichen oder angeblichen Lehren.

Dabei müßte zwischen den Psychologien verschiedener Gruppen nuanciert werden. Cournot stellte schon vor langer Zeit fest, daß die Franzosen, die stets dazu neigten, die Welt entlang den klaren Linien der Vernunft neu zu erschaffen, ihren kollektiven Erinnerungen im allgemeinen weit weniger verhaftet sind als zum Beispiel die Deutschen. Und Zivilisationen können sich zweifellos auch verändern. Es ist durchaus nicht ausgeschlossen, daß sich die unsrige eines Tages von der Geschichte abwendet. Die Historiker wären gut beraten, darüber nachzudenken. Eine falsch verstandene Geschichtsschreibung könnte durchaus, wenn man sich nicht in acht nimmt, eine besser verstandene in Verruf bringen. Sollten wir je dahin gelangen, dann um den Preis eines abrupten Bruchs mit einer unserer beständigsten geistigen Traditionen.

Vorderhand sind wir aber noch damit beschäftigt, unser Gewissen in dieser Hinsicht zu erforschen. Jedesmal, wenn unsere unglücklichen, von ständigen Wachstumskrisen heimgesuchten Gesellschaften von Selbstzweifeln gepackt werden, suchen sie herauszufinden, ob es richtig war, ihre Vergangenheit zu befragen, und ob sie sie auch richtig befragt haben. Man braucht nur nachzulesen, was vor dem Krieg geschrieben wurde und noch heute geschrieben wird]: Fast unweigerlich wird man diese Sorge aus all den anderen diffusen Ängsten heraushören können. Mitten in den dramatischen Ereignissen war es mir vergönnt, einen [ganz] spontanen Widerhall dieser Sorge zu vernehmen. Es war im Juni 1940, wenn ich mich recht erinnere, genau am

Tag des Einmarsches der Deutschen in Paris. Während unser Generalstab, dem die Truppen abhanden gekommen waren, in einem Garten der Normandie die Zeit totschlug, grübelten wir den Ursachen des Zusammenbruchs nach: »Soll das heißen, daß die Geschichte uns getäuscht hat?« murmelte einer von uns. Hier traf sich die – freilich ungleich schmerzlichere – Betroffenheit des erwachsenen Mannes mit der unschuldigen Neugier des kleinen Jungen. Auf beide muß man eingehen.

Zu klären wäre aber zunächst, was jenes Wort »dienen« bedeutet.

Selbst wenn die Geschichte zu nichts anderem zu gebrauchen wäre, müßte man ihr zugutehalten, daß sie unterhaltsam ist – oder, um es genauer zu sagen (denn schließlich sucht jeder nach der Unterhaltung, die ihm gefällt), daß sich viele Menschen dies unbestreitbar von ihr versprechen.[a] Ich persönlich habe sie, so weit ich mich zurückerinnern kann, stets als äußerst vergnüglich empfunden. Wie alle Historiker vermutlich. Warum hätten sie sonst diesen Beruf ergriffen? Wer kein ausgemachter Dummkopf ist, findet alle Wissenschaften interessant. Jeder Gelehrte findet aber wohl nur eine, deren Ausübung ihm auch Spaß macht. Sie zu entdecken und sich ihr zu widmen ist genau das, was man Berufung nennt.

Bereits diese unleugbare Anziehungskraft der Geschichte verdient einige Überlegung.

Als[b] Keim und Ansporn hat sie stets eine bedeutende Rolle

---

[a] Etwa hier wäre folgende Anmerkung von Marc Bloch zu plazieren: »Vorwort zu den *Accessiones Historicae* (1700): *Opera*, hg. v. Dutens, Bd. IV/2, S. 55: ›*Tria sunt quae expetimus in Historia: primum, voluptatem noscendi res singulares; deinde, utilia in primis vitae praecepta; ac denique origines praesentium a praeteritis repetitas, cum omnia optime ex causis noscantur.*‹«

[b] ]erster[

gespielt und tut dies auch heute noch. Vor der Wißbegierde kommt das schlichte Interesse, vor der zielbewußten wissenschaftlichen Tätigkeit der Drang, sich mit etwas zu beschäftigen. Unsere intellektuellen Werdegänge gehen häufig auf derartige Wurzeln zurück. Nicht nur die Anfänge der Physik verdanken viel den »Kuriositätenkabinetten«. Und mehr als einmal konnten wir beobachten, daß die kleinen Freuden des Stöberns in altem Gerümpel an der Wiege der Entscheidung für ein bestimmtes Studium standen, welches dann durchaus ernsthaft betrieben wurde. So verhält es sich mit der Genese der Archäologie und, uns zeitlich näher, der Volkskunde. Die Leser von Alexandre Dumas sind vielleicht nichts anderes als potentielle Historiker, denen nur die Anleitung zu einem ungetrübteren und meiner Meinung nach intensiveren Genuß fehlt: dem der authentischen Darstellung.

Daß dieser Zauber aber keineswegs verfliegt, sobald mit der methodischen Forschung samt ihrer mitunter unvermeidlichen Trockenheit begonnen wird, sondern im Gegenteil – alle [echten] Historiker können dies bezeugen – noch stärker und faszinierender wird, trifft auch auf jede andere geistige Tätigkeit zu.[a] Dennoch hat die Geschichte zweifellos ganz besondere ästhetische Genüsse zu bieten, die denen keines anderen Faches ähneln. Das liegt daran, daß das Schauspiel menschlichen Handelns, ihres eigentlichen Gegenstands, mehr als alles andere dazu angetan ist, die Phantasie der Menschen zu fesseln. Vor allem dann, wenn sich seine Darstellung infolge einer zeitlichen oder räumlichen Entfernung mit dem subtilen Zauber des Fremden schmückt. Vom großen Leibniz persönlich ist uns folgendes Eingeständnis überliefert: Immer, wenn er von den abstrakten

a ]Ist nicht jede sinnvoll ausgeübte intellektuelle Beschäftigung auf ihre Art ein Kunstwerk?[

Spekulationen der Mathematik oder von der Theodizee zum Entziffern alter Urkunden oder Chroniken des kaiserlichen Deutschland überging, empfand er – ganz wie wir – eine »Wonne, Konkretes zu erfahren«. Hüten wir uns davor, unserer Wissenschaft das Poetische wegzunehmen. Und hüten wir uns vor allem – so manchen habe ich dabei ertappt –, uns dafür zu schämen. Es wäre überaus töricht zu glauben, sie vermöchte nur deshalb unseren Verstand weniger zu befriedigen, weil sie unsere Gefühle so stark anspricht.

Wenn sich die Geschichte aber nur durch die Anziehungskraft rechtfertigen könnte, die sie auf fast alle Menschen ausübt, wenn sie, kurz gesagt, nicht mehr bedeutete als ein netter Zeitvertreib wie Bridge oder Angeln, wäre sie dann all der Mühe wert, die wir auf uns nehmen, um sie zu schreiben? Damit meine ich ein Schreiben, das sich um Zuverlässigkeit und Wahrhaftigkeit bemüht und auch, so weit dies irgend möglich ist, verborgenen Triebkräften nachgeht, ein Schreiben also, das keine Schwierigkeiten scheut. Spielereien, sagte André Gide, sind uns heute versagt, selbst die, fügte er hinzu, des Intellekts. Das war 1938. Um wieviel bedeutungsvoller klingen diese Worte im Jahr 1942, in dem ich diese Zeilen schreibe! In einer Welt, die sich soeben an die Chemie der Atome herangewagt und begonnen hat, die Geheimnisse des Weltalls zu ergründen, in unserer armen Welt, die zwar zu Recht stolz auf ihre Wissenschaften ist, aber außerstande, sich ein wenig Glück zu bescheren, könnte die langwierige Präzisionsarbeit historischer Gelehrsamkeit, die ein ganzes Menschenleben verschlingen kann, wohl als absurde, geradezu kriminelle Vergeudung von Energie abgetan werden, wenn sie nichts anderes zustande brächte, als einer unserer Freizeitbeschäftigungen den Anstrich von Wahrheitssuche zu verleihen.

Entweder wird man all denen von der Beschäftigung mit der Geschichte abraten müssen, die anderswo ein besseres Tätigkeitsfeld finden können, oder die Geschichtswissenschaft wird ihr reines Gewissen unter Beweis zu stellen haben, indem sie sich als Erkenntnis ausweist.

Damit stellt sich aber eine weitere Frage: Worin besteht die Legitimität geistiger Arbeit?

Niemand, glaube ich, würde heute noch mit den Positivisten strenger Observanz zu behaupten wagen, der Wert einer Forschung bemesse sich in erster Linie nach ihrem praktischen Nutzen. Die Erfahrung hat uns gelehrt, das es unmöglich ist, von vornherein zu entscheiden, ob sich scheinbar noch so theoretische Spekulationen nicht eines Tages als erstaunlich hilfreich für die Praxis erweisen können. Man würde die Menschheit auf befremdliche Weise verstümmeln, wollte man ihr das Recht vorenthalten, ihren Wissensdurst auch unabhängig von der Sorge um das eigene Wohlbefinden zu stillen. Selbst wenn die Geschichte dem *Homo faber* oder *politicus* bis in alle Ewigkeit gleichgültig wäre, würde es zu ihrer Verteidigung genügen, sie als notwendige Voraussetzung für die vollständige Entfaltung des *Homo sapiens* anzuerkennen. Damit ist die Frage besser eingegrenzt, aber beileibe noch nicht gelöst.

Denn unser Verstand neigt von Natur aus viel weniger dazu, wissen als verstehen zu wollen. Daraus folgt, daß für ihn die einzig wahren Wissenschaften die sind, die zwischen den Phänomenen Erklärungszusammenhänge herzustellen vermögen. Alles andere ist, nach dem Wort von Malebranche, *polymathie*, »Vielwisserei«. Ganz gleich, ob man diese Vielwisserei für einen Zeitvertreib oder eine Manie hält, wird sie heutzutage genausowenig wie zur Zeit Malebranches als erstrebenswerte geistige Leistung gelten können. Unabhängig von jeder möglichen Anwendbarkeit auf unsere Lebenspraxis wird die Geschichtswissenschaft also nur dann einen Platz unter den wirklich lohnenden Wissensgebieten beanspruchen dürfen, wenn sie uns statt zusammenhangloser und endloser Aufzählungen rationale Klassifizierungen und zunehmende Verständlichkeit bietet.

Nicht zu leugnen ist aber auch, daß wir eine Wissenschaft so lange für unvollständig halten werden, als sie uns nicht früher oder später dabei hilft, besser zu leben. Und wie sollten wir diese Erwartung gerade der Geschichtswissenschaft nicht entgegenbringen, der es ja, möchte man glauben, in besonderem Maß vorherbestimmt ist, dem Menschen nützlich zu sein, da sie ja ihn und sein Handeln zum Gegenstand hat? In der Tat lassen wir uns von einer alten Angewohnheit, die wohl auch etwas Instinktives hat, dazu bewegen, von ihr Anleitungen für unser Handeln zu erwarten und uns wie der[a] zitierte geschlagene Soldat über sie zu empören, wenn sie sich als unfähig erweist, diese bereitzustellen. Das Problem des Nutzens der Geschichte, im engen, »pragmatischen« Sinn des Wortes, ist von der Frage nach ihrer Legitimität zu unterscheiden, die eine intellektuelle ist. Und es ist notwendigerweise ein nachgeordnetes Problem: Muß man nicht zu allererst verstehen, um vernünftig handeln zu können? Auch dieser Frage darf man nicht ausweichen, wenn man den dringlichsten Forderungen des gesunden Menschenverstandes mehr als nur halbherzig nachkommen will.

Auf all diese Fragen haben uns manche unserer Ratgeber oder solche, die sich dafür halten, bereits geantwortet: Sie haben uns jede Hoffnung genommen. Die Nachsichtigsten unter ihnen meinten, Geschichtsschreibung sei nutzlos und ohne bleibenden Wert, andere, deren Unerbittlichkeit sich nicht mit halben

---

a ]oben[

Sachen zufriedengibt, sie sei schädlich. »Das gefährlichste Produkt, das die Chemie des Intellekts je zusammengebraut hat«, sagte einer [, und nicht der Unbekannteste] von ihnen.* Von solchen Verdikten geht eine Verlockung aus, die man nicht unterschätzen darf: Sie rechtfertigen von vornherein die Ignoranz. Doch zum Glück für die Reste von intellektueller Neugier, die es bei uns noch gibt, sind sie vielleicht nicht unwiderruflich.

Wenn diese Diskussion neu aufgerollt werden soll, muß es auf einer solideren Grundlage geschehen.

Denn die gewöhnlichen Verächter der Geschichte scheinen eine Vorsichtsmaßnahme außer acht gelassen zu haben. Das, was sie sagen, klingt zwar durchaus eloquent und geistvoll, in den meisten Fällen haben sie aber versäumt, sich genau über das zu informieren, wozu sie sich äußern. Das Bild, das sie sich von unserer Arbeit machen, haben sie nicht in der Werkstatt gewonnen. Es riecht eher nach Kanzelrede oder Akademie als nach einem Arbeitszimmer.[a] Vor allem aber ist es überholt. All diese rhetorische Verve wurde letztlich nur aufgewandt, um ein Hirngespinst auszutreiben. Wir wollen hier ganz anders vorgehen. Die Methoden, deren Verläßlichkeitsgrad wir abwägen wollen, werden die sein, die von der realen Forschung in der Praxis und bis ins bescheidenste und subtilste Detail ihrer Techniken eingesetzt werden. Unsere Probleme sollen genau die sein, vor die der Historiker tagtäglich von seinem Material gestellt wird[b]. Mit ei-

* A. d. H.: Gemeint ist Paul Valéry.

a ]Albert Vandal hätte diesem Bild wohl zugestimmt, Pirenne hätte es verworfen.[
A. d. H.: Vgl. Marc Bloch: *Henri Pirenne, historien de la Belgique*, in: ders., *Histoire et historiens*, Paris 1995, S. 248–251; dt. in: Marc Bloch, *Aus der Werkstatt des Historikers. Zur Theorie und Praxis der Geschichtswissenschaft*, Frankfurt/New York 2000, S. 310–315.

b ]: natürlich sofern er sich ihm mit jenem Geist kritischer Reflexion nähert, ohne den es gar keine Probleme gibt. Für die wissenschaftliche Arbeit muß man zu zweit sein: ein Gegenstand und ein Mensch[

nem Wort, es soll vor allem deutlich gemacht werden, auf welche Weise und warum ein Historiker seinem Handwerk nachgeht. Die Entscheidung, ob dieses Handwerk es auch verdient, ausgeübt zu werden, wird dem Leser überlassen bleiben.

Doch Vorsicht! Obwohl wir unsere Aufgabe damit besser verstanden und enger gefaßt haben, ist sie nur scheinbar einfach. Sie wäre es vielleicht, wenn wir es mit einem jener Kunsthandwerke zu tun hätten, die man erschöpfend beschreiben kann, indem man ihre altbewährten Kunstgriffe aufzählt. Geschichtsschreibung ist aber weder Uhrmacherei noch Tischlerei. Sie bemüht sich um besseres Verstehen und befindet sich daher in ständiger Bewegung. Wollte man eine Wissenschaft lediglich anhand ihrer faktischen Ausübung beschreiben, würde man ihr nie ganz gerecht werden können. Viel wichtiger wäre es festzustellen, auf welche Weise sie ihre Ausübung ständig zu verbessern hofft. Ein solches Unterfangen verlangt vom Analytiker freilich eine hohe Dosis subjektiver Entscheidungen. [Jede Wissenschaft steht in jeder ihrer Entwicklungsphasen ständig unter dem Einfluß divergierender Tendenzen, deren Beurteilung ohne Wette auf die Zukunft nur schwer möglich ist.] Wir werden uns dieser Notwendigkeit hier nicht entziehen. Auf intellektuellem wie jedem anderen Gebiet ist Angst vor Verantwortung keine empfehlenswerte Haltung. Doch es ist ein Gebot der Redlichkeit, den Leser darauf hinzuweisen.

Darüber hinaus verändern sich die Schwierigkeiten, mit denen jede Untersuchung von Methoden unweigerlich zu kämpfen hat, je nach dem Punkt, den das Fach auf seiner stets ein wenig unregelmäßigen Entwicklungskurve gerade erreicht hat. Vor fünfzig Jahren, als Newton noch eine unbestrittene Autorität war, dürfte es viel leichter gewesen sein als heute, einen streng logisch aufgebauten Abriß der Mechanik zu verfassen. Im Vergleich dazu befindet sich die Geschichtsschreibung noch in einer Phase, die Gewißheiten ungleich abträglicher ist.

Die Geschichtswissenschaft ist nämlich nicht nur eine Wissenschaft in Bewegung, sondern auch – wie all jene, die den menschlichen Geist zum Gegenstand haben, diesen Nachzügler auf dem Feld rationaler Erkenntnis – eine Wissenschaft, die noch in den Kinderschuhen steckt. Oder, besser gesagt, sie ist zwar alt in der embryonalen Form einer lange von Fiktionen überwucherten und noch länger auf unmittelbar faßbare Ereignisse fixierten Erzählung, aber noch sehr jung als rationale, analytische Unternehmung. Endlich bemüht sie sich, Oberflächenphänomene zu hinterfragen und nach den Verführungskünsten der Legende und der Rhetorik auch den heutzutage ungleich gefährlicheren, weil als gesunder Menschenverstand getarnten Giften der wissenschaftlichen Routine oder des Empirismus eine Absage zu erteilen. In einigen methodischen Grundfragen ist sie über erste tastende Versuche noch nicht hinausgekommen. Fustel de Coulanges und Bayle vor ihm hatten daher wohl nicht ganz unrecht, als sie sie »die schwierigste aller Wissenschaften« nannten.[a]

[Oder täusche ich mich? So ungewiß der vor uns liegende Weg in vielen Punkten auch noch sein mag, haben wir heute, wie ich meine, bessere Voraussetzungen als unsere unmittelbaren Vorgänger, etwas klarer zu sehen.

---

[a] Etwa hier wäre folgende Anmerkung Marc Blochs einzufügen: »*Fustel de Coulanges*, zit. n. Paul Guiraud; Bayle, *Dictionnaire*, Eintrag ›Renaud‹: ›Die Geschichte ist, allgemein gesprochen, die schwierigste aller Unternehmungen, die ein Schriftsteller in Angriff nehmen kann, oder eine der schwierigsten‹« (daneben die Notiz von der Hand Marc Blochs: »zu überprüfen«).

Die uns vorangegangenen Generationen, also jene, die in den letzten Jahrzehnten des 19. und in den ersten Jahren des 20. Jahrhunderts gearbeitet haben, standen völlig unter dem Bann einer sehr rigiden, von Comte geprägten Vorstellung von den Naturwissenschaften. Sie wandten dieses Modell, das in hohem Ansehen stand, auf die Gesamtheit der Errungenschaften des menschlichen Geistes an und ließen nur solche Erkenntnisse gelten, die sich als absolut unwiderlegbare Beweisketten oder universell gültige Gesetze formulieren ließen. Diese Auffassung wurde fast allgemein geteilt. Auf dem Gebiet der Geschichtsforschung brachte sie entsprechend den unterschiedlichen Temperamenten zwei gegensätzliche Richtungen hervor.

Die einen hielten es für möglich, eine Wissenschaft von der menschlichen Entwicklung zu begründen, die diesem gleichsam gesamtwissenschaftlichen Ideal entsprach, und arbeiteten mit ganzer Kraft an ihrer Verwirklichung; dabei mußten sie freilich in Kauf nehmen, daß diese Erkenntnisbemühungen, die doch den Menschen galten, viele durchaus menschliche Tatsachen unberücksichtigt ließen, da diese sich ihrer Meinung nach einem rationalen Wissen hartnäckig widersetzten. Diesen Rückstand bezeichneten sie geringschätzig als »Ereignis«; gemeint war damit auch ein Gutteil des persönlichen, individuellen Lebens. Dies war im großen und ganzen die Position der von Durkheim begründeten soziologischen Schule – zumindest, wenn man davon absieht, daß diese anfänglich starren Grundsätze von Männern, die zu klug waren, um den Druck der Fakten, auch gegen ihren Willen, nicht zu verspüren, allmählich flexibler gehandhabt wurden. Diesen Bemühungen hat unser Fach viel zu verdanken. Sie haben uns gelehrt, die Probleme gründlicher zu analysieren und genauer zu erfassen sowie, wenn man so sagen kann, anspruchsvoller zu denken. Von ihnen wird hier nur mit unendlicher Dankbarkeit und größtem Respekt die Rede sein.

Daß sie heute überholt scheinen mögen, ist der Preis, den alle intellektuellen Bewegungen für ihre Fruchtbarkeit früher oder später zu zahlen haben.

Andere Forscher nahmen zur selben Zeit eine entgegengesetzte Haltung ein. Da es ihnen nicht gelang, die Geschichte in einen naturgesetzlichen Rahmen einzuordnen, und da sie zudem ihrer Ausbildung entsprechend vor allem mit den Schwierigkeiten, Zweifeln und häufigen Neuanfängen der Urkundenkritik beschäftigt waren, lernten sie, sich in desillusionierter Bescheidenheit zu üben. Das Fach, in dessen Dienst sie ihre Talente gestellt hatten, schien ihnen schließlich weder gegenwärtig noch zukünftig viele Fortschrittsperspektiven zu bieten. Sie neigten dazu, es nicht als echte wissenschaftliche Erkenntnis, sondern als eine Art ästhetische Spielerei oder bestenfalls als eine der geistigen Gesundheit zuträgliche hygienische Übung zu betrachten. Man hat sie mitunter »historisierende Historiker«* genannt: eine Bezeichnung, die von Teilen unserer Zunft als Beleidigung empfunden wurde, da sie das Wesen der Geschichtsschreibung in der Negation ihrer Möglichkeiten zu sehen scheint. Ich für meinen Teil würde gerne eine aussagekräftigere Bezeichnung für sie finden, die auch ihrem Platz in der französischen Geistesgeschichte Rechnung trägt.

Der liebenswürdige und scheue Sylvestre Bonnard stellt, hält man sich an die zeitlichen Angaben, die im Buch** über sein Leben und Werk gemacht werden, genauso einen Anachronismus dar wie jene antiken Heiligen, die von den Autoren des Mittelalters naiverweise ins Gewand ihrer eigenen Epoche gekleidet wurden. Dieser Sylvestre Bonnard (sofern man diesem erfundenen Schatten einen Augenblick lang eine Existenz in

* A. d. H.: Anspielung auf Henri Berr: *La synthèse en histoire.* Paris 1911.

** A. d. Ü.: Gemeint ist der Roman von Anatole France: *Le Crime de Sylvestre Bonnard* (1881). Dt.: *Die Schuld des Professors Bonnard.*

Fleisch und Blut zugestehen will), dieser wirkliche, im Ersten Kaiserreich geborene Sylvestre Bonnard also wäre von der großen Historikergeneration der Romantik noch zu den ihren gezählt worden, und er hätte ihre rührende und fruchtbare Begeisterung, ihren etwas naiven Glauben an die Zukunft einer Geschichts-»Philosophie« geteilt. Aber lassen wir die Zeit beiseite, der er angeblich angehört hat, und geben wir ihn der zurück, in der seine imaginäre Lebensgeschichte geschrieben wurde. Er würde es verdienen, als Schutzpatron, als Zunftheiliger einer Gruppe von Historikern verehrt zu werden, die ungefähr die geistigen Zeitgenossen seines Biographen waren: überaus redliche und fleißige Gelehrte, die allerdings einen etwas kurzen Atem hatten und – wie man manchmal meinen könnte – ähnlich Kindern, deren Väter sich zu sehr vergnügt haben, die Müdigkeit der großen historischen Orgien der Romantik in ihren Knochen verspürten. Sie neigten dazu, sich vor ihren Kollegen aus den Laboratorien klein zu machen, und waren im allgemeinen eher darauf bedacht, uns zur Vorsicht zu mahnen, als unsere Begeisterung zu wecken. Ist es allzu boshaft, eine erstaunliche Äußerung, die einem so klugen und wachen Geist wie meinem verehrten Lehrer Charles Seignobos einmal entschlüpft ist, als ihr Motto zu betrachten: »Es ist äußerst nützlich, sich Fragen zu stellen, aber auch sehr gefährlich, sie zu beantworten«? Das sind gewiß nicht die Worte eines Wichtigtuers. Aber wo wäre die Physik, wenn die Physiker nicht etwas mehr Wagemut gezeigt hätten?

Nun ist das geistige Klima heute nicht mehr dasselbe. Die kinetische Theorie der Gase, die Einsteinsche Mechanik und die Quantentheorie haben das Bild, das man sich noch gestern von der Wissenschaft machte, grundlegend verändert. Sie haben nicht ihre Bedeutung geschmälert, sondern sie flexibler gemacht. In vielerlei Hinsicht haben sie die Gewißheit durch das unendlich Wahrscheinliche ersetzt und das exakt Meßbare durch den Begriff der ewigen Relativität des Meßvorganges. Sie haben sogar die unzähligen Menschen beeinflußt, die – leider muß ich mich selbst zu ihnen zählen! – diese große Wende infolge mangelnder Intelligenz oder einer lückenhaften Bildung nur aus der Entfernung und sozusagen indirekt verfolgen können. Aus diesen Gründen sind wir heute viel eher bereit zuzugeben, daß eine Erkenntnis auch dann als wissenschaftlich gelten kann, wenn sie sich nicht aus euklidischen Ableitungen oder unveränderlichen Gesetzen der Wiederholung ergibt. Es fällt uns viel leichter, Gewißheit und universelle Gültigkeit als etwas Graduelles zu betrachten. Wir fühlen uns nicht mehr verpflichtet, allen Gegenständen des Wissens ein einheitliches, von den Naturwissenschaften übernommenes Denkmodell überzustülpen, da dieses Schema sogar dort nicht mehr allgemein angewandt wird. Wir wissen noch nicht recht, was die Wissenschaften vom Menschen eines Tages sein werden. Wir wissen nur, daß es sie – sofern sie, was wohl selbstverständlich ist, auch weiterhin den Regeln der Vernunft folgen – auch dann geben wird, wenn sie weder auf ihre Eigenart verzichten, noch sich ihrer schämen.]

Ich wünschte mir, daß es sich vor allem junge Berufshistoriker zur Gewohnheit machten, über diese Unsicherheiten, diese ständigen »Gewissensbisse« unseres Metiers nachzudenken. Dies würde sie am besten darauf vorbereiten, ihrer Arbeit eine vernünftige, bewußte Entscheidung zugrundezulegen. Vor allem aber wünschte ich mir, daß sie sich immer zahlreicher jener zugleich erweiterten und vertieften Geschichtswissenschaft zuwenden, deren Konzept von einigen von uns entworfen wird – mit jedem Tag sind wir weniger allein. Wenn mein Buch ihnen dabei helfen kann, werde ich das Gefühl haben, daß es nicht [völlig] unnütz war. Ich gestehe, daß es auch programmatischen Charakter hat.

Aber ich schreibe weder ausschließlich noch auch nur vorwiegend für den Gebrauch in unserer eigenen Werkstatt. Auch den interessierten Laien wollte ich die ungelösten Probleme unserer Wissenschaft nicht vorenthalten. Sie dienen uns als Entschuldigung, mehr noch: sie bringen frischen Wind in unsere Arbeit. Wir haben mehr als nur das Recht, für diese Geschichtswissenschaft um jene Nachsicht zu bitten, die man allen Anfängen schuldet. Das Unvollendete strebt stets über sich hinaus und übt so auf jeden einigermaßen aufgeweckten Geist eine Verführungskraft aus, die der des vollständigen Gelingens um nichts nachsteht. Der gute Landmann, hat Péguy ungefähr gesagt, liebt das Ackern und Säen genauso leidenschaftlich wie die Ernte.[a]

Diese kurzen einführenden Worte mögen mit einem persönlichen Geständnis schließen. Jede Wissenschaft stellt für sich genommen immer nur einen Bruchteil des allgemeinen Strebens nach Erkenntnis dar. [Ich habe oben bereits ein Beispiel dafür angeführt:] Um ihre Forschungsmethoden, und sei es auch die scheinbar speziellsten, wirklich verstehen und beurteilen zu können, wäre es unbedingt notwendig, sie [über eine absolut gesicherte Verbindung] mit all den Strömungen in Zusammenhang zu bringen, die zur selben Zeit in den anderen Wissenschaftszweigen in Erscheinung treten. Derartige Methodenuntersuchungen fallen aber in die Zuständigkeit jener Experten, die sich Philosophen nennen – eine Bezeichnung, auf die ich keinen Anspruch erheben darf. Diese Lücke meiner Grundausbil-

[a] Die erste Fassung enthält hier eine Passage, die in der Endfassung in leicht veränderter Form in Kapitel I eingefügt wurde.

dung wird die Qualität des vorliegenden Buches, was seine sprachliche Genauigkeit und die Breite seines Horizonts betrifft, wohl beeinträchtigen. Ich kann es nur als das bezeichnen, was es ist: das Notizbuch eines Handwerkers, der stets gerne über seine tägliche Arbeit nachgedacht hat, die Aufzeichnungen eines Gesellen, der zwar gelernt hat, mit Maß und Waage umzugehen, sich aber deshalb nicht für einen Mathematiker hält.[a]

[a] Anmerkung von Marc Bloch: »An dieser Stelle mag ein Wort der Entschuldigung angebracht sein. Aufgrund der besonderen Umstände meines gegenwärtigen Lebens, der Unmöglichkeit, eine große Bibliothek aufzusuchen, sowie des Verlusts meiner eigenen Bücher bin ich gezwungen, mich fast völlig auf meine Notizen und mein Gedächtnis zu verlassen. Zusätzliche Lektüren wie auch jene Überprüfungen, die in unserem Handwerk, dessen Arbeitsweisen ich hier beschreiben möchte, eigentlich geboten wären, bleiben mir allzuoft versagt. Wird es mir eines Tages vergönnt sein, diese Lücken zu schließen? Nie zur Gänze, befürchte ich. Ich kann in dieser Hinsicht nur um Nachsicht bitten und würde mich durchaus als schuldig bekennen, wenn ich damit nicht die Sünden des Schicksals in höherem Maß auf mich nehmen würde, als es angebracht ist.«

Erstes Kapitel

# Die Geschichte, die Menschen und die Zeit

1.

# Die Auswahl des Historikers

Das Wort »Geschichte«, *Historia*, ist ein uraltes Wort: [es ist so alt, daß man seiner bisweilen überdrüssig geworden ist. Doch nur selten ist man so weit gegangen, es völlig aus dem Wortschatz streichen zu wollen.] Sogar die Soziologen aus der Ära Durkheims haben ihm einen Platz eingeräumt. Aber nur, um es in den hintersten Winkel der Wissenschaften vom Menschen zu verbannen, in eine Art Rumpelkammer, in die sie die vermeintlich oberflächlichsten und beliebigsten menschlichen Phänomene stecken, während sie der Soziologie all das vorbehalten, was ihnen rationaler Analyse zugänglich scheint. Wir werden dieses Wort hier im Gegenteil in seiner weitesten Bedeutung verwenden. [Es schließt von vornherein keine Forschungsrichtung aus, ob diese sich nun vorwiegend mit dem Individuum oder der Gesellschaft, mit der Beschreibung episodischer Krisen oder aber der Verfolgung langlebiger Faktoren beschäftigt; es enthält keinerlei Glaubensbekenntnis und verpflichtet entsprechend seiner Grundbedeutung zu nichts anderem als zum »Forschen«.] Allerdings hat sich seine Bedeutung grundlegend verändert, seitdem es vor über zweitausend Jahren zum ersten Mal verwendet worden ist. Das ist das Schicksal aller wirklich lebendigen Begriffe einer Sprache. Wie viele Taufen gäbe es im Königreich der Akademien und wieviel Zeit würde vertan werden, wenn sich die Wissenschaften für jede ihrer Errungenschaften eine neue Bezeichnung suchen müßten! Auch wenn unsere Historie ihren ruhmreichen hellenischen Namen beibehält, wird sie daher keineswegs dieselbe sein wie die, die Hekataios von Milet geschrieben hat – genausowenig, wie die Physik von Lord Kelvin oder Paul Langevin der des Aristoteles entspricht.

[Was also ist »Geschichte«?

Es wäre verfehlt, schon am Beginn dieses Buches, das sich mit den konkreten Problemen der Forschung beschäftigt, eine langatmige und unflexible Definition vorzubringen. Welcher seriöse Forscher hat sich je mit derartigen Glaubensfragen abgegeben?[a]] Der peinlichen Genauigkeit derartiger Definitionen entgeht nicht nur der beste intellektuelle Elan, also das unbestimmte Streben nach einem noch kaum eingegrenzten, dafür aber erweiterungsfähigen Wissen. Ihre größte Gefahr besteht darin, daß sie nur deshalb so sorgfältig definieren, um besser ausgrenzen zu können. »Dieser Gegenstand«, sagt der Götterwächter Terminus, »oder diese Art, ihn zu behandeln, sind zweifellos verführerisch. Doch hüte dich, o Ephebe: Geschichtsschreibung ist das nicht.« Bilden wir denn wie in alten Zeiten eine Zunft, welche die ihren Mitgliedern erlaubten Arbeiten auflistet und deren Ausführung dann denen vorbehält, die einen Meisterbrief vorweisen können? Die Physiker und Chemiker sind klüger; niemand hat sie meines Wissens je über die Vorrechte der Physik, der Chemie, der physikalischen Chemie oder – sofern es diesen Begriff überhaupt gibt – der chemischen Physik streiten sehen.

Freilich ist der Historiker angesichts der unermeßlichen und verworrenen Wirklichkeit gezwungen, aus ihr jene Stellen herauszugreifen, an denen er seine Werkzeuge ansetzt; er muß also

---

[a] ]Im Grunde genommen ist man sich wohl darüber einig, daß es der Arbeit des Historikers nicht schaden wird, wenn er sich zunächst eine einigermaßen präzise Vorstellung von seinem Forschungsgegenstand macht. Aber muß diese erste Erkundung des Terrains unbedingt in eine Definition im Stil eines Wörterbuchs münden?[

aus ihr eine Auswahl treffen, die selbstverständlich nicht dieselbe sein wird wie zum Beispiel die eines Biologen: sie wird eben die Auswahl eines Historikers sein. Dies ist ein echtes Problem unserer Arbeit, das uns in diesem Buch auf Schritt und Tritt begleiten wird.[a]

## 2.
## Die Geschichte und die Menschen

Manchmal heißt es: »Die Geschichte ist die Wissenschaft von der Vergangenheit.« Das ist [meiner Meinung nach] eine unglückliche Formulierung[b].

[Denn zunächst] ist schon der Gedanke, die Vergangenheit als solche könne Gegenstand einer Wissenschaft sein, absurd. Wie könnte man aus Phänomenen, deren einzige Gemeinsamkeit darin besteht, nicht unserer Gegenwart anzugehören, den Stoff rationaler Erkenntnis gewinnen, ohne sie vorerst zu filtern? Wäre als Gegenstück dazu eine umfassende Wissenschaft des Universums der Gegenwart vorstellbar?

Die Verfasser der alten Annalen, mit denen die Geschichtsschreibung begann, hegten keine derartigen Bedenken. Sie erzählten in kunterbuntem Durcheinander von Ereignissen, deren

---

[a] Diese Passage stand in der ersten Fassung am Schluß der Einleitung und wurde daraufhin stark überarbeitet. Heute liegt sie auf den zwei handschriftlichen Blättern I-1 und I-2 vor, die als Vorlage für das Typoskript, die letztgültige Fassung, dienten.

[b] ], und das in zweifacher Hinsicht. Lassen wir zunächst die Künstlichkeit der strikten Trennung beiseite, die zwischen Vergangenheit und sogenannter Gegenwart verfügt wird[

einzige Verbindung darin bestand, daß sie sich zur selben Zeit zugetragen hatten: Sonnen- und Mondfinsternisse, Hagel, das Auftauchen merkwürdiger Kometen während Schlachten, der Abschluß von Verträgen, der Tod von Helden oder Königen. In diesem frühen Menschheitsgedächtnis, das so wirr war wie die Wahrnehmung eines Kleinkindes, sorgte jedoch ein anhaltendes Bemühen um Analyse allmählich für die nötige Ordnung. Die Sprache, die ja zutiefst der Tradition verhaftet ist, blieb freilich dabei, jede Untersuchung einer Veränderung in der Zeit als Geschichtsschreibung zu bezeichnen. Diese Gewohnheit ist aber unbedenklich, weil sich niemand von ihr täuschen läßt. In diesem Sinn gibt es auch eine Geschichte des Sonnensystems, da die Sterne, aus denen es besteht, nicht immer so aussahen, wie wir sie heute sehen. Sie fällt in die Zuständigkeit der Astronomie. Es gibt eine Geschichte der Vulkanausbrüche, die zweifellos von größtem Interesse für die Geophysik ist. Sie hat nichts mit der Geschichte der Historiker zu tun.

Oder zumindest gehört sie ihr nur insoweit an, als sich ihre Erkenntnisse auf irgendeine Weise mit den spezifischen Zielen unserer Geschichtsschreibung verknüpfen lassen. Wie funktioniert diese Arbeitsteilung in der Praxis? Anstatt langwieriger Erörterungen soll dies an einem Beispiel deutlich gemacht werden.

Im 10. Jahrhundert unserer Zeitrechnung ragte ein Meerbusen, der Zwin, tief in die Küste Flanderns. Später versandete er. Welchem Wissenszweig gehört die Untersuchung dieses Phänomens an? Man wird sofort auf die Geologie verweisen. Ist sie nicht eigens geschaffen worden, um Verlandungsprozesse, die Funktion von Meeresströmungen, mögliche Schwankungen des Meeresspiegels und dergleichen zu untersuchen? Gewiß! Bei näherer Betrachtung sind die Dinge jedoch viel weniger einfach.

Sollen zunächst die Ursachen dieser Veränderung herausgefunden werden? Bereits hier ist der Geologe gezwungen, sich Fragen zu stellen, die im Grunde genommen nicht in seine Zuständigkeit fallen. Die Entstehung von Schwemmland wurde nämlich durch Deichbauten, Umleitung von Kanälen und Trokkenlegungen begünstigt – Werke von Menschenhand, die aufgrund kollektiver Notwendigkeiten entstanden sind und nur im Rahmen einer bestimmten sozialen Struktur verwirklicht werden konnten.

Am anderen Ende der Kette ein weiteres Problem: das der Auswirkungen. Unweit der Küste dieses Meerbusens stand eine Stadt, Brügge. Sie war mit ihm durch einen kurzen Wasserlauf verbunden. Ein Großteil der Waren, die sie gleichsam zum London oder New York ihrer Zeit machten, wurde auf dem Wasserweg über den Zwin umgeschlagen. Dessen Verlandung machte sich aber von Tag zu Tag stärker bemerkbar. Obwohl Brügge seine Hafenanlagen immer weiter in Richtung Mündung vorverlegte, je weiter die Wasserfläche zurückwich, verwaisten allmählich seine Kais. Das war aber keineswegs die einzige Ursache für den Niedergang der Stadt. Vermag die Physis jemals auf das Soziale einzuwirken, ohne daß diese Einwirkung von anderen Faktoren, die bereits menschlichen Ursprungs sind, vorbereitet, unterstützt oder ermöglicht wird? Doch zweifellos zählte diese Ursache in der Reihe der Kausalzusammenhänge zumindest zu den wirkungsvollsten.

Die Arbeit einer Gesellschaft, die den Boden, auf dem sie lebt, nach ihren Bedürfnissen umgestaltet, ist, wie jeder instinktiv weiß, ein zutiefst »historisches« Geschehen. Dasselbe gilt für das wechselhafte Schicksal eines mächtigen Handelszentrums. An diesem typischen Beispiel aus der Topographie des Wissens läßt sich einerseits ein Überschneidungsbereich erkennen, in dem jeder Erklärungsversuch auf die Zusammenarbeit zweier Disziplinen angewiesen ist, und andererseits ein Übergangsbereich, in dem ein Phänomen, sobald es beschrieben wurde und nur mehr seine Auswirkungen zur Diskussion stehen, von einer Disziplin sozusagen unwiderruflich an eine andere weitergereicht wird. Was war es, das in beiden Fällen so zwingend die Mitwirkung der Geschichtswissenschaft zu verlangen schien? Der Mensch war in Erscheinung getreten.

In der Tat haben uns unsere großen Vorgänger – ein Michelet, ein Fustel de Coulanges – schon vor langer Zeit gelehrt, daß der natürliche Gegenstand der Geschichtswissenschaft der Mensch ist.[a] Oder besser gesagt: die Menschen. Einer Wissenschaft von der Vielfalt ist der zur Abstraktion neigende Singular weniger angemessen als der Plural, der grammatische Modus der Relativität. Hinter den Charakteristiken einer Landschaft, [hinter Werkzeugen oder Maschinen,] hinter scheinbar völlig unpersönlichen Schriftstücken und hinter Institutionen, die sich von ihren Gründern scheinbar völlig losgelöst haben, stehen Menschen, und sie versucht die Geschichtswissenschaft zu verstehen. Der, dem dies nicht gelingt, wird nie mehr sein als ein Hilfsarbeiter der Gelehrsamkeit. Dagegen gleicht der gute Historiker dem Menschenfresser im Märchen. Seine Beute weiß er dort, wo er Menschenfleisch wittert.

---

[a] Hier wäre wohl ohne allzugroßes Risiko, Marc Bloch mißzuverstehen, folgende von ihm vorgesehene Fußnote zu plazieren: »Fustel de Coulanges, Antrittsvorlesung von 1862, in: *Revue de synthèse historique*, Bd. 2, 1901, S. 243; *Michelet*, Vorlesung an der École normale, 1829, zit. n. Gustave Monod, Bd. 1, S. 127: ›Wir werden uns zum einen mit der Untersuchung des individuellen Menschen befassen – das wird die Philosophie sein –, und zum anderen mit der Untersuchung des Menschen in der Gesellschaft – und das wird die Geschichte sein.‹ Hinzuzufügen wäre folgende von Fustel geprägte, noch knappere und aussagekräftigere Formulierung, zu der das soeben Zitierte kaum mehr als ein Kommentar ist: ›Die Geschichte ist keine Ansammlung von Ereignissen aller Art, die sich in der Vergangenheit zugetragen haben. Sie ist die Wissenschaft von den menschlichen Gesellschaften.‹ Damit wird freilich, wie wir noch sehen werden, die Rolle des Individuums in der Geschichte möglicherweise zu gering veranschlagt. Der Mensch in der Gesellschaft und die Gesellschaften sind keine völlig deckungsgleichen Begriffe.«

Aus der Eigenart der Geschichtswissenschaft als Wissenschaft von den Menschen ergibt sich ihr besonderes Verhältnis zum Problem des Ausdrucks. Ist sie »Wissenschaft« oder »Kunst«? Um das Jahr 1800 pflegten unsere Urgroßväter diese Frage umständlich zu erörtern. Später, in den vom Geist eines noch etwas unausgegorenen Positivismus durchdrungenen neunziger Jahren, entrüsteten sich Methodiker über die ihrer Meinung nach übertriebene Bedeutung, die das Publikum der sogenannten »Form« historischer Arbeiten beimaß. [Kunst gegen Wissenschaft, Form gegen Inhalt:] Streitfragen, die man am besten zu den Akten der Scholastik legt. Eine exakte Gleichung ist nicht weniger schön als ein gut formulierter Satz. Aber jede Wissenschaft hat ihre eigene sprachliche Ästhetik. Menschliche Gegebenheiten sind ihrem Wesen nach äußerst heikle Phänomene, die sich nicht selten mathematischer Messung entziehen. Um sie richtig wiedergeben und folglich auch verstehen zu können (hat man je etwas vollständig begriffen, das man nicht zu formulieren vermag?) bedarf es einer differenzierten Ausdrucksweise [, des rechten Tons]. Wo es nicht möglich ist zu berechnen, sind Vorschläge geboten. Zwischen dem Ausdruck der Realitäten der physischen Welt und dem der Realitäten des menschlichen Geistes besteht im Grunde genommen derselbe Unterschied wie zwischen der Arbeit des Fräsers und der des Geigenbauers: beide arbeiten auf den Millimeter genau; während aber der Fräser mechanische Präzisionsinstrumente zur Verfügung hat, läßt sich der Geigenbauer vor allem von seinem Gehör und seinem Fingerspitzengefühl leiten. Es wäre weder gut, wenn der Fräser sich mit der Empirie des Geigenbauers zufriedengäbe, noch, wenn der Geigenbauer darauf verfiele, es dem Fräser gleichzutun. Wer wollte leugnen, daß es nicht nur ein Fingerspitzengefühl der Hände, sondern auch der Wörter gibt?

## [3.
## Die historische Zeit

»Wissenschaft von den Menschen«, sagten wir. Das ist noch viel zu ungenau. Man muß hinzufügen: »von den Menschen in der Zeit«. Der Historiker denkt nicht nur über Menschen nach. Die Atmosphäre, in der sein Denken von Natur aus atmet, ist die Kategorie der Zeit.

Gewiß, es ist nur schwer vorstellbar, daß eine Wissenschaft, ganz gleich welche, von der Zeit völlig absehen könnte. Viele von ihnen unterteilen sie jedoch per Übereinkunft in künstlich homogene Segmente und sehen in ihr nicht viel mehr als eine Maßeinheit. Als konkrete und lebendige, in der Unumkehrbarkeit ihrer Dynamik rekonstruierte Realität ist die Zeit der Geschichtswissenschaft hingegen das Plasma, in dem die Phänomene schwimmen, der Ort ihrer Verstehbarkeit. Die Zahl der Sekunden, Jahre oder Jahrhunderte, in denen ein radioaktives Element in ein anderes zerfällt, ist eine Grundtatsache der Atomphysik. Die Frage, ob eine derartige Veränderung vor tausend Jahren, gestern oder heute eingetreten ist oder morgen wird eintreten müssen, würde hingegen den Geologen interessieren, weil die Geologie auf ihre Art eine historische Disziplin ist; dem Physiker ist diese Frage völlig gleichgültig. Dagegen wird sich kein Historiker mit der Feststellung zufriedengeben, daß Cäsar acht Jahre brauchte, um Gallien zu erobern, und Luther fünfzehn, um vom rechtgläubigen Erfurter Novizen zum Wittenberger Reformator zu werden. Viel wichtiger ist es für ihn, der Eroberung Galliens ihren genauen chronologischen Platz im wechselhaften Schicksal der europäischen Gesellschaften zuzuordnen; und obwohl er keineswegs leugnen wird, daß eine geistige Krise, wie sie Bruder Martin durchmachte, auch einen zeitlosen Aspekt hat, wird er erst dann glauben, ihr gerecht zu werden, wenn er den ihr entsprechenden Punkt auf den Schicksalskurven jenes Menschen genau ermittelt hat, der sie als Held zu bestehen hatte, sowie jener Zivilisation, aus deren geistigem Klima sie hervorging.*

Diese wirkliche Zeit ist von Natur aus ein Kontinuum. Sie ist aber auch ständige Veränderung. Aus dem Gegensatz dieser beiden Eigenschaften ergeben sich die großen Probleme historischer Forschung, vor allem folgendes, das letztlich sogar die Existenzberechtigung unserer Arbeit in Frage stellt: Stellen wir uns zwei aufeinanderfolgende Epochen vor, herausgegriffen aus der ununterbrochenen Abfolge der Zeiten. Inwieweit wird man nun – je nachdem, ob man die durch den Zeitfluß hergestellte Verbindung zwischen ihnen oder aber ihre in derselben Zeitspanne entstandene Verschiedenartigkeit betont – die Kenntnis der älteren als notwendig oder nutzlos für das Verständnis der jüngeren erachten müssen?]

## 4. Der Götze Ursprung

[Es ist nie verfehlt, mit einem *mea culpa* zu beginnen. Unser Fach hat sich mitunter von der Erklärung des Späteren aus dem Früheren – eine natürliche Vorliebe derer, die die Vergangenheit zu ihrem wichtigsten Untersuchungsgegenstand gemacht haben – völlig beherrschen, ja regelrecht hypnotisieren lassen. In seiner

* A. d. H.: Anspielung auf Lucien Febvre, *Martin Luther, un destin.* Paris 1928. Dt. *Martin Luther.* Frankfurt/New York 1996.

charakteristischsten Form hat dieser Stammesgötze der Historiker einen Namen: die Besessenheit von den Ursprüngen. In der Entwicklung des historischen Denkens erlebte auch sie einen Höhepunkt ihrer Beliebtheit.]

Es war wohl Renan, der einmal schrieb (ich zitiere aus dem Gedächtnis und daher, wie ich fürchte, ungenau): »In allen menschlichen Angelegenheiten sind vor allem die Ursprünge eine Untersuchung wert.« Und Sainte-Beuve erklärte schon früher: »Ich beobachte und vermerke voller[a] Neugier alles, was anfängt.« Dieser Gedanke ist ebenso wie das Wort »Ursprung« ein Kind jener Zeit. Auf die »Ursprünge des Christentums« folgten kurz darauf die des zeitgenössischen Frankreich, von den Epigonen ganz zu schweigen. Das Wort ist aber nicht unproblematisch, da es mehrdeutig ist.

Bedeutet es ganz einfach »Anfänge«? Dann wäre es einigermaßen klar. Mit der Einschränkung freilich, daß schon die Vorstellung eines solchen Anfangspunktes bei den meisten historischen Gegebenheiten außerordentlich schwer zu fassen ist.[b] Wahrscheinlich eine Frage der Definition. Einer Definition allerdings, die [leider] allzuoft unterbleibt.

Oder sind darunter vielmehr »die Ursachen« zu verstehen? In diesem Fall gäbe es keine anderen Schwierigkeiten als die, die gewöhnlich – aber ganz besonders in den Humanwissenschaften – mit der Untersuchung von Kausalzusammenhängen verbunden sind.

Zwischen diesen beiden Bedeutungen kommt es aber häufig zu einer um so gefährlicheren Kontamination, als sie meist nicht

---

a ]Interesse und[

b ]Wo soll man das Christentum beginnen lassen? Etwa in der gefühlsbestimmten Atmosphäre, in der in der mediterranen oder der iranischen Welt die Heilsreligionen entstanden sind? Bei Jesus? Bei Paulus? Oder bei jenen Generationen, die die Grundzüge der Glaubenslehre festlegten?[

klar erkannt wird. In der Alltagssprache ist mit »Ursprung« ein Anfang gemeint, der eine Erklärung bietet. Schlimmer noch: der eine hinreichende Erklärung bietet. Darin liegt die Mehrdeutigkeit, und mit ihr die Gefahr.

Es wäre hochinteressant, diese in einer ganzen Familie großer Geister besonders ausgeprägte embryogenetische Obsession näher zu untersuchen. Wie so oft – nichts ist schwieriger, als zwischen den verschiedenen Erkenntnisbereichen eine exakte Gleichzeitigkeit herzustellen – hinkten auch hier die Humanwissenschaften hinter den Naturwissenschaften nach. Letztere standen bereits um die Mitte des 19. Jahrhunderts unter dem Einfluß der biologischen Evolutionslehre, die ganz im Gegenteil von einer zunehmenden Entfernung von den Urformen ausgeht und diese Entfernung Schritt für Schritt aus den jeweiligen Lebensbedingungen und dem jeweiligen Milieu erklärt. Von [Victor] Cousin bis Renan hatte die französische Geschichtsphilosophie ihre Leidenschaft für die Ursprünge vor allem von der deutschen Romantik übernommen. Diese aber war in ihren Anfängen die Zeitgenossin einer Physiologie gewesen, die weit früher als die unsere entstanden war: die der Vordarwinisten, die im Sperma oder Ei eine Art Kurzfassung des Erwachsenenalters zu erkennen glaubten. Hinzu kam noch die Verherrlichung des Ursprünglichen, Primitiven. Sie war im französischen 18. Jahrhundert weit verbreitet. Die Denker der deutschen Romantik griffen dieses Thema auf und umgaben es, bevor sie es an unsere Historiker, ihre Schüler, weitergaben, mit der Aura vieler neuer ideologischer Verlockungen. Welches unserer Wörter vermöchte je den ganzen Sinngehalt der berühmten deutschen Vorsilbe »Ur-« getreu wiederzugeben: »*Urmensch, Urdichtung*«? All das bewog diese Generationen dazu, in menschlichen Dingen den Anfängen eine besonders große Bedeutung beizumessen.

Dabei wurde aber noch ein weiterer, völlig anders gearteter Einfluß wirksam. In der Religionsgeschichte kam der Suche nach den Urspüngen schon deshalb eine entscheidende Bedeutung zu, weil sie ein Kriterium für den Wert einer Religion abzugeben schien. Vor allem[a] der christlichen Religion. Ich weiß sehr wohl, daß es heute bei gewissen Neokatholiken, deren Rechtgläubigkeit im übrigen dahingestellt bleiben soll, Mode ist, sich über derartige exegetische Bemühungen zu belustigen. »Ich verstehe Ihre Aufregung nicht«, meinte Barrès zu einem Priester, der den Glauben verloren hatte. »Was haben die Debatten einer Handvoll Wissenschaftler rund um ein paar hebräische Wörter mit meinem Seelenleben zu tun? Mir genügt die ›Atmosphäre der Kirchen‹.« Und Maurras erklärte seinerseits: »Was gehen mich die Evangelien von vier obskuren Juden an?« (Wobei »obskur« vermutlich plebejisch bedeutet; man wird ja Matthäus, Markus, Lukas und Johannes nur schwerlich einen gewissen literarischen Bekanntheitsgrad absprechen können.) Diese Spaßvögel wollen uns also einen Bären aufbinden. Pascal oder Bossuet hätten dergleichen sicher nicht gesagt. Allerdings wäre auch eine religiöse Erfahrung denkbar, die ohne Geschichte auskommt. Dem reinen Deisten genügt eine innere Erleuchtung, um an Gott zu glauben. Aber nicht an den Gott der Christen. Denn das Christentum ist [, wie bereits erwähnt,] seinem Wesen nach eine historische Religion, das heißt, eine Religion, deren wesentliche Dogmen auf Ereignissen beruhen. Man braucht nur das Vaterunser nachzulesen: »Ich glaube an Jesus Christus … gekreuzigt unter Pontius Pilatus … am dritten Tage wiederauferstanden von den Toten.« In diesem Fall sind die Anfänge des Glaubens zugleich auch seine Grundlage.

[a] ]für den Wert[

Diese Hinwendung zu den Ursprüngen, die in einer bestimmten Form religiöser Exegese zweifellos ihre Berechtigung hatte, übertrug sich in einem wohl unvermeidlichen Ansteckungsprozeß auf andere Forschungsgebiete, wo ihre Legitimität ungleich fragwürdiger war. Auch dort wurde eine auf Fragen der Herkunft ausgerichtete Geschichtswissenschaft in den Dienst von Werturteilen gestellt. Was beabsichtigte Taine anderes, als er den »Ursprüngen« des Frankreich seiner Zeit nachforschte, als die Irrtümer einer Politik anzuprangern, die auf einer seiner Meinung nach falschen Philosophie vom Menschen beruhte? Gleich, ob es sich um die Germaneneinfälle oder um die Eroberung [Englands] durch die Normannen handelte, die Vergangenheit wurde nur deshalb so eifrig zur Erklärung der Gegenwart herangezogen, um diese um so besser rechtfertigen oder verurteilen zu können. In vielen Fällen war der Dämon Ursprung also wohl nur eine Erscheinungsform jenes anderen teuflischen Feindes der wahren Geschichtsschreibung: der Manie des Urteilens.

Doch kehren wir zu den christlichen Studien zurück. Es ist das eine, wenn ein ruheloser Geist auf der Suche nach Orientierung sein Verhältnis zur katholischen Religion in der Form, die täglich in unseren Kirchen erläutert wird, klären will; doch ist es etwas völlig anderes, wenn ein Historiker versucht, den gegenwärtigen Katholizismus wie ein Beobachtungsobjekt zu erklären. Für das Verständnis heutiger religiöser Phänomene ist zwar die Kenntnis ihrer Anfänge unentbehrlich, genügt aber nicht zu ihrer Erklärung. Um das Problem zu vereinfachen, wollen wir die Frage ausklammern, inwieweit der Glauben nicht nur seinen Namen beibehalten hat, sondern auch inhaltlich unverändert geblieben ist. Für wie unverfälscht man eine Tradition auch halten mag, es werden doch stets die Gründe für ihre Aufrechterhaltung anzugeben sein. Menschliche Gründe, versteht sich; denn die Hypothese eines Waltens der Vorsehung würde wohl den wissenschaftlichen Rahmen sprengen. Mit einem Wort, die Frage ist nicht mehr, ob Jesus tatsächlich gekreuzigt wurde und wiederauferstanden ist. Zu verstehen gilt es vielmehr, warum so viele Menschen um uns an die Kreuzigung und an die Wiederauferstehung glauben. Die Zugehörigkeit zu einem Glauben ist aber ganz offenkundig nur einer der Aspekte des gesamten Lebens der Gruppe, die diese Eigenschaften aufweist. Sie steht am Schnittpunkt zahlreicher konvergenter Merkmale entweder der Sozialstruktur oder der Mentalität. Sie wirft, mit einem Wort, die Frage nach dem menschlichen Klima auf. Die Eiche entsteht aus der Eichel. Zur Eiche kann sie aber nur dann heranwachsen, wenn sie günstige Umweltbedingungen vorfindet, die allerdings nicht mehr in die Zuständigkeit der Embryologie fallen.

Die Religionsgeschichte sollte hier nur als Beispiel dienen. Ganz gleich, welche menschliche Aktivität er untersuchen will, dem Interpreten droht stets derselbe Irrtum: eine Filiation mit einer Erklärung zu verwechseln.

Bereits die antiken Etymologen wiegten sich in der Illusion, alles gesagt zu haben, wenn sie ausgehend von der damaligen Bedeutung die älteste bekannte Bedeutung herausgefunden hatten; wenn sie also etwa nachgewiesen hatten, daß mit *bureau* ursprünglich ein Stoff und mit *timbre* eine Trommel gemeint war. Als ob nicht gerade dieser Bedeutungswandel einer Erklärung bedurft hätte. Als ob nicht vor allem die Rolle eines Wortes in der Sprache nicht nur von seiner eigenen Vergangenheit, sondern ebensosehr von ihrem gegenwärtigen Wortbestand bestimmt würde, welcher wiederum die sozialen Verhältnisse seiner Zeit widerspiegelt. »Büro« setzt in »Ministerbüro« die Existenz einer Bürokratie voraus. Wenn ich am Postschalter *timbres* (Briefmarken) verlange, hat sich diese Bedeutung des Wortes nur deshalb einbürgern können, weil im Zuge der allmählichen Entwicklung des Postwesens eine dem Austausch von Gedanken höchst förderliche technische Neuerung aufkam: das Anbringen eines Stempels wurde durch das Aufkleben einer gummierten Vignette ersetzt. Dieser Gebrauch des Wortes war also nur möglich geworden, weil sich die verschiedenen berufsspezifischen Bedeutungen des alten Wortes inzwischen so weit voneinander entfernt hatten, daß keine Gefahr mehr besteht, meine *timbre* mit dem *timbre* zu verwechseln, dessen Reinheit der Geigenbauer an seinen Instrumenten rühmt.

»Ursprünge des Lehnswesens«, heißt es. Wo soll man sie suchen? Manche meinten »in Rom«, andere »bei den Germanen«. Es liegt auf der Hand, warum man sich diesen Täuschungen hingab. Da und dort gab es tatsächlich bestimmte Gepflogenheiten – Klientelwesen, Gefolgschaft im Krieg, Landschenkungen als Lohn für geleistete Dienste –, die von den nachfolgenden Generationen im Europa der sogenannten Feudalzeit beibehalten wurden. Übrigens nicht ohne grundlegende Abänderungen. Und vor allem wurden auf beiden Seiten Wörter verwendet – etwa *beneficium* bei den Römern, »Lehen« bei den Germanen –, die von diesen Generationen übernommen wurden, wobei sie ihnen allmählich, ohne sich dessen bewußt zu sein, einen fast völlig neuen Inhalt gaben. Denn zum großen Leidwesen der Historiker pflegen die Menschen nicht immer ihren Wortschatz zu verändern, wenn sie ihre Gewohnheiten ändern. All dies sind gewiß interessante Überlegungen. Aber wer würde annehmen, daß damit die Frage nach den Ursachen erschöpfend beantwortet wäre? Das europäische Feudalwesen war mit seinen charakteristischen Institutionen alles andere als eine Ansammlung archaischer Relikte, sondern ging in einer bestimmten Phase unserer Vergangenheit aus einer gesellschaftlichen Gesamtsituation hervor.

Seignobos schrieb irgendwo: »Ich glaube, daß die revolutionären Ideen des 18. Jahrhunderts … auf die Ideen des englischen 17. Jahrhunderts zurückgehen.« Wollte er damit sagen, daß die Autoren der französischen Aufklärung bestimmte englische Schriften des vorangegangenen Jahrhunderts gelesen hatten oder von ihnen indirekt beeinflußt wurden und so deren politische Ansichten übernahmen? Dann wird man ihm beipflichten können. Aber nur unter der Voraussetzung, daß unsere Philosophen tatsächlich keine eigene intellektuelle Substanz und keine besondere Tonlage in die fremden Texte hätten einfließen lassen. Selbst, wenn man die Geschichte dieser Ideenströmung etwas gewaltsam darauf reduziert, daß sie von anderswo übernommen wurde, ist sie also noch bei weitem nicht[a] erklärt. Denn es bleibt die Frage bestehen, warum die Weitergabe gerade zu diesem Zeitpunkt erfolgte, und nicht früher oder später. Für eine Ansteckung bedarf es zweierlei: mehrerer Generationen von Mikroben und, damit die Krankheit ausbrechen kann, eines Milieus.

Mit einem Wort, ein historisches Phänomen kann nie befriedigend erklärt werden, ohne daß auch die Zeit untersucht wird, in der es aufgetreten ist. Das gilt für alle Entwicklungsphasen. Für die, in der wir selbst leben, wie auch für alle anderen. Ein altes arabisches Sprichwort lautet: »Die Menschen sehen ihrer Zeit ähnlicher als ihren Vätern.« Die Erforschung der Vergangenheit ist bisweilen in Verruf geraten, weil sie es versäumt hat, über diese orientalische Weisheit nachzudenken.

---

[a] ]erschöpfend[

## 5.
## Vergangenheit und »Gegenwart«

[Die Antipoden derer, die nach den Ursprüngen schürfen, sind jene, die die unmittelbare Gegenwart anbeten. In einer seiner Jugendschriften spricht Montesquieu von einer »unendlichen Kette von Ursachen, die sich von Jahrhundert zu Jahrhundert vermehren und miteinander kombinieren«. Schenkt man gewissen Autoren Glauben, wäre diese Kette an unserem Ende recht dünn. Denn sie halten die Kenntnis dessen, was sie als Gegenwart bezeichnen, für fast völlig unabhängig von der Vergangenheit. Dieser Gedanke ist zu verbreitet, um es nicht zu verdienen, eingehend analysiert zu werden.]

[Zunächst ist dazu folgendes zu bemerken:] Wollte man diesen Gedanken wörtlich nehmen, wäre er eigentlich undenkbar.[a] Was ist denn die Gegenwart? Ein winziger, sich ständig entziehender Punkt in der Unendlichkeit der Zeit, ein Augenblick, der, kaum geboren, wieder stirbt. Kaum habe ich gesprochen, kaum habe ich gehandelt, sinken meine Worte und Handlungen ins Reich der Erinnerung zurück. Das meint das zugleich banale und tiefsinnige Wort des jungen Goethe: *»nichts gegenwärtig, alles vorübergehend«*. Eine angenommene Wissenschaft von der Gegenwart würde sich, zu einer ewigen Metamorphose verurteilt, in jedem

[a] Dieser Absatz wie auch die beiden folgenden und ein Teil des dritten (bis: »allzu hitzige Berührungen ersparen«) wurden umgestellt. Sie standen ursprünglich im zweiten Absatz des 2. Abschnittes von Kapitel I.

Augenblick ihres Bestehens in eine Wissenschaft von der Vergangenheit verwandeln.

Ich höre[a] schon den Vorwurf der Haarspalterei. Denn in der Umgangssprache ist mit »Gegenwart« die unmittelbare Vergangenheit gemeint. Seien wir nicht kleinlich und akzeptieren wir [also] diesen etwas nachlässigen Gebrauch des Wortes. Nicht, daß er keine ernsten Probleme aufwerfen würde. Der Begriff der Unmittelbarkeit ist nicht nur ungenau – um wieviele Jahre handelt es sich? –, sondern konfrontiert uns auch mit der vergänglichsten aller Eigenschaften. Wenn der Augenblick der Gegenwart im strengen Sinn des Wortes nichts anderes ist als ein fortwährendes Vergehen, dann verschiebt sich die Grenze zwischen Gegenwart und Vergangenheit in einer nicht minder konstanten Bewegung. Gehört das System der Währungsstabilität und des Goldstandards, das noch gestern in allen ökonomischen Handbüchern als aktuelle Norm beschrieben wurde, für den heutigen Ökonomen noch der Gegenwart an oder bereits einer ein wenig modrig riechenden Geschichte? Hinter diesen Spitzfindigkeiten läßt sich jedoch unschwer ein Bündel von Ideen erkennen, die gar nicht so abwegig sind und deren zumindest scheinbarer Einfachheit so mancher auf den Leim gegangen ist.

Man glaubt, aus dem unendlichen Strom der Zeit einen kurzen Abschnitt herausgreifen zu können. Sein Ausgangspunkt ist von uns relativ wenig weit entfernt, und er erstreckt sich bis in die Zeit, die wir gerade erleben. Anscheinend weist nichts an ihm – weder die wesentlichen Merkmale der sozialen oder politischen Verhältnisse, noch die materielle Ausstattung oder die allgemeine Tonlage der Zivilisation – gravierende Unterschiede mit der uns vertrauten Welt auf. Kurzum, sie scheint uns mit einem sehr hohen »Zeitgenossenschafts«-Koeffizienten versehen

---

a ]hier[

zu sein. Daher die Ehre oder der Makel, nicht mit der übrigen Vergangenheit gleichgesetzt zu werden. »Die Zeit nach 1830 ist keine Geschichte mehr«, sagte uns einer unserer Gymnasialprofessoren, der in meiner frühen Jugend bereits [recht] betagt war, »sondern Politik«. Heute würde man weder von der »Zeit nach 1830« sprechen – denn auch die »Drei Ruhmreichen Tage« sind in die Jahre gekommen – noch in diesem Zusammenhang von »Politik«. Sondern eher, in ehrfurchtsvollem Ton, von »Soziologie« oder, mit etwas weniger Respekt, von »Journalismus«. Aber viele würden sich der Meinung anschließen, daß die Zeit seit 1914 oder 1940 keine Geschichte mehr ist. Ohne sich im übrigen über die Beweggründe dieser Ausgrenzung im klaren zu sein.[a]

Manche[b] meinen, die Ereignisse, die uns am nächsten liegen, seien gerade aus diesem Grund für eine wirklich leidenschaftslose Prüfung ungeeignet, und möchten deshalb der keuschen Klio allzu hitzige Berührungen ersparen.[c] [Das beabsichtigte auch, vermute ich, mein alter Lehrmeister. Unsere Fähigkeit zur Selbstbeherrschung wird damit ganz ohne Zweifel unterschätzt. Vergessen wird dabei aber auch, daß sich die Grenze zwischen Heute und Gestern nicht mehr unbedingt nach dem mathematischen Maß eines Zeitintervalls richtet, sobald emotionale Resonanzen ins Spiel kommen.] Der wackere Direktor jenes südfranzösischen Gymnasiums, in dem ich zum ersten Mal[d] Pulver roch, hatte vielleicht nicht ganz unrecht, als er mich mit der dröhnenden Stimme eines Unterrichtsfeldwebels vorwarnte: »Hierzulan-

---

a In der ersten Fassung endete der Absatz vor diesem Satz, mit dem ursprünglich der nächste Absatz begann: »Ohne sich im übrigen über die Beweggründe dieser Ausgrenzung völlig einig zu sein.«

b ]– zu denen sich natürlich auch mein alter Lehrmeister gezählt hätte –[

c Der Beginn dieses Absatzes sowie die beiden vorhergehenden Absätze standen in der Erstfassung im zweiten Abschnitt von Kapitel I.

d ]als Lehrer[

de ist das 19. Jahrhundert nicht besonders heikel; aber seien Sie[a] auf der Hut, wenn Sie zu den Religionskriegen kommen.«* In der Tat ist jeder, der an seinem Schreibtisch sitzend nicht die Kraft hat, seinen Verstand vom Virus des Zeitgeistes freizuhalten, wohl auch imstande, mit diesem Gift sogar noch einen Kommentar zur *Ilias* oder zum *Ramayana* zu verseuchen.

Andere Gelehrte halten im Gegenteil und mit Recht die menschliche Gegenwart wissenschaftlicher Erkenntnis durchaus für zugänglich. Aber nur, um ihre Erforschung ganz anderen Fächern vorzubehalten als dem, das sich mit der Vergangenheit befaßt. Sie analysieren und sie behaupten etwa, die heutige Ökonomie könne mit Hilfe von Beobachtungen verstanden werden, die sich auf einen Zeitraum von wenigen Jahrzehnten beschränken. Mit einem Wort, sie glauben, der Zeitabschnitt, in dem sie leben, sei durch so krasse Gegensätze von den vorangegangenen getrennt, daß er sich aus sich selbst erklärt. Dieser Ansicht sind unwillkürlich auch viele interessierte Laien. Die Geschichte etwas weiter zurückliegender Epochen hat für sie nur den Reiz einer ebenso harmlosen wie überflüssigen Zerstreuung. Auf der einen Seite also eine Handvoll von Antiquitätenhändlern, die sich dem makabren Vergnügen hingeben, die Mumien toter Götter auszuwickeln, und auf der anderen Soziologen, Ökonomen, Publizisten: die einzigen Erforscher des Lebendigen …

Das Merkwürdige daran ist, daß die Idee dieser strikten Trennung erst in jüngster Zeit entstanden ist.[b] Die alten griechischen

---

a ]aber[

* A. d. H.: 1912/13 war Marc Bloch Gymnasiallehrer in Montpellier, also in einer Region mit protestantischer Tradition.

b Die ersten beiden Sätze dieses Absatzes standen in der Erstfassung in stark abweichender Form vor der Passage über das Wesen der Gegenwart.

Historiker, ein Herodot, ein Thukydides, und, näher bei uns, die tatsächlichen Lehrmeister unserer Forschung, unsere Vorgänger also, deren Portraits es verdienen würden, auf ewig in die *cella* unserer Zunft aufgenommen zu werden, hätten nicht einmal im Traum angenommen, daß zur Erklärung des Nachmittags die Kenntnis des Vormittags voll und ganz genüge. »Wer sich auf die Gegenwart, auf das Aktuelle beschränkt, wird das Aktuelle nicht verstehen können«, schrieb[a] Michelet zu Beginn seines schönen und doch vom Fieber seiner Zeit geschüttelten Buches *Le Peuple*. Und bereits Leibniz zählte zu den segensreichen Wirkungen, die er sich von der Geschichtsschreibung erwartete, daß »die Ursprünge der gegenwärtigen Dinge in den vergangenen gefunden werden«; denn, fügte er hinzu, »eine Wirklichkeit wird nie besser verstanden als durch ihre Ursachen«.

Seit Leibniz und Michelet ist jedoch etwas Entscheidendes geschehen: Die aufeinanderfolgenden technischen Revolutionen haben den psychologischen Abstand zwischen den Generationen über die Maßen vergrößert. Vielleicht nicht ganz ohne Grund fühlt sich der Mensch im Zeitalter der Elektrizität und des Flugzeugs von seinen Vorfahren sehr weit entfernt. Bereitwillig zieht er daraus den gewagteren Schluß, er werde nicht mehr von ihnen bestimmt. Hinzu kommt noch das jeder Ingenieursmentalität innewohnende modernistische Denken. Muß man die Ideen des alten Volta über den Galvanismus verstanden haben, um einen Dynamo in Gang zu setzen oder zu reparieren? In Analogie dazu – der Vergleich hinkt zwar, drängt sich aber mehr als einer der Maschine ergebenen Intelligenz unwillkürlich auf – ist man eben der Meinung, es sei für das Verständnis der großen Probleme der Menschheit wie auch für alle Versuche, sie zu lösen, völlig nutzlos, ihre Vorgeschichte zu analysie-

a ]im letzten Jahrhundert[

ren. Gewisse Historiker, die, ohne sich dessen bewußt zu sein, ebenfalls diesem mechanistischen Denken verhaftet sind, stimmen in den Chor ein: »Als Erklärung der Gegenwart beschränkt die Geschichte fast vollständig auf die Erforschung der heutigen Zeit.« Zwei von ihnen schreckten 1899 nicht davor zurück, dies zu schreiben.*

[Genau betrachtet,] stützt sich das der Gegenwart zugestandene Privileg, aus sich selbst heraus erklärbar zu sein, auf mehrere befremdliche Postulate.

Es setzt zunächst voraus, daß die Existenzbedingungen der Menschen während der ein oder zwei letzten Generationen einen nicht nur raschen, sondern auch umfassenden Wandel erfahren hätten, so daß keine etwas ältere Institution oder keine traditionelle Verhaltensweise den Revolutionen im Labor oder in der Fabrik entkommen wären. Damit wird das Beharrungsvermögen vieler gesellschaftlicher Schöpfungen unterschlagen. Der Mensch erzeugt zeitlebens Mechanismen, deren mehr oder weniger freiwilliger Gefangener er dann wird. Welcher Beobachter unserer nordfranzösischen Landschaft ist nicht erstaunt über das sonderbare Muster, das die Felder bilden? Obwohl das ursprüngliche Schema aufgrund zahlloser Eigentümerwechsel im Lauf der Jahrhunderte verblaßt ist, vermag das Schauspiel dieser extrem langgezogenen und schmalen Bänder, die das Ackerland in zahllose Parzellen aufteilen, auch heute noch den Agronomen zu verwirren. Unbestreitbar wird durch diese Aufteilung viel Kraft vergeudet und der Bauer bei der Arbeit behindert. Wie ist sie zu erklären? Durch das Bürgerliche Gesetzbuch und seine unausbleiblichen Folgen, meinten vorschnell einige Publizisten.

---

* A. d. H.: Gemeint sind Langlois und Seignobos.

Man bräuchte nur das Erbrecht zu ändern, fuhren sie fort, und schon sei das Übel behoben. Wären sie mit der Geschichte besser vertraut und hätten sie sich gründlicher mit der von jahrhundertelanger Erfahrung geprägten Mentalität der Bauern auseinandergesetzt, wäre ihnen das Heilmittel weniger einfach erschienen. Dieses Muster geht in Wirklichkeit auf so alte Zeiten zurück, daß es bis zum heutigen Tag noch keinem Wissenschaftler gelungen ist, es befriedigend zu erklären;[a] die, die das Land zur Zeit der Dolmen urbar machten, waren daran wahrscheinlich maßgeblicher beteiligt als die Gesetzgeber des Ersten Kaiserreichs.[b] Insofern, als hier der Irrtum hinsichtlich der Ursache fast unvermeidlich zur Anwendung eines falschen Therapeutikums führt, schadet die Unkenntnis der Vergangenheit also nicht nur dem Verständnis der Gegenwart, sondern beeinträchtigt auch das gegenwärtige Handeln.

Mehr noch. Eine Gesellschaft, die von der ihr unmittelbar vorangehenden Zeit völlig determiniert wäre, müßte nicht nur eine Struktur haben, die so wandlungsfähig wäre, daß sie einem Stück Fleisch ohne Knochen gliche. Darüber hinaus müßte der Austausch zwischen den Generationen sozusagen im Gänsemarsch erfolgen, d. h. die Kinder dürften nur über ihre Eltern mit ihren Vorfahren in Kontakt treten.[c]

Das trifft aber nicht zu, nicht einmal auf die rein mündliche Kommunikation.[d] [Nehmen wir zum Beispiel unsere Dörfer.] Weil die Eltern aufgrund ihrer Arbeitsbedingungen fast den ganzen Tag über von ihren kleinen Kindern getrennt sind, werden

---

a ]und[

b ]Nichtsdestoweniger bestimmt es bis heute das Leben zahlreicher ländlicher Gemeinden.[

c Der gesamte Absatz wurde umgeschrieben.

d ]Ich habe dies bereits an anderer Stelle erwähnt; die Hauptursache für den Traditionalismus fast aller ländlichen Gesellschaften liegt zweifellos im Umstand, daß die Arbeitsbedingungen …[

diese hauptsächlich von den Großeltern aufgezogen. Immer dann, wenn ein neues Bewußtsein Gestalt annimmt, wird also zugleich ein Schritt zurück getan, der über jene Generation hinweg, die die [eigentliche] Trägerin des Wandels ist, die formbarsten Geister mit den ausgeformtesten verbindet. [Zweifellos rührt vor allem daher der Traditionalismus vieler bäuerlicher Gesellschaften. Dieses Beispiel ist besonders klar, aber nicht einzigartig. Da der natürliche Antagonismus zwischen den Altersgruppen vor allem zwischen benachbarten Generationen ausgetragen wird, hatte schon mehr als eine Jugend den Lehren der Greise mindestens ebensoviel zu verdanken wie denen ihrer Väter.]

Die Schriftlichkeit begünstigt erst recht diese Weitergabe von Ideen [zwischen oft weit voneinander entfernten Generationen], die eigentlich die Kontinuität einer Zivilisation ausmacht. Luther, Calvin, Loyola: Männer von einst, Männer des 16. Jahrhunderts, die der Historiker, der sie verstehen und verständlich machen will, als erstes in ihr Milieu wird einbetten müssen, waren sie doch durchdrungen von der mentalen Atmosphäre ihrer Zeit und standen Gewissenskonflikten gegenüber, die nicht mehr die unsrigen sind. Aber wer würde zu behaupten wagen, daß zum Verständnis der heutigen Welt eine genaue Kenntnis der protestantischen Reformation oder der katholischen Gegenreformation, von denen uns doch mehrere Jahrhunderte trennen, nicht wichtiger sei [als die Kenntnis vieler anderer Ideenströmungen oder Gefühlswelten, die uns zwar zeitlich näher liegen, aber kurzlebiger waren?]

Der Irrtum ist also offensichtlich, und es genügt, ihn zu formulieren, um ihn zu beseitigen. Man stellt sich den Verlauf der Entwicklung der Menschheit als Abfolge ruckartiger, aber tiefgreifender Schübe vor, die jeweils nur den Zeitraum einiger Lebensalter umfassen. Die Beobachtung lehrt aber ganz im Gegenteil, daß große Erschütterungen in diesem unermeßlichen

Kontinuum durchaus imstande sind, sich von den fernsten Molekülen bis zu den nächstliegenden fortzupflanzen[a]. Was würde man von einem Geophysiker halten, der sich mit dem Zählen der Myriameter zufriedengäbe und so zum Schluß käme, der Mond übe auf unsere Erde einen weitaus stärkeren Einfluß aus als die Sonne? [Weder im Weltraum noch in der Zeit läßt sich die Wirksamkeit einer Kraft exakt aus ihrer Entfernung ableiten.]

Und wird man jene Phänomene der Vergangenheit, die scheinbar keinen bestimmenden Einfluß mehr auf die Gegenwart ausüben – etwa spurlos verschwundene Glaubenslehren, gescheiterte Gesellschaftsformen oder untergegangene Techniken –, deshalb als wertlos für das Verständnis der Gegenwart erachten? Damit würde man vergessen, daß es ohne Vergleichsmöglichkeiten keine wirkliche Erkenntnis geben kann. Vorausgesetzt freilich, der Vergleich bezieht sich auf zugleich unterschiedliche und dennoch verwandte Tatsachen. Niemand wird in Abrede stellen, daß dies hier der Fall ist. Wir sind zwar heute nicht mehr der Ansicht, daß es, wie Machiavelli schrieb und auch Hume oder Bonald meinten, über alle Zeiten hinweg »wenigstens etwas Unveränderliches gibt: den Menschen«. Wir haben gelernt, daß sich auch der Mensch stark verändert hat, und zwar sowohl mental als auch in den subtilsten Mechanismen seines Körpers. Wie könnte es anders sein? Seine mentale Atmosphäre hat einen grundlegenden Wandel erfahren, seine Hygiene und Ernährungsweise nicht minder. Dennoch muß es in der menschlichen Natur und den menschlichen Gesellschaften einen durchgängigen Grundbestand geben. Ohne ihn wären die Begriffe »Mensch« und »Gesellschaft« bedeutungslos. Wie könnte man

[a] ]: so daß das »Aktuelle«, um Michelets Formulierung zu verwenden, nur durch das Ferne erschöpfend erklärt werden kann; dies zu verneinen, hieße demselben Irrtum zum Opfer zu fallen wie der Physiker[

also hoffen, die Menschen verstehen zu können, indem man nur ihre Reaktionen auf gegenwärtige Umstände beobachtet? Das Experiment würde selbst über ihre momentane Verfassung nur unbefriedigende Ergebnisse liefern. Viel von dem, was in ihnen zwar angelegt, aber vorläufig noch kaum in Erscheinung getreten ist und jeden Augenblick erwachen kann, viele mehr oder weniger unbewußten Antriebskräfte sowie individuelle oder kollektive Haltungen würden im dunkeln bleiben. Ein einzelnes Experiment ist nie in der Lage, die beteiligten Faktoren zu unterscheiden und so seine eigene Interpretation zu liefern.[a]

[Darüber hinaus sind die Zeitalter so eng miteinander verbunden, daß Verstehbarkeit in beide Richtungen möglich ist. Unkenntnis der Vergangenheit führt zwangsläufig zu einem mangelnden Verständnis der Gegenwart. Es ist aber vielleicht nicht weniger vergeblich, angestrengt die Vergangenheit verstehen zu wollen, solange man über die Gegenwart nicht Bescheid weiß.] Folgende Anekdote habe ich schon anderswo erzählt: Einst begleitete ich Henri Pirenne nach Stockholm. Kaum angekommen, fragte er: »Was sehen wir uns als erstes an? Angeblich gibt es hier ein neu erbautes Rathaus. Fangen wir damit an.« Und dann, als wollte er meinem Erstaunen zuvorkommen, fügte er hinzu: »Wenn ich Antiquitätenhändler wäre, hätte ich nur Augen für die alten Sachen.[b] Aber ich bin Historiker. Deshalb liebe ich das Le-

a Dieser Absatz ersetzt offenbar eine entsprechende, aber wesentlich kürzere Passage der Erstfassung: »Gegenwart und Vergangenheit durchdringen einander. Dies so sehr, daß sie, was die Arbeit des Historikers betrifft, in beide Richtungen miteinander verbunden sind. Wenn die Unkenntnis der Vergangenheit für den verhängnisvoll sein muß, der die Gegenwart verstehen will, dann gilt dasselbe auch für den umgekehrten Fall – auch wenn man sich dessen nicht immer im gleichen Maß bewußt war.«

b ]Ich bin aber kein Antiquitätenhändler.[

ben.« Diese Fähigkeit, sich auf das Leben einzulassen, ist in der Tat die wichtigste Tugend des Historikers. Lassen wir uns dabei von einer gewissen[a] stilistischen Unterkühltheit nicht irreführen, sie zeichnet[b] die Größten von uns aus: Fustel oder Maitland und ihre eher trockene Art nicht weniger als Michelet. Vielleicht ist diese Fähigkeit grundsätzlich eine Feengabe, die niemand erwerben kann, dem sie nicht in die Wiege gelegt wurde. Dennoch muß sie ständig geübt und weiterentwickelt werden. Und wie, wenn nicht so, wie es uns Pirenne selbst vorgemacht hat, nämlich durch ständigen Kontakt mit dem Heute?

Denn nur [hier,] in der Gegenwart, kann das pulsierende menschliche Leben, das wir unter Aufbietung aller Phantasie den alten Texten einzuhauchen versuchen, von unseren Sinnen[c] unmittelbar wahrgenommen werden. Viele Male habe ich Berichte von Kriegen und Schlachten gelesen und auch selbst von ihnen erzählt. Wußte ich wirklich, im vollen Sinn des Wortes »wissen«, wußte ich wirklich in meinem Innersten, was es für eine Armee bedeutet, eingekesselt, oder für ein Volk, besiegt zu werden, bevor ich selbst diese schreckliche Erfahrung machen mußte? Wußte ich wirklich, was das schöne Wort »Sieg« beinhaltet, bevor ich selbst im Sommer und Herbst 1918 Siegesfreude verspürte? Ich hoffe sehr, dieses Gefühl noch ein weiteres Mal erleben zu dürfen; allerdings wird dann der Überschwang, fürchte ich, wohl nicht mehr ganz derselbe sein. In Wahrheit sind es ja letztlich immer unsere alltäglichen Erfahrungen, denen wir bewußt oder unbewußt die Elemente entlehnen, die uns zur Rekonstruktion[d] der Vergangenheit dienen, nachdem wir sie, soweit erforderlich, mit zusätzlichen Nuancen versehen

a ]ausgeprägten[
b ]in jeweils unterschiedlicher Form[
c ]und unserem Verstand[
d ]und Darstellung[

haben. Welchen Sinn hätten für uns die Begriffe, mit denen wir vergangene Gemütszustände oder untergegangene Gesellschaftsformen bezeichnen, wenn wir nicht selbst erfahren hätten, wie die Menschen leben? Es ist [hundertmal] besser, diese unbewußte Beeinflussung durch bewußte und kontrollierte Beobachtung zu ersetzen. Ein großer Mathematiker wird vermutlich nicht an Bedeutung verlieren, wenn er mit geschlossenen Augen durch die Welt geht, in der er lebt. Der Gelehrte jedoch, der keinen Gefallen daran findet, die Menschen, Dinge und Ereignisse um ihn herum zu beobachten, würde allenfalls, um mit Pirenne zu sprechen, die Bezeichnung »nützlicher Antiquar« verdienen. Auf die Bezeichnung »Historiker« sollte er besser verzichten.

Dabei geht es nicht nur um die Erziehung zu historischer Sensibilität. Die Kenntnis der Gegenwart kann in bestimmten Forschungsrichtungen für das Verständnis der Vergangenheit von noch unmittelbarer Bedeutung sein.

Es wäre nämlich ein großer Irrtum zu glauben, die Reihenfolge, in der die Historiker ihre Untersuchungen durchführen, müsse unbedingt die sein, in der sich die Ereignisse zugetragen haben. Oft wird es sinnvoll sein, die Geschichte, wie Maitland sagte, zunächst »gegen den Strich« zu lesen[a] und erst danach ihren tatsächlichen Ablauf zu rekonstruieren. Denn die natürliche Vorgangsweise jeder Forschung besteht darin, vom gut oder zumindest weniger schlecht Bekannten zum Unbekannteren fortzuschreiten[b]. Das Licht der Dokumente erstrahlt keineswegs um so heller, je mehr man sich der Gegenwart nähert. So sind wir etwa über das 10. Jahrhundert unserer Zeitrechnung unver-

[a] ], also ausgehend von der unmittelbaren in die fernere Vergangenheit vorzudringen,[

[b] ]oder, in den Worten von Maitland, die Augen an die Dämmerung zu gewöhnen, bevor man sich in die Nacht hinauswagt[

gleichlich schlechter informiert als über die Zeit Cäsars oder Augustus'. Dennoch sind die uns am nächsten liegenden Perioden meist auch die, über die wir relativ gut Bescheid wissen. Darüber hinaus bringt eine mechanische Vorgangsweise vom Späteren zum Früheren stets das Risiko mit sich, daß man seine Zeit damit vergeudet, den Anfängen oder Ursachen von Phänomenen nachzujagen, die sich bei näherer Betrachtung womöglich als reine Phantasie herausstellen. Berühmte Vertreter unserer Zunft haben sich gelegentlich in befremdliche Irrtümer verrannt, weil sie es unterließen, jene vorsichtig regressive Methode anzuwenden, die eigentlich angebracht gewesen wäre. Fustel de Coulanges forschte nach den »Ursprüngen« feudaler Institutionen, von denen er sich, wie ich fürchte, ein recht verworrenes Bild machte, und [nach den Anfängen] einer Leibeigenschaft, die er, schlecht unterrichtet durch Beschreibungen aus zweiter Hand, völlig verzeichnete.

Weitaus häufiger, als man annehmen könnte, muß man sich bis in die Gegenwart vorarbeiten, um Klarheit zu erlangen. Wie schon erwähnt, geht unsere Agrarlandschaft in einigen ihrer wesentlichen Merkmale auf sehr frühe Zeiten zurück. Um aber die wenigen Dokumente, die ihre unklare Entstehungsgeschichte zu beleuchten vermögen, interpretieren zu können, um die richtigen Fragen stellen und um sie überhaupt als solche erkennen zu können, muß zunächst die heutige Landschaft beobachtet und analysiert worden sein. Denn nur sie bietet die Gesamtperspektive, von der ausgegangen werden muß. Dabei kann es sich selbstverständlich nicht darum handeln, dieses Bild ein für allemal zu fixieren und jede Etappe der Vergangenheit, auf die man nacheinander stößt, in dieses starre Schema zu pressen. Auch hier will der Historiker einen Wandel verstehen. Von dem Film, den er sieht, ist aber nur das letzte Bild vollständig erhalten geblieben. Um nun die anderen, die zerstört sind, rekonstruieren zu können, muß er die Spule zunächst einmal zurücklaufen lassen.

[Es gibt also nur eine Wissenschaft von den Menschen in der Zeit, und sie muß ständig die Erforschung der Toten mit der der Lebenden verbinden. Wie soll sie heißen? Ich habe bereits ausgeführt, warum mir die alte Bezeichnung *historia* die verständlichste, am wenigsten einseitige zu sein scheint, die zudem am engsten mit den bewegenden Erinnerungen an eine jahrhundertealte Bemühung verknüpft ist – mithin die geeignetste. Der Vorschlag, sie im Gegensatz zu bestimmten vorgefaßten Meinungen, die im übrigen weit jünger sind als sie, um die Erforschung der Gegenwart zu erweitern, ist – muß man sich dagegen überhaupt verwahren? – durchaus keine ständische Forderung. Das Leben ist zu kurz und der Wissenserwerb zu langwierig, als daß selbst das größte Genie eine umfassende Kenntnis von der Menschheit erlangen könnte. Für die gegenwärtige Welt wird es immer Spezialisten geben, genauso wie für die Steinzeit oder die Ägyptologie. Von den einen wie den andern kann man lediglich verlangen, sich daran zu erinnern, daß historische Forschungen keinerlei Autarkie zulassen. Wenn sie sich voneinander isolieren, werden sie alles, auch das eigene Forschungsgebiet, nur halb verstehen; die einzig wahre Geschichte ist Weltgeschichte, und sie ist auf gegenseitige Hilfe angewiesen.]

Eine Wissenschaft wird jedoch nicht nur durch ihren Gegenstand definiert. Ihre Grenzen lassen sich ebensogut anhand ihrer Methoden abstecken. Dies wirft die Frage auf, ob sich die Forschung nicht grundverschiedener Techniken bedienen sollte, wenn sie sich der Gegenwart nähert bzw. von ihr entfernt. Damit stellt sich das Problem der historischen Beobachtung.

Zweites Kapitel

# Die historische Beobachtung

## 1.
## [Allgemeine Merkmale der historischen Beobachtung]

[Wenden wir uns nun der Erforschung der Vergangenheit zu.]

Die augenfälligsten Merkmale historischer Information [im engeren und gebräuchlichen Sinn des Worts] sind oft genug beschrieben worden. Der Historiker, so heißt es wenigstens, ist definitionsgemäß völlig außerstande, die Ereignisse, mit denen er sich beschäftigt, selbst zu registrieren. Kein Ägyptologe hat Ramses mit eigenen Augen gesehen, kein Spezialist der napoleonischen Kriege hat die Kanone von Austerlitz donnern gehört. Über die vergangenen Jahrhunderte könnten wir [somit] nur das sagen, was wir von Zeugen wissen. Ihnen gegenüber befinden wir uns in der Situation des Untersuchungsrichters, der ein Verbrechen zu rekonstruieren sucht, das er selbst nicht mitangesehen hat, oder des Physikers, der, von der Grippe ans Bett gefesselt, von den Ergebnissen seiner Experimente erst aus den Berichten eines Laborgehilfen erfährt. Mit einem Wort, unser Wissen von der Vergangenheit wäre also, im Unterschied zu dem von der Gegenwart, notwendigerweise »indirekt«.

Niemand wird leugnen wollen, daß an diesen Überlegungen einiges richtig ist. Dennoch bedürfen sie einer deutlichen Differenzierung.

Nehmen wir an, ein Feldherr hat soeben einen Sieg errungen. Er macht sich sofort daran, eigenhändig einen Bericht darüber zu verfassen. Er hat den Schlachtplan entworfen. Er hat seine Truppen ins Feld geführt. Dank der bescheidenen Größe des Schlachtfeldes [(da wir alle Vorteile auf unserer Seite haben wollen, stellen wir uns ein Gefecht in alter Zeit vor, das auf engem Raum ausgetragen wurde)] konnte er das Kampfgetümmel fast vollständig überblicken. Und dennoch steht außer Zweifel, daß er für mehr als eine Episode auf die Berichte seiner Offiziere angewiesen sein wird[a]. [Als Erzähler wird er sich daher ebenso verhalten wie einige Stunden zuvor als Befehlshaber. Welche Informationen werden ihm wohl bessere Dienste geleistet haben, als er von einem Augenblick zum andern seine Truppenbewegungen auf die jeweilige Lage abstimmen mußte: die mehr oder weniger deutlichen Bilder, die er durch sein Fernrohr wahrnahm, oder die Nachrichten, die ihm von Adjutanten und Kurieren in gestrecktem Galopp überbracht wurden? Nur selten gibt sich ein Anführer damit zufrieden, sein eigener Zeuge zu sein. Was bleibt also – selbst unter so günstigen Voraussetzungen – von der vielgerühmten und angeblich der Erforschung der Gegenwart vorbehaltenen direkten Beobachtung übrig?

In Wahrheit ist sie nämlich in den meisten Fällen nichts anderes als eine Illusion, zumindest immer dann, wenn der Beobachter ein wenig über seine unmittelbare Umgebung hinausblickt.] Jeder Bericht von selbst erlebten Ereignissen besteht gut zur Hälfte aus den Wahrnehmungen anderer. Wenn ich Ökonom bin und den Warenverkehr dieses Monats oder jener Woche untersuche, stütze ich mich auf Statistiken, die ich nicht selbst erstellt habe. Wenn ich die Gegenwart erkunden und die öffentliche Meinung

---

[a] ], welche ihrerseits in hohem Maß von Informationen ausgehen werden, die sie von ihren Untergebenen erhalten haben[

zu den großen aktuellen Problemen einholen will, stelle ich Fragen, mache mir Notizen, kollationiere und zähle die Antworten. Aber was können sie mir bieten außer den mehr oder weniger ungeschickt formulierten Vorstellungen, die sich meine Gesprächspartner von dem gebildet haben, was sie zu denken glauben oder mir mitzuteilen bereit sind? Sie sind die Versuchspersonen meines Experiments. Während sich ein Physiologe, der ein Meerschweinchen seziert, mit eigenen Augen von der gesuchten Läsion oder Anomalie überzeugen kann, kenne ich[a] die geistige Verfassung meiner »Durchschnittsmenschen« nur durch das Bild, das sie mir zu vermitteln bereit sind. Weil der einzelne stets nur einen kleinen, von seinen Sinnen und seiner Konzentrationsfähigkeit eng begrenzten Ausschnitt aus dem unermeßlichen Gewebe von Ereignissen, Worten und Taten wahrnimmt, aus dem sich das Schicksal einer Gruppe von Menschen zusammensetzt, weil er [darüber hinaus][b] stets nur von seiner eigenen geistigen Verfassung unmittelbare Kenntnis haben kann, wird jedes Wissen von der Menschheit – ganz gleich, welchen Zeitraum man ins Auge faßt – stets einen Großteil seiner Substanz aus zweiter Hand beziehen. [Dem Erforscher der Gegenwart ergeht es in dieser Hinsicht kaum besser als dem Historiker der Vergangenheit.]

[Mehr noch.] Ist es sicher, daß die Beobachtung der Vergangenheit, auch einer sehr weit zurückliegenden Vergangenheit, stets eine »indirekte« sein muß?

Es liegt auf der Hand, warum sich vielen Theoretikern der Geschichtsschreibung der Gedanke dieser Distanz zwischen dem Forscher und seinem Erkenntnisobjekt so nachdrücklich aufge-

a ]selbst[

b ]dank einer im übrigen recht unzuverlässigen Introspektion[

drängt hat. Sie dachten nämlich vor allem an eine[a] Geschichte der Ereignisse, ja der Episoden, d. h. an eine Geschichtsschreibung, die zu Recht oder Unrecht (hier ist nicht der Ort, dem nachzugehen) großen Wert auf die genaue Rekonstruktion der Taten, Worte und Haltungen bestimmter Personen legt, welche in einer relativ kurzen Szene auftreten, in der wie in der klassischen Tragödie alle Handlungsstränge zu einer Krise zusammenschießen: Tag des Ausbruchs der Revolution, Schlacht, diplomatische Verhandlung. So wurde etwa erzählt, daß am 2. September 1792 der auf einer Lanze aufgespießte Kopf der Prinzessin von Lamballe vor den Fenstern der königlichen Familie vorbeigetragen worden sei. Ist das wahr? Ist es erfunden? Pierre Caron, der über die Massaker jenes Jahres ein Buch von bewundernswerter Redlichkeit geschrieben hat, will sich diesbezüglich nicht festlegen. Wäre es ihm vergönnt gewesen, von einem der Türme des Temple aus den makabren Leichenzug mit eigenen Augen zu verfolgen, hätte er bestimmt gewußt, woran er sich zu halten hatte. Und vorausgesetzt, er hätte [, wie anzunehmen ist,] unter diesen Umständen seine Kaltblütigkeit als Wissenschaftler bewahrt, hätte er sich zudem aus begründetem Mißtrauen seinem Gedächtnis gegenüber die Mühe gemacht, seine Beobachtungen unverzüglich niederzuschreiben. In einem solchen Fall fühlt sich der Historiker dem Augenzeugen eines Ereignisses gegenüber zweifellos ein wenig benachteiligt. Er steht sozusagen am Ende einer langen Reihe, in der die Nachrichten von vorne nach hinten weitergereicht werden: keine gute Plazierung, um verläßliche Informationen zu erhalten. Ich habe einst selbst erlebt, wie während eines Nachtmarsches folgende Warnung in der Kolonne durchgegeben wurde: »Achtung! [Granat-]Trichter links!«

---

a ]andere[

Der letzte Mann verstand nur noch »Links!«, machte einen Schritt in diese Richtung und fiel ins Loch.

Es gibt aber auch anders gelagerte Fälle. Im Mauerwerk bestimmter, einige Jahrtausende vor Christus errichteter syrischer Zitadellen haben heutige Archäologen eingemauerte [Tongefäße voller] Kinderskelette gefunden. Da vernünftigerweise nicht anzunehmen ist, daß die Knochen aus Zufall dorthin gelangt sind, haben wir es offensichtlich mit den Überresten von Menschenopfern zu tun, die während der Errichtung des Bauwerks und in Zusammenhang damit dargebracht wurden. Was die religiösen Vorstellungen betrifft, die in diesen Riten zum Ausdruck kommen, werden wir uns wohl oder übel, sofern vorhanden, mit Zeugnissen aus der betreffenden Zeit behelfen und ansonsten aus anderen Zeugnissen Analogieschlüsse ziehen müssen. Wie sollten wir uns über[a] einen Glauben informieren, der nicht der unsrige ist, wenn nicht mit Hilfe von Aussagen aus zweiter Hand? Dies gilt [, es sei nochmals gesagt,] für alle Bewußtseinsphänomene, die uns fremd sind. Was jedoch das Opfer selbst betrifft, sind wir in einer ganz anderen Lage. Freilich haben wir keinen direkten Zugang zu ihm. Genausowenig wie der Geologe zu dem Ammoniten, dessen Fossil er entdeckt hat. Genausowenig wie der Physiker zur Molekularbewegung, deren Spuren er in der Brownschen Bewegung ausmacht. Der sehr einfache Gedankengang jedoch, der uns unter Ausschluß jeder anderen Erklärungsmöglichkeit vom tatsächlich konstatierten Objekt auf das durch dieses Objekt bewiesene Faktum schließen läßt – eine rudimentäre interpretative Leistung, [die mit jenen unbewußten geistigen Operationen eng verwandt ist,] ohne die keine Sinnesempfindung zu einer Wahrnehmung werden könnte –, dieser Gedankengang also bedarf keineswegs der Einschal-

[a] ]irgend[

tung eines weiteren Beobachters zwischen dem Gegenstand und uns. Die Spezialisten der[a] Methode verstanden unter indirekter Erkenntnis im allgemeinen nur die, zu der der Historiker über den Umweg der Erkenntnistätigkeit anderer gelangt[b]. [Der Ausdruck ist vielleicht nicht gerade glücklich gewählt; er weist lediglich auf die Existenz einer Vermittlungsinstanz hin, und es ist nicht recht einzusehen, warum dieses Bindeglied unbedingt menschlicher Natur sein muß. Wir wollen uns aber ohne Wortklauberei an seine gebräuchliche Bedeutung halten. In diesem Sinn hat jedenfalls unsere Kenntnis von den Maueropfern des antiken Syrien ganz gewiß nichts Indirektes.

Viele andere Relikte der Vergangenheit bieten uns ebenfalls einen unmittelbaren Zugang zu ihrer Geschichte an. Dies gilt für fast die Gesamtheit der unübersehbaren Menge nicht-schriftlicher Zeugnisse sowie für viele schriftliche. Hätten die bekanntesten Theoretiker unserer Methoden gegenüber den Techniken der Archäologie nicht eine erstaunliche und hochmütige Gleichgültigkeit an den Tag gelegt und wären sie nicht auf der Ebene der Dokumente von der Erzählung, und auf der Ebene der Fakten vom Ereignis geradezu besessen gewesen, hätten sie uns wohl weniger vorschnell zu einer auf immer und ewig von anderen abhängigen Beobachtung verurteilt. In den Königsgräbern von Ur in Chaldäa hat man die Glieder eines Halsbands aus Amazonit gefunden. Da sich die nächstgelegenen Lagerstätten dieses Steins in Zentralindien und in der Umgebung des Baikalsees befinden, schien der Schluß nahezuliegen, daß die Städte am unteren Euphrat schon im dritten Jahrtausend vor unserer Zeitrechnung enge Handelsbeziehungen mit weit entfernten Ländern unterhielten. Diese Annahme mag überzeugend sein oder

a ]historischen[

b ]. So verstanden, trifft dieser Ausdruck auf unsere Kenntnis von den syrischen Menschenopfern nicht mehr zu[

nicht. Ganz gleich, wie man sie beurteilt, handelt es sich um einen klassischen Induktionsschluß; er geht von der Feststellung einer Tatsache aus, ohne daß eine Aussage aus zweiter Hand ins Spiel käme. Derartige Sachquellen sind aber bei weitem nicht die einzigen, die den Vorzug haben, aus erster Hand verständlich zu sein. Der von einem steinzeitlichen Handwerker behauene Feuerstein,] ein sprachliches Merkmal, eine in einem Text enthaltene Rechtsvorschrift [oder ein in einem Zeremonienbuch festgehaltener oder auf einer Stele dargestellter Ritus] sind Tatsachen, die wir unmittelbar wahrnehmen und durch eigenes Nachdenken auswerten. [Kein anderes menschliches Gehirn muß als Vermittler in Anspruch genommen werden. Es ist nicht wahr, daß der Historiker, um obigen Vergleich wiederaufzunehmen, notwendigerweise auf die Berichte eines Fremden angewiesen ist, wenn er über die Vorgänge in seinem Labor Bescheid wissen will. Nur betritt er es eben immer erst nach Beendigung des Experiments. Dieses wird jedoch unter günstigen Umständen Spuren hinterlassen, die er ohne weiteres mit eigenen Augen wahrnehmen kann.]

Die unbestreitbaren Eigentümlichkeiten historischer Beobachtung sollten also in anderen, eindeutigeren und zugleich verständlicheren Begriffen formuliert werden.

Die Erkenntnis des gesamten vergangenen und eines Großteils des gegenwärtigen menschlichen Tuns läßt sich zunächst [nach der treffenden Formulierung von François Simiand] als eine Erkenntnis mittels Spuren charakterisieren. Ob es sich um Gebeine handelt, die in syrische Befestigungsanlagen eingemauert wurden, um ein Wort, dessen Form oder Bedeutung eine bestimmte Gepflogenheit verrät, oder um den Bericht, den der Augenzeuge eines längst [oder weniger lange] vergangenen Ereignisses verfaßt hat – was verstehen wir anderes unter einem Dokument als eine »Spur«, d. h. das sinnlich wahrnehmbare Zeichen, das ein selbst nicht mehr faßbares Phänomen hinterlassen hat? Dabei macht es wenig Unterschied, ob sich das ursprüngliche Objekt von Natur aus sinnlicher Wahrnehmung entzieht wie das Atom, dessen Bahn in der Wilson-Kammer sichtbar gemacht wird, oder infolge der vergangenen Zeit, wie der vor Jahrtausenden verrottete Farn, dessen Abdruck auf einem Stück Steinkohle erhalten geblieben ist, oder die seit langem vergessenen feierlichen Zeremonien, die an den Wänden ägyptischer Tempel dargestellt und kommentiert sind. In beiden Fällen ist der Rekonstruktionsprozeß derselbe, und alle Wissenschaften bieten dafür zahlreiche Beispiele.[a] [Aus dem Umstand, daß viele Forscher aller Disziplinen gewisse grundlegende Phänomene gezwungenermaßen nur über den Umweg anderer, von diesen abgeleiteter Phänomene erfassen können, geht jedoch keineswegs hervor, daß sie sich völlig gleicher Mittel bedienen. Es kann sein, daß sie wie ein Physiker das Auftreten dieser Spuren selbst hervorrufen können. Umgekehrt kann es aber auch sein, daß sie warten müssen, weil das Auftreten dieser Spuren der Willkür von Kräften unterworfen ist, auf die sie keinerlei Einfluß haben.] In beiden Fällen sind sie natürlich in einer völlig verschiedenen Lage. In welcher Situation befinden sich die Beobachter menschlichen Geschehens? Hier kommen Fragen der Datierung zu ihrem Recht[b/c].

---

[a] ]Zu dieser ersten Eigentümlichkeit tritt immer dann, wenn die Vergangenheit, und sehr oft, wenn die Gegenwart im Spiel ist, eine zweite hinzu: Der Beobachter kann das Auftreten dieser Spuren nicht selbst hervorrufen.[

[b] In der Erstfassung folgte hier ein sehr langer Absatz, der nicht ins Typoskript übernommen wurde.

[c] In der Erstfassung stand anstelle dieser beiden letzten Sätze ein Absatz, beginnend mit den Worten: »Geben wir aber acht!«

[Daß jedes einigermaßen komplexe menschliche Geschehen nicht beliebig wiederholbar oder steuerbar ist, scheint sich von selbst zu verstehen; wir werden später darauf zurückzukommen haben. Dennoch] gibt es[a] – angefangen von den einfachsten Messungen der Sinneswahrnehmung bis zu den raffiniertesten Intelligenz- und Affektivitätstests – psychologische Experimente. Sie finden aber im allgemeinen nur auf den einzelnen Anwendung. Die Psychologie von Gruppen ist ihnen fast völlig unzugänglich. Es wäre wohl nicht möglich – und wenn es möglich wäre, würde man es nicht wagen –, eine Massenpanik oder eine Bewegung religiöser Schwärmer absichtlich hervorzurufen. Gehören die untersuchten Phänomene aber der Gegenwart oder der unmittelbaren Vergangenheit an, steht der Beobachter, so wenig er auch imstande sein mag, sie zur Wiederholung oder Veränderung ihres Ablaufs zu zwingen, ihren Spuren nicht ganz so machtlos gegenüber. Manche von ihnen vermag er wortwörtlich wieder zum Leben zu erwecken.[b] Das sind die Augenzeugenberichte.

Das Experiment von Austerlitz konnte am 5. Dezember 1805 genausowenig wiederholt werden wie heute. Aber wie genau hatte sich dieses oder jenes Regiment in der Schlacht verhalten? Wenn Napoleon [einige Stunden nach Feuereinstellung] gewünscht hätte, sich darüber zu informieren, hätte wohl ein Wort genügt, und einer seiner Offiziere hätte ihm Bericht erstattet[c]. Oder ist etwa gar kein derartiger – offizieller oder privater – Bericht verfaßt worden? Sind etwa die, die[d] geschrieben wurden,

a ], mit einem Wort,[

b Die Passage ab »Sie finden aber im allgemeinen nur auf den einzelnen Anwendung« ersetzt Ausführungen der Erstfassung, die völlig neu formuliert wurden.

c ](auch wenn er diesen Bericht daraufhin einer kritischen Prüfung hätte unterziehen müssen; dies ist ein weiterer methodischer Aspekt, mit dem wir uns zu gegebener Zeit auseinandersetzen werden)[

d ]vielleicht[

verlorengegangen? Ganz gleich, wie oft wir uns heute diese Fragen stellen, sie werden [genauso wie viele andere, weit wichtigere] höchstwahrscheinlich für immer unbeantwortet bleiben. Welcher Historiker hat noch nie davon geträumt, wie Odysseus den Schatten der Toten Blut zu trinken zu geben, um sie befragen zu können[a]? [Die Wunder der Nekyia gehören jedoch der Vergangenheit an, und wir verfügen über keine andere Zeitmaschine als die, welche in unseren Gehirnen das von vergangenen Generationen hinterlassene Material verarbeitet.]

[Andererseits sollte man die Vorzüge der Untersuchung der Gegenwart auch nicht übertreiben.] Stellen wir uns vor, alle Offiziere und alle Männer des Regiments seien umgekommen, oder, noch einfacher, unter den Überlebenden hätten sich keine Zeugen gefunden, deren Gedächtnis oder Auffassungsgabe vertrauenswürdig ist: Napoleon wäre es nicht besser ergangen als uns. Jeder, der [, und sei es nur in einer bescheidenen Rolle,] irgendwann an einem bedeutsamen Geschehen beteiligt war, weiß sehr gut, daß es schon wenige Stunden später unmöglich sein kann, eine manchmal entscheidende Episode genau zu rekonstruieren. Dazu kommt, daß sich nicht alle Spuren [gleichermaßen] dazu eignen, nachträglich in Erinnerung gerufen zu werden. Wenn die Zollbehörden es versäumt haben, im November 1942 Tag für Tag den Ein- und Ausgang der Waren festzuhalten, werde ich im Dezember praktisch außerstande sein, den Außenhandel des Vormonates abzuschätzen. [Kurzum, der Unterschied zwischen der Erkundung der fernen und der nahen Vergangenheit ist wiederum nur gradueller Natur. Er betrifft nicht die Methodik. Das schmälert aber keineswegs seine Bedeutung, und es empfiehlt sich, daraus Konsequenzen zu ziehen.]

Die Vergangenheit ist definitionsgemäß etwas Vorgegebenes,

---

a ], leider stets erfolglos[

das nicht mehr verändert werden kann. Das Wissen um sie macht jedoch Fortschritte, verändert und vervollständigt sich andauernd. Wer daran zweifelt, bräuchte nur an[a] das erinnert zu werden, was sich seit etwas mehr als einem Jahrhundert vor unseren Augen getan hat. Riesige Abschnitte der Menschheitsgeschichte sind dem Dunkel des Vergessens entrissen worden. Ägypten und Chaldäa sind ihren Gräbern entstiegen. Die toten Städte Zentralasiens haben uns ihre Sprachen, die von niemand mehr gesprochen werden, und ihre seit langem vergessenen Religionen offenbart. Im Industal wurde vor nicht allzu langer Zeit eine [ganze] unbekannte Kultur entdeckt. [Das ist aber noch nicht alles, und] der Scharfsinn, mit dem die Forscher ganze Bibliotheken aufarbeiten und in alten Böden neue Grabungen anlegen, ist nicht das einzige [und vielleicht auch nicht das effizienteste] Mittel zur Erweiterung unseres Bildes von der Vergangenheit. Neue, bisher unbekannte Untersuchungsmethoden wurden entwickelt. Wir verstehen es besser als unsere Vorgänger, die Sprachen nach Sitten und Gebräuchen, die Werkzeuge nach den Handwerkern zu befragen. Und wir haben es vor allem gelernt, die Analyse sozialer Sachverhalte weiter zu vertiefen[b]. Die Untersuchung religiöser Vorstellungen und volkstümlicher Riten eröffnet erste Perspektiven. Die Wirtschaftsgeschichte, die[c] von Cournot in seiner Aufzählung der verschiedenen Aspekte historischer Forschung [einst] völlig außer acht gelassen wurde, steht erst am Anfang. All das läßt sich nicht wegleugnen und berechtigt zu den größten Hoffnungen, wenngleich auch nicht zu unbegrenzten. Jenes Gefühl eines völlig ungehinderten Voranschreitens, das eine Wissenschaft wie die Chemie vermittelt, [die

a ]all[
b ]als sie[
c ]noch[

sogar imstande ist, sich ihren Gegenstand selbst zu erschaffen,] bleibt uns verwehrt.

Die Erforscher der Vergangenheit sind nämlich keine völlig freien Menschen. Die Vergangenheit[a] ist ihre strenge Gebieterin. Sie läßt nicht zu, daß sie etwas über sie in Erfahrung bringen, das sie ihnen nicht [wissentlich oder nicht] preisgegeben hat. Wir werden nie eine Preisstatistik der Merowingerzeit erstellen können, weil es keine Dokumente gibt, auf denen diese Preise in genügend großer Zahl verzeichnet sind. Wir werden nie die Mentalität der Menschen etwa des 11. Jahrhunderts genauso gut verstehen können wie etwa die der Zeitgenossen Pascals oder Voltaires, weil wir von ihnen keine [privaten] Briefe oder Tagebücher haben, sondern nur, wenn es hoch kommt, schlechte, konventionell geschriebene[b] Biographien von einigen von ihnen. Wegen dieser Lücken wirkt ein Gutteil unserer Geschichte wie eine blutleere Welt ohne Menschen. [Aber beklagen wir uns nicht. Das Los der bedingungslosen Unterwerfung unter ein unbeugsames Schicksal, das uns, den geplagten und oft belächelten Adepten der jungen Wissenschaften vom Menschen, beschieden ist, ist nicht härter als das vieler unserer Kollegen aus älteren und selbstbewußteren Fächern.] Es ist das Schicksal jeder Forschungsarbeit, die den Auftrag hat, vergangene Phänomene zu erkunden, und der Prähistoriker ist trotz des Fehlens schriftlicher Quellen vermutlich nicht weniger fähig, die Liturgien der Steinzeit zu rekonstruieren als zum Beispiel der Paläontologe die inneren [sekretorischen] Drüsen des Plesiosaurus, von dem nur das Skelett erhalten geblieben ist. Es ist nie angenehm, »ich weiß es nicht, ich kann es nicht wissen« sagen zu müssen. Man darf es erst sagen, nachdem man mit ganzer Kraft, verzweifelt

---

a ]selbst[

b ]zeitgenössische[

gesucht hat. Aber es gibt Momente, in denen die oberste Pflicht des Wissenschaftlers [, der bereits alles versucht hat,] darin besteht, sich in sein Nichtwissen zu fügen und es auch ehrlich zuzugeben.

## 2.
## Die Zeugnisse

»Dies ist die Darlegung der Erkundung, die Herodot von Halikarnaß angestellt hat. Sie soll dazu dienen, die menschlichen Geschehnisse im Laufe der Zeit nicht in Vergessenheit versinken sowie bedeutende und bewundernswerte Taten, die auf der einen Seite von Hellenen, auf der anderen Seite von Barbaren ausgeführt worden sind, nicht ohne rühmende Kunde zu lassen.«* Mit diesen Worten beginnt das älteste geschichtliche Werk der westlichen Welt, das uns nicht nur in Fragmenten überliefert ist. Stellen wir es zum Beispiel einem jener Totenbücher gegenüber, die die Ägypter [zur Zeit der Pharaonen] ihren Verstorbenen mit ins Grab gaben. Damit haben wir Musterbeispiele für die beiden großen Kategorien vor uns, in die sich die unendlich vielfältige Menge der den Historikern von der Vergangenheit zur Verfügung gestellten Dokumente einteilen läßt. Die Zeugnisse der ersten Gruppe sind beabsichtigt. Die der zweiten nicht.

Wenn wir [etwa] Herodot oder Froissart, die *Memoiren* des Marschall Joffre oder [gegenwärtig] die im übrigen recht wider-

* A. d. Ü.: Nach der Übertragung von Walter Sontheimer. Stuttgart 1957, S. 9.

sprüchlichen Berichte deutscher oder britischer Tageszeitungen über den Angriff auf einen Geleitzug im Mittelmeer lesen, um uns zu informieren, tun wir genau das, was die Verfasser dieser Texte von uns erwarteten. Dagegen waren die auf Papyrus festgehaltenen Totengebete lediglich dazu bestimmt, von der gefährdeten Seele rezitiert und ausschließlich von den Göttern gehört zu werden. Der Bewohner eines Pfahlbaus, der seine Küchenabfälle in den See warf, aus dem sie von heutigen Archäologen geborgen werden, wollte lediglich seine Hütte sauber halten. Die päpstliche Exemtionsbulle wurde nur deshalb so sorgfältig in den Truhen des Klosters aufbewahrt, damit sie bei Bedarf jederzeit einem lästigen Bischof unter die Nase gehalten werden konnte. [In all diesen Fällen spielte die Bemühung, die Zeitgenossen oder spätere Historiker zu informieren, keine Rolle,] und wenn der Mediävist [im Jahr des Herrn 1942] in den Archiven die Handelskorrespondenz der Cedami von Lucca durchblättert, macht er sich einer Indiskretion schuldig; nähme er sich mit den Kopierbüchern unserer Tage dieselben Freiheiten heraus, würde dies von den heutigen Financiers aufs schärfste verurteilt werden.

Die narrativen Quellen – um den gebräuchlichen, obwohl etwas umständlichen Ausdruck zu verwenden – [, d. h. Berichte, die ausdrücklich zur Information der Leser bestimmt sind,] werden gewiß auch weiterhin dem Forscher eine wertvolle Hilfe sein. Neben anderen Vorzügen sind sie gewöhnlich die einzigen Quellen, die einen einigermaßen zusammenhängenden chronologischen Rahmen anzubieten haben. Was würden nicht der Urgeschichtler oder der Indologe für einen Herodot geben?[a] [Dennoch steht eines außer Zweifel:] Im Lauf ihrer Entwicklung hat

[a] In der Erstfassung stand diese ganze Passage ab »Die narrativen Quellen …« mit einigen Varianten nach der Passage über Saint-Simon und die mittelalterlichen Heiligen.

die Geschichtsforschung gelernt, zunehmend [auf die zweite Kategorie der Zeugnisse,] auf die Zeugen wider Willen zu bauen. Man vergleiche nur die Darstellungen der römischen Geschichte von Rollin oder selbst Niebuhr mit der irgendeines heutigen Handbuchs: Die einen bezogen ihre Substanz zu einem wesentlichen Teil von Livius, Sueton oder Florus, während sich das andere weitgehend auf Inschriften, Schriftrollen und Münzfunde stützt. Ganze Abschnitte der Vergangenheit konnten nur auf diese Weise rekonstruiert werden: die ganze Urgeschichte, fast die gesamte Wirtschaftsgeschichte und fast die gesamte Geschichte der Sozialstrukturen. Wer von uns würde auch heute nicht lieber als alle Zeitungen von 1938 und 1939[a] einige Geheimakten des Justizministeriums oder einige vertrauliche Berichte hoher Militärs in Händen halten?

[Damit soll aber beileibe nicht behauptet werden, derartige Dokumente seien in höherem Maß als andere frei von Irrtümern oder Lügen. Es mangelt nicht an gefälschten Bullen, und auch Botschafterberichte sagen genausowenig wie Geschäftsbriefe stets die Wahrheit. Aber wenigstens war die Falschinformation, sofern eine solche vorliegt, nicht eigens für die Nachwelt bestimmt. Es sind vor allem diese Hinweise, die die Geschichte unabsichtlich am Wegesrand liegen läßt, die uns nicht nur Ersatz für Berichte bieten, sofern diese fehlen, oder uns bei ihrer Überprüfung helfen, sofern ihr Wahrheitsgehalt fraglich ist; vor allem bewahren sie unsere Forschungsarbeit vor einer Gefahr, die noch tödlicher ist als Nichtwissen oder Ungenauigkeit, nämlich die Gefahr einer unheilbaren Verknöcherung. Würde der Historiker ohne ihre Hilfe nicht unweigerlich genau den Vorurteilen, übertriebenen Rücksichtnahmen oder der Kurzsichtigkeit zum Opfer fallen, an denen das Weltbild eben jener vergangenen

a ]oder die gesamte Literatur zu den Ursachen des Krieges[

Generationen krankte, mit denen er sich beschäftigt? Der Mediävist würde zum Beispiel der Entwicklung der Kommunen nur wenig Augenmerk schenken und dies damit begründen, daß die mittelalterlichen Autoren dieses Thema ihren Lesern im wesentlichen vorenthalten haben; er würde die großen religiösen Erneuerungsbewegungen aus dem einfachen Grund unbeachtet lassen, daß ihnen in der erzählenden Literatur der Zeit viel weniger Platz eingeräumt wird als den Streitigkeiten des Adels. Mit einem Wort (und um eine von Michelet geschätzte Antithese aufzugreifen), die Geschichtsschreibung würde sich nicht zu einer kühnen Erforscherin vergangener Zeiten entwickeln, sondern bliebe für immer und ewig die unbelehrbare Leserin ihrer »Chroniken«.]

Zudem richtet sich heute unsere Aufmerksamkeit selbst bei eindeutig beabsichtigten Zeugnissen nicht mehr vornehmlich auf das, was uns der Text ausdrücklich mitteilt. Gewöhnlich interessieren wir uns weit mehr für das, was er uns zu verstehen gibt, ohne es ausdrücklich zu sagen. Was ist bei Saint-Simon am aufschlußreichsten? Seine häufig erfundenen Geschichten über Vorkommnisse am königlichen Hof oder die überraschend lehrreichen Einblicke, die uns seine *Memoiren* in die Mentalität eines Angehörigen des Hochadels am Hof des Sonnenkönigs gewähren? Mindestens drei Viertel aller Heiligenviten des Frühmittelalters vermögen uns nichts Zuverlässiges über die frommen Menschen mitzuteilen, deren Leben sie [uns] beschreiben wollen. Doch wenn wir sie umgekehrt nach[a] den Lebens- und Denkweisen der Zeit befragen, in der sie geschrieben wurden, nach Dingen also, die der Hagiograph gar nicht erwähnenswert fand, werden sie sich als unschätzbar wertvoll erweisen. In unserer unvermeidlichen Unterordnung unter die Vergangenheit sind wir

[a] ]den Institutionen,[

zwar ewig dazu verurteilt, sie nur an [ihren] Spuren erkennen zu können; dennoch sind wir wenigstens insofern frei, als wir viel mehr über sie in Erfahrung bringen können, als sie uns mitzuteilen bereit war. [Dies ist, wenn man es recht bedenkt, eine großartige Revanche des Denkens am Vorgegebenen.]

Sobald wir uns aber nicht mehr damit zufriedengeben, die Aussagen unserer Gewährsleute [ganz] einfach zu registrieren, sondern sie [auch gegen ihren Willen] zum Sprechen bringen wollen, bedarf es vor allem eines Fragenkatalogs. Er ist die wichtigste Voraussetzung jeglicher planvollen historischen Forschung.

Viele, und wie es[a] scheint, auch manche Lehrbuchautoren, machen sich ein erstaunlich naives Bild von unserer Arbeitsweise. Am Anfang, würden sie etwa sagen, stünden die Dokumente. Der Historiker trage sie zusammen, lese sie,[b] versuche, ihre Echtheit und ihren Wahrheitsgehalt zu beurteilen. Danach und eben erst danach beginne er mit ihrer Auswertung … Daran ist nur ein Haken: Kein Historiker ist jemals so vorgegangen. Auch wenn er es selbst glauben sollte.

Denn sogar die eindeutigsten und willfährigsten Texte oder archäologischen Zeugnisse sprechen nur zu dem, der sie zu befragen versteht. Auch vor Boucher de Perthes konnte man wie in unseren Tagen im Schwemmland der Somme Unmengen von Feuersteinen finden. Aber niemand fragte danach, und daher gab es keine Urgeschichte. Als alter Mediävist gestehe ich, daß ich kaum eine faszinierendere Lektüre kenne als die eines Kartulars. Das hat wohl damit zu tun, daß ich weiß, welche Fragen ich ihm stellen kann. Eine Sammlung römischer Inschriften sagt

---

a ]uns[

b ]kritisiere sie, d. h., wie wir sehen werden,[

mir hingegen wenig. Ich kann sie zwar mehr schlecht als recht lesen, aber nicht auswerten. Mit anderen Worten, jeder historischen Forschungsarbeit sollte von vornherein eine bestimmte Untersuchungsrichtung vorgegeben sein. Am Anfang steht der Geist.[a] Passive Beobachtung hat sich nie [, in keiner Wissenschaft,] als fruchtbar erwiesen – sofern sie überhaupt möglich ist.[b]

Lassen wir uns also nicht täuschen. Dieser Fragenkatalog kann auch völlig intuitiv zusammengestellt sein. Dennoch existiert er. Ohne daß sich der Forscher dessen bewußt wäre, werden ihm seine Fragen von den Gewißheiten und Zweifeln diktiert, die sich infolge seiner bisherigen Erfahrungen in seinem Gehirn festgesetzt haben, von der Tradition und dem gesunden Menschenverstand, d. h. allzuoft von allgemein verbreiteten Vorurteilen. Man ist nie so aufnahmefähig, wie man glaubt. Einem Anfänger kann man keinen schlechteren Rat geben, als geduldig und bescheiden vom Dokument eine Inspiration zu erwarten. Aus diesem Grund war schon so manche mit besten Absichten unternommene Forschungsarbeit von vornherein zum Scheitern oder zur Bedeutungslosigkeit verurteilt[c].

Eine durchdachte Auswahl von Fragen ist also unverzichtbar; sie sollte aber äußerst flexibel und für die zahlreichen neuen Fragen und Überraschungen offen sein, die sich während der Arbeit ergeben. Und sie sollte von Anfang an wie ein Magnet die Späne des Dokuments an sich ziehen. Der Entdecker weiß schon im voraus sehr genau, daß er sich nicht an die ursprünglich ge-

---

a ]Das gilt für die Geschichtsschreibung wie für jede andere Wissenschaft auch.[

b In der Erstfassung sind dieser und der darauffolgende Absatz zweimal enthalten: einmal in Kapitel I, und ein weiteres Mal in Kapitel II, jeweils mit erheblichen Varianten.

c ]. Hundertmal empfehlenswerter ist eine klar formulierte und durchdachte Auswahl von Fragen[

plante Route wird halten können. Ganz ohne Plan liefe er aber Gefahr, endlos umherzuirren.

Die Vielfalt der historischen Zeugnisse ist[a] nahezu unbegrenzt. Alles, was der Mensch gesagt oder geschrieben, hergestellt oder auch nur berührt hat, kann und muß über ihn Auskunft geben. Es ist auffallend, wie unzutreffend Außenstehende die Bandbreite unserer Möglichkeiten einschätzen. Dies deshalb, weil sie nach wie vor einer veralteten Vorstellung von unserer Wissenschaft anhängen; sie stammt aus einer Zeit, in der man allenfalls die beabsichtigten Zeugnisse zu lesen verstand. Paul Valéry etwa macht der »herkömmlichen Geschichtsschreibung« den Vorwurf, sie lasse »bedeutende Phänomene« außer acht, die »bei weitem folgenreicher und in höherem Maß als alle politischen Ereignisse imstande sind, schon in naher Zukunft unser Leben zu verändern«, und führt als Beispiel dafür »die Eroberung der Erde« durch die Elektrizität an. Man kann ihm darin nur uneingeschränkt beipflichten. Es ist leider nur allzu richtig, daß man sich mit diesem umfangreichen Thema noch nicht ernsthaft befaßt hat[b]. Wenn sich Valéry aber von seiner übermäßigen Strenge dazu hinreißen läßt, die von ihm aufgezeigte Lücke auch noch zu begründen, und hinzufügt, derartige Erscheinungen müßten sich dem Historiker zwangsläufig »entziehen«, da sie, wie er weiterhin meint, »in keinem Dokument ausdrücklich erwähnt werden«, dann ist sein Vorwurf nicht mehr an den Wissenschaftler, sondern an die Wissenschaft, auf jeden Fall aber an die falsche Adresse gerichtet. Wer sagt denn, daß Elektrizitätsunternehmen nicht auch ihre Archive, Verbrauchsstatistiken und Karten ihrer Stromnetze haben? Die Historiker, so wird behauptet, hätten es bisher versäumt, diese Dokumente zu befragen. Damit begehen

a ], wie bereits erwähnt,[

b ]. Solche eingefahrenen Gewohnheiten, die unser Weltbild verzerren, sind eine wahre Schande[

sie zweifellos einen [schweren] Fehler – sofern [allerdings] die Verantwortung dafür [vielleicht] nicht eher bei denen liegt, die diese Schätze allzu eifersüchtig hüten. Man wird sich also in Geduld fassen müssen. Die Geschichtsschreibung ist noch nicht das, was sie sein müßte. Das kann aber kein Grund dafür sein, der gegenwärtigen Geschichtsschreibung die Verantwortung für Irrtümer aufzubürden, die sich eine mißverstandene Geschichtsschreibung zuschulden kommen ließ.

Diese bunte Vielfalt unseres Quellenmaterials wirft jedoch ein Problem auf, das[a] schwerwiegend genug ist, um zu den [drei oder vier großen] Paradoxien unseres Metiers gezählt zu werden.

Es wäre illusorisch zu glauben, jedem historischen Problem entspräche ein einziger, darauf spezialisierter Dokumententyp. Im Gegenteil, je mehr sich die Forschung bemüht, zu tiefliegenden Zusammenhängen vorzudringen, desto weniger darf sie darauf hoffen, diese anders als durch die konvergierenden Strahlen verschiedenartiger Zeugnisse erhellen zu können. Welcher Religionshistoriker würde sich damit zufriedengeben, ausschließlich theologische Traktate oder Hymnensammlungen zu wälzen? Er weiß, daß ihm die Bilder oder Plastiken an den Wänden von Heiligtümern oder die Anordnung und Ausstattung von Gräbern über den Glauben und die Gefühlswelt vergangener Generationen mindestens genausoviel mitteilen können wie viele schriftliche Quellen. Unser Wissen von der Völkerwanderungszeit verdankt genauso viel der Grabarchäologie und Ortsnamenkunde wie der Auswertung von Chroniken und Urkunden. Wenn man sich der Gegenwart nähert, ändern sich diese Erfordernisse, bleiben aber genauso zwingend. Wer wollte behaupten,

---

[a] ]zwar im allgemeinen von Außenstehenden nicht wahrgenommen, aber dennoch[

es genüge, sich in Protokolle von Parlamentsdebatten oder Regierungsakten zu vergraben, um unsere Gesellschaftsform verstehen zu können? Müßte man nicht auch fähig sein, die Bilanz einer Bank zu lesen, einen Text also, der für den Nichteingeweihten unverständlicher ist als alle Hieroglyphen? Würde man es für richtig halten, daß der Historiker einer Epoche, in der die Maschine herrscht, über die Konstruktion und Weiterentwicklung von Maschinen nicht Bescheid zu wissen braucht?

Fast jedes bedeutende menschliche Problem erfordert also die Beschäftigung mit völlig unterschiedlich gearteten Zeugnissen; umgekehrt können die Arbeitsmethoden nach der Art der untersuchten Zeugnisse unterschieden werden. Es dauert lange, diese Methoden zu erlernen, und es bedarf einer noch längeren und praktisch ununterbrochenen Praxis, um sie voll und ganz zu beherrschen. Nur sehr wenige Forscher können sich [zum Beispiel] rühmen, gleichermaßen in der Lage zu sein, eine mittelalterliche Urkunde zu lesen und zu kritisieren, Ortsnamen (die vor allem sprachliche Gegebenheiten sind) korrekt zu deuten, die Überreste einer prähistorischen, keltischen oder galloromanischen Siedlung zweifelsfrei zu datieren oder die Pflanzengesellschaften einer Wiese, eines Stück Brachlandes oder einer Heidelandschaft zu analysieren. Wie könnte man ohne all diese[a] Kenntnisse eine Siedlungsgeschichte der betreffenden Gegend schreiben wollen? Nur wenige Wissenschaften müssen, glaube ich, so viele verschiedene Werkzeuge gleichzeitig verwenden. Das liegt daran, daß nichts so komplex ist wie menschliches Geschehen. Der Mensch nimmt eben einen herausragenden Platz in der Natur ein.

Es ist ratsam, meiner Meinung nach sogar unerläßlich, daß ein Historiker wenigstens annähernd mit den wichtigsten Arbeits-

---

[a] ]– und zahlreiche weitere –[

methoden seines Berufes vertraut ist. Und wäre es nur, um schon im voraus die Möglichkeiten, die ihm sein Werkzeug bietet, und die mit seiner Handhabung verbundenen Schwierigkeiten einschätzen zu können. Die Liste der »Hilfswissenschaften«, deren Studium wir unseren Anfängern empfehlen, ist viel zu kurz. Welcher absurden Logik ist es zu verdanken, daß man Menschen, die fast nur über die Sprache Zugang zu ihren Studienobjekten haben, neben anderen Wissenslücken auch zugesteht, die grundlegenden Erkenntnisse der Linguistik ignorieren zu dürfen?[a] Gleichgültig, für wie umfangreich man das Wissen auch des beschlagensten Forschers halten mag, es wird stets, und für gewöhnlich sehr rasch, an seine Grenzen stoßen. Dem kann nur abgeholfen werden, indem man, anstatt sich mit den vielfältigen[b] Kompetenzen ein und desselben Forschers zu begnügen, eine Verbindung von Arbeitsmethoden anstrebt, die zwar von verschiedenen Forschern angewandt werden, aber [allesamt] der Klärung eines gemeinsamen Problems dienen. Diese Arbeitsweise setzt die Bereitschaft zur Teamarbeit voraus. Und sie verlangt außerdem, daß vorab eine Übereinkunft über einige wichtige Problemkreise getroffen wird. Das sind allerdings Erfolge, von denen wir noch weit entfernt sind. Von ihnen hängt jedoch in hohem Maß die Zukunft unserer Wissenschaft ab.

---

a Die Erstfassung enthielt hier ein Beispiel, das in der letzten Fassung leicht verändert in Kapitel IV aufgenommen wurde.

b ]technischen[

## 3. Die Überlieferung der Zeugnisse

Eine der schwierigsten[a] Aufgaben des Historikers besteht im Zusammentragen der Dokumente, die er für notwendig hält. Dies wäre ihm ohne verschiedenste Hilfsmittel kaum möglich: Bestandsverzeichnisse von Archiven und Bibliotheken, Museumskataloge, bibliographische Verzeichnisse aller Art[b]. Manche, die sich für besonders klug halten, zeigen sich [mitunter] erstaunt über die viele Zeit, die einige Gelehrte opfern, um solche Werke zu verfassen, und die sich alle nehmen, um von ihrer Existenz zu erfahren und den Umgang mit ihnen zu erlernen. Als ob einem dank der wenigen Stunden, die man mit diesen zwar nicht[c] völlig reizlosen, aber auch nicht gerade übermäßig fesselnden Tätigkeiten zubringt, letztlich nicht eine ungeheure Energieverschwendung erspart bliebe. Angenommen, ich interessiere mich besonders für die Geschichte der Heiligenverehrung[d] und kenne die *Bibliotheca Hagiographica Latina* der Bollandisten nicht: Ein Laie wird sich nur schwer vorstellen können, wieviel unnötige Arbeit mich diese Lücke meines Rüstzeuges unweigerlich kosten wird. Bedauerlich ist also nicht, daß wir bereits eine beachtliche Anzahl solcher Arbeitsbehelfe (deren Aufzählung, nach Sachgebieten geordnet, Aufgabe der speziellen Einführungsliteratur ist) in die Regale unserer Bibliotheken stellen können, sondern der Umstand, daß es vor allem für die jüngere Vergangenheit noch zu

a ]und langwierigsten[
b ]sowie thematisch geordnete Text- oder Bildsammlungen[
c ]immer[
d ]im katholischen Europa[

wenige von ihnen gibt, daß sie vor allem in Frankreich nur in Ausnahmefällen nach einem durchdachten Gesamtplan erstellt werden und daß schließlich ihre Aktualisierung allzuoft der Willkür einzelner oder der Knausrigkeit einiger schlecht informierter Verlagshäuser überlassen bleibt. Der erste Band der hervorragenden *Sources de l'histoire de France* von Émile Molinier hat seit seinem Erscheinen 1901 keine einzige Neuauflage erfahren. Das allein ist schon Grund zur Klage.[a] Das Werkzeug macht [zwar] nicht die Wissenschaft aus. Aber eine Gesellschaft, die vorgibt, die Wissenschaften hochzuhalten, dürfte deren Arbeitsinstrumenten nicht gleichgültig gegenüberstehen. Und es wäre zweifellos auch klug, sich in dieser Hinsicht nicht ausschließlich auf Akademiemitglieder zu verlassen, bei deren Rekrutierung bekanntlich die Vorrechte des Alters und gutes Betragen eine wesentliche Rolle spielen, was nicht unbedingt den Unternehmungsgeist fördert. Unsere Militärakademie und unser Generalstab sind nicht die einzigen Institutionen unseres Landes, die im Zeitalter des Automobils an der Mentalität des Ochsenkarrens festhalten.

Ganz gleich, wie gut und wie zahlreich solche Wegweiser auch sein mögen, sie werden demjenigen nur wenig hilfreich sein, der nicht schon im voraus eine Vorstellung vom Terrain hat, das er erkunden möchte. Anders als viele Anfänger zu glauben scheinen, tauchen die Dokumente nämlich nicht kraft [irgend] eines unerforschlichen göttlichen Ratschlusses einfach da und dort auf. Ihr Vorhandensein oder ihr Fehlen in diesem oder jenem Archiv, in dieser oder jener Bibliothek[b], in dieser oder jener Bo-

[a] ]Renan wird man wohl nicht der Gleichgültigkeit den Ideen und der Dichtung gegenüber verdächtigen können. Seine Bemerkung aus dem Jahr 1841 über derartige Standardwerke ist noch heute so zutreffend wie unverstanden: »Ich behaupte, daß die paar hunderttausend Francs, die ein Erziehungsminister dafür bereitstellen würde, sinnvoller verwendet wären als drei Viertel dessen, was für die Literatur aufgewandt wird.«[

[b] ]von Manuskripten[

denschicht hängt von menschlichen Ursachen ab, die der Analyse durchaus zugänglich sind, und die Fragen, die sich mit ihrer Weitergabe stellen, sind alles andere als methodologische Fingerübungen; sie stehen vielmehr in engem Zusammenhang mit dem vergangenen Leben, handelt es sich doch um nichts geringeres als um die Weitergabe der Erinnerung von Generation zu Generation. Im allgemeinen stellt der Verfasser eines seriösen historischen Werks diesem eine Liste bibliographischer Angaben voran, aus der ersichtlich ist, in welchen Archiven er welche Sammlungen ausgewertet hat. Das ist gut so, aber beileibe nicht genug. Jedes historische Werk, das diesen Namen verdient, sollte darüber hinaus ein Kapitel oder [, wenn man will,] einige an den entscheidenden Stellen der Argumentation eingefügte Absätze mit ungefähr folgender Überschrift enthalten: »Wie kann ich wissen, was ich jetzt behaupten werde?« Ich bin sicher, daß es selbst den Lesern, die nicht vom Fach sind, ein großes geistiges Vergnügen bereiten würde, den Autoren diese Beichten abzunehmen. Das Schauspiel der Forschung, mit ihren Erfolgen und Hindernissen, ist nur selten langweilig. Nur das Abgeschlossene, Fertige verbreitet lähmende Langeweile.[a]

Manchmal bekomme ich[b] Besuch von Leuten, die die Geschichte ihres Dorfes schreiben wollen. Ich gebe ihnen regelmäßig folgende Auskünfte, die ich hier etwas vereinfache, da die wissenschaftlichen Details zu weit führen würden: »Landgemeinden verfügten nur selten und spät über eigene Archive. Die Grundherrschaften waren jedoch relativ gut organisierte Unternehmen mit manchmal lückenloser Kontinuität, die ihre Akten im

[a] In der Erstfassung schloß sich hier ein kurzer Absatz an, der nicht ins Typoskript übernommen wurde.

[b] ]beruflichen[

allgemeinen schon recht früh aufbewahrt haben. Für die Zeit vor 1789 und insbesondere für noch weiter zurückreichende Zeiten werden Sie die Dokumente, auf die Sie hoffen können, also meist in grundherrschaftlichen Archiven finden. Daraus folgt [wiederum], daß die erste Frage, auf die Sie eine Antwort finden müssen und von der fast alles andere abhängen wird, folgendermaßen lauten muß: Wer war der Grundherr des Dorfes im Jahr 1789?« (Keineswegs unwahrscheinlich ist es auch, daß sich mehrere Grundherren das Dorf unter sich aufgeteilt hatten; wir lassen diese Möglichkeit aber der Einfachheit halber beiseite.) »Nun kommen drei Möglichkeiten in Betracht. Das Herrschaftsrecht wurde entweder von einer Kirche ausgeübt oder von einem Laien, der [während der Revolution] emigrierte, oder aber von einem Laien, der nie emigriert ist. Der erste Fall ist bei weitem der günstigste. Hier besteht nicht nur die Chance, daß der Urkundenbestand besser erhalten ist und weiter zurückreicht, sondern auch, daß er 1790 im Rahmen der Zivilverfassung des Klerus mitsamt den Ländereien konfisziert wurde. Falls er daraufhin in irgendein öffentliches Depot gebracht wurde, besteht Grund zur Hoffnung, daß er dort noch heute einigermaßen unversehrt den Forschern zur Verfügung steht. Auch bei der Emigrantenhypothese sind wir nicht [ganz] ohne Chancen. Denn auch in diesem Fall dürfte[a] eine Beschlagnahmung und Überführung der Dokumente an einen anderen Ort stattgefunden haben; hier besteht allenfalls das erhöhte Risiko, daß der Bestand als Relikt eines verhaßten Regimes mutwillig zerstört wurde. Bleibt noch die letzte Möglichkeit. Sie wäre ausgesprochen unerfreulich. Die ehemaligen Adligen, die weder Frankreich verließen noch auf irgendeine andere Art unter die Gesetze des Öffentlichen Wohls fielen, hatten keinerlei materielle Einbußen

a ]1790[

zu erleiden. Sie verloren natürlich ihre Rechte als Grundherren, die ja generell abgeschafft wurden, durften aber all ihre persönlichen Besitztümer, darunter auch ihre geschäftlichen Dokumente, behalten. Da diese nie vom Staat eingezogen wurden, werden sie im 19. und 20. Jahrhundert wohl dasselbe Schicksal erlitten haben wie alle anderen Familienpapiere. Sofern sie nicht verlorengingen, von Ratten gefressen oder durch Eigentümerwechsel und Erbschaften über die Dachböden von drei oder vier verschiedenen Landhäusern verstreut wurden, wird ihren heutigen Eigentümer nichts dazu zwingen können, Ihnen Einblick in sie zu gewähren.[a]«

[Ich führe dieses Beispiel an, weil es mir typisch für die Rahmenbedingungen zu sein scheint, die bei der Materialsammlung oft den Ausschlag geben oder ihr Grenzen setzen. Es ist nicht uninteressant, die sich daraus ergebenden Konsequenzen näher zu betrachten.]

Die Enteignungen der Revolutionszeit spielen, wie wir hier[b] gesehen haben, die Rolle einer Gottheit, die dem Forscher durchaus gewogen ist: die Katastrophe. Unzählige römische Munizipien sind zu gewöhnlichen italienischen Kleinstädten geworden, in denen der Archäologe nur mühsam einige Spuren aus der Antike findet. Erst der Ausbruch des Vesuvs hat dafür gesorgt, daß uns Pompei erhalten blieb[c].

Das bedeutet aber noch lange nicht, daß die großen Katastrophen der Menschheit der Geschichtsschreibung immer genützt haben. In den Wirren der Völkerwanderungszeit sind zusammen mit Bergen literarischer und historiographischer Manuskripte auch die unschätzbar wertvollen Akten der Bürokratie des [rö-

---

a ]In einer solchen Situation ist es durchaus möglich, daß einem nichts anderes übrig bleibt, als auf die geplante Untersuchung zu verzichten.[

b ], im oben angeführten Beispiel,[

c ], indem er dem Leben der Stadt ein abruptes Ende setzte[

mischen] Kaiserreichs vernichtet worden. Die beiden Weltkriege haben vor unseren Augen zahlreiche Bauwerke und Archive einem ruhmreichen Erdboden gleichgemacht; nie wieder werden wir die Briefe der alten Kaufleute von Ypern lesen können, und ich habe während des Rückzugs die Befehlstagebücher einer ganzen Armee in Flammen aufgehen sehen.

Andererseits wird die Weitergabe der Erinnerung durch das friedliche und kontinuierliche Leben einer Gesellschaft, die von Umwälzungen verschont bleibt, weit weniger begünstigt, als man annehmen könnte. Es sind die Revolutionen, die Panzerschränke aufbrechen und Minister zur Flucht bewegen, noch ehe sie Zeit finden, ihre geheimen Aufzeichnungen zu verbrennen. Unter den Konkursakten, die in alten Gerichtsarchiven aufbewahrt werden, finden sich auch Dokumente von Firmen, die den Inhalt ihrer Aktenschränke zweifellos eingestampft hätten, wenn es ihnen vergönnt gewesen wäre, ihre so einträgliche wie geachtete Geschäftstätigkeit bis heute fortzuführen. Dank der bewundernswerten Kontinuität der Klöster wurden noch 1789 in der Abtei von Saint-Denis die Diplome aufbewahrt, die ihr mehr als tausend Jahre zuvor von den Merowingerkönigen verliehen worden waren. Heute können wir sie in den *Archives Nationales* einsehen. Hätte uns die Gemeinschaft der Mönche von Saint-Denis erlaubt, in ihren Truhen zu stöbern, wenn sie die Revolution überlebt hätte? Vielleicht hätten sie einem Außenstehenden genausowenig den Zugang zu ihren Sammlungen ermöglicht wie bis heute die Gesellschaft Jesu, weshalb viele Fragen der jüngeren Geschichte zu unserem Leidwesen [noch immer] ungelöst sind, oder die Banque de France, die noch keinen Spezialisten des Ersten Kaiserreichs dazu eingeladen hat, wenigstens ihre verstaubtesten Archivbestände zu sichten – so tief verwurzelt ist in allen diesen Zünften die Mentalität des »Nur-für-Eingeweihte«. In dieser Hinsicht ist der Historiker der

Gegenwart stark benachteiligt: Solche unbeabsichtigten Zeugnisse sind ihm fast völlig verwehrt. Dafür verfügt er über die Indiskretionen, die ihm seine Freunde ins Ohr flüstern. Häufig sind diese Nachrichten aber nur schwer von bloßem Gerede zu unterscheiden. Mit einer anständigen Katastrophe wäre uns [oft] mehr gedient.

Das wird sich so lange nicht ändern, bis sich die Gesellschaften endlich dazu entschließen, diese Aufgabe nicht tragischen Ereignissen zu überlassen, sondern ihr Gedächtnis und damit ihr Wissen um sich selbst nach rationalen Gesichtspunkten zu organisieren. Gelingen wird ihnen das nur, wenn sie entschlossen gegen die beiden Hauptverantwortlichen für Vergessen und Nichtwissen vorgehen: die Nachlässigkeit, die für das Verschwinden von Dokumenten verantwortlich ist, und die [noch gefährlichere] Geheimniskrämerei (diplomatisches Geheimnis, Geschäftsgeheimnis, Familiengeheimnis ...), die schuld daran ist, daß Dokumente beiseite geschafft oder vernichtet werden. Es ist durchaus normal[a], daß sich ein Notar dazu verpflichten muß, über die Geschäfte seines Klienten Stillschweigen zu bewahren. Daß ihm aber gestattet wird, über die von den Klienten seines Urgroßvaters abgeschlossenen Verträge einen undurchdringlichen Schleier des Geheimnisses zu breiten – wobei ihn auch nichts ernstlich daran hindert, diese Akten einfach[b] zu Staub zerfallen zu lassen –, zeigt, wie unglaublich verstaubt[c] unsere Gesetze [in diesem Punkt] sind. Zudem verdienen die Motive, aus denen sich die meisten großen Firmen weigern, auch nur die Statistiken zu veröffentlichen, die für eine gesunde Weiterentwicklung der Volkswirtschaft unumgänglich sind, nur selten Respekt. Unsere Zivilisation wird an dem Tag einen großen Fort-

a ]und richtig[
b ]verschwinden,[
c ]die Vorschriften unserer[

schritt errungen haben, an dem die zur Arbeitsmethode und fast schon zur bürgerlichen Tugend erhobene Verheimlichung dem Wunsch nach Information, d. h. notwendigerweise nach einem Austausch von Informationen weichen wird.

[Doch kehren wir zu unserem Dorf zurück.] Die Umstände, die in diesem konkreten Fall über den Verlust oder die Erhaltung, die Zugänglichkeit oder Unzugänglichkeit der Zeugnisse entschieden haben, gründen in historischen Kräften allgemeiner Art; sie sind in all ihren Aspekten durchaus einsichtig, stehen aber in keinem logischen Zusammenhang mit dem Gegenstand der Untersuchung, deren Ausgang doch völlig von ihnen abhängt! Es ist ja nicht recht nachzuvollziehen, warum zum Beispiel die Ergiebigkeit der Untersuchung einer kleinen mittelalterlichen Landgemeinde davon abhängen soll, ob ihr nachmaliger Herr einige Jahrhunderte später den Entschluß fassen wird, sich den Koblenzer Emigranten anzuschließen oder nicht.[a] Eine Widersprüchlichkeit, der wir häufig begegnen. [Wenn wir das römische Ägypten unvergleichlich besser kennen als das zeitgenössische Gallien, dann sicher nicht deshalb, weil wir uns für die Ägypter mehr interessieren als für die Galloromanen. Nur haben sich dort die Schriften infolge der Trockenheit und der mit Mumifizierung verbundenen Begräbnisriten gut erhalten, während sie in Europa aufgrund des Klimas und anderer Gepflogenheiten schnell verdarben. Die Ursachen, die den Erfolg oder Mißerfolg einer Dokumentensuche ausmachen, haben für gewöhnlich mit den Gründen, aus denen uns dieses oder jenes Dokument wertvoll erscheint, nichts gemein: Das ist der unvermeidlich irrationale Aspekt unserer Forschungsarbeit, der ihr

[a] Hier wurden einige Sätze der Erstfassung gestrichen.

ein wenig von jener inneren Tragik verleiht, in der so manches Werk des Geistes seine Grenzen findet, der es aber wohl auch eine der verborgenen Ursachen ihrer Verführungskraft verdankt.

Im angeführten Beispiel kann das Schicksal, das die Dokumente in diesem oder jenem Dorf erfahren haben, ungefähr vorhergesehen werden, sobald das entscheidende Faktum bekannt ist. Dies ist aber nicht immer der Fall.] Das Endergebnis hängt oft vom Zusammenwirken so vieler voneinander unabhängiger Kausalketten ab, daß jede Vorhersage unmöglich ist. Ich weiß, daß die Archive der alten Abtei von Saint-Benoît-sur-Loire durch vier aufeinanderfolgende Brände und eine Plünderung verwüstet wurden; wie könnte ich, mit ihren Beständen konfrontiert, erraten, welche Schriftstücke von diesen Verheerungen noch am ehesten verschont blieben? Das, was man als »Wanderung der Handschriften« bezeichnet hat, bildet ein hochinteressantes Forschungsgebiet; die Weitergabe eines literarischen Werks von Bibliothek zu Bibliothek, die Anfertigung von Abschriften, die Sorgfalt oder Nachlässigkeit der Bibliothekare [und Kopisten], all das ist lebendiger Ausdruck einer reichhaltigen Kultur und des wechselhaften Zusammenspiels ihrer großen Strömungen. Aber hätte auch der klügste Historiker vorhersehen können, daß die einzige Handschrift der *Germania* des Tacitus im 16. Jahrhundert im Kloster Hersfeld landen würde? Es gibt, mit einem Wort, bei [fast] jeder Quellenforschung einen Rest an Unvorhergesehenem und damit an Risiko. Ein Wissenschaftler, den ich aus gewissen Gründen gut kenne, erzählte mir folgendes: Als er einmal an der unter schwerem Beschuß stehenden Küste Dünkirchens auf eine ungewisse Einschiffung wartete, ohne seine Ungeduld allzusehr zu erkennen zu geben, habe ein Kamerad mit erstaunter Miene zu ihm gesagt: »Merkwürdig! Sie können ja dem Abenteuer etwas abgewinnen!« Mein Freund hätte ihm antworten können, daß jemand, der gewohnt ist zu forschen, entgegen einem verbreiteten Vorurteil durchaus bereit sein kann, eine Wette mit dem Schicksal einzugehen.

# Drittes Kapitel

# Die Kritik

1.

# Entwurf einer Geschichte der kritischen Methode

Daß man einem Augenzeugen nicht unbedingt aufs Wort glauben darf, wissen[a] auch die einfältigsten Polizisten[b]. Aus dieser theoretischen Erkenntnis wurden aber nicht immer die richtigen Schlüsse gezogen. Schon vor langer Zeit hat man herausgefunden, daß man nicht allen historischen Zeugnissen blind vertrauen sollte. Eine Erfahrung, die fast so alt ist wie die Menschheit, hat uns folgendes gelehrt: Nicht wenige Texte täuschen ihre Herkunft[c] lediglich vor, nicht alle Berichte entsprechen der Wahrheit, und auch materielle Spuren können gefälscht sein. Im Mittelalter war der Zweifel angesichts der zahllosen Fälschungen[d] [oft] eine Art natürlicher Abwehrreflex[e]. »Mit Tinte kann jeder schreiben, was er will«, klagte im 11. Jahrhundert ein lothringischer Landadeliger während seines Prozesses gegen Mönche, die Urkunden als Beweise gegen ihn vorgelegt hatten. Die *Konstantinische Schenkung* – jenes erstaunliche Elaborat, das ein römischer Kleriker des 8. Jahrhunderts mit dem Namen des ersten christlichen Kaisers verband – wurde drei Jahrhunderte spä-

a ]sogar[

b ]schon seit langem[

c ]oder Entstehungszeit[

d ], in denen eine zutiefst traditionsverhaftete Mentalität zum Ausdruck kam – da man seine ganze Hoffnung auf die Vergangenheit setzte, erfand man sie schließlich –,[

e ], eine weit häufigere Reaktion, als man sich heute vorstellen kann[

ter in der Umgebung des frommen Kaisers Otto III. angefochten. Gefälschten Reliquien ist man fast schon so lange auf der Spur, wie es Reliquien gibt.

Prinzipielle Skepsis ist aber als intellektuelle Haltung nicht unbedingt redlicher und produktiver als Leichtgläubigkeit; bei manchen schlichten Gemütern läßt sich übrigens beides zugleich beobachten. Während des letzten Krieges lernte ich einen wackeren Tierarzt kennen, der sich – wohl nicht ohne guten Grund – beharrlich weigerte, den Zeitungsnachrichten Glauben zu schenken. Sobald ihm aber eine Zufallsbekanntschaft[a] die abstrusesten Lügenmärchen auftischte, nahm er sie bereitwillig für bare Münze.

[Genausowenig bringt uns die Kritik ein, die sich auf den gesunden Menschenverstand beruft; sie war lange Zeit die einzige, die geübt wurde, und noch heute sind ihr manche zugetan. Was ist denn dieser sogenannte Menschenverstand eigentlich? Nichts anderes als ein Gemisch unsinniger Postulate und vorschnell verallgemeinerter Erfahrungen. Geht es um die physische Welt? Er hat die Antipoden geleugnet und leugnet heute das Einsteinsche Universum; er tat den Bericht Herodots, dem zufolge die Seefahrer auf ihrer Reise rund um Afrika an einen Punkt gelangt sind, an dem die Sonne nicht mehr linker, sondern rechter Hand aufgeht, als reine Legende ab. Geht es um Taten von Menschen? Das Schlimmste am gesunden Menschenverstand ist, daß die Beobachtungen, die er zur Allgemeingültigkeit erhebt, natürlich dem sehr kurzen Zeitraum unseres Lebens entnommen sind. Das war auch der entscheidende Punkt, an dem die sonst so scharfsinnige Kritik Voltaires krankte. Individuelle Extravaganzen hat es zu allen Zeiten gegeben, und nicht wenige der einst üblichen Verhaltensweisen muten uns heute vor allem deshalb

---

[a] ], die er im Zug oder im Quartier kennengelernt hatte,[

fremdartig an, weil wir sie nicht mehr nachvollziehen können. So würde sich der ›gesunde Menschenverstand‹ vermutlich weigern anzuerkennen, daß Kaiser Otto I. den Päpsten mit Brief und Siegel territoriale Zugeständnisse machte, die nie in Kraft traten, seinem bisherigen Handeln widersprachen und von seinen Nachfolgern völlig ignoriert wurden. Es ist wohl anzunehmen, daß er anders dachte als wir – daß man, um es genauer zu sagen, zu seiner Zeit zwischen dem, was man schrieb, und dem, was man tat, in einem Ausmaß unterschied, das uns heute überrascht. Jenes Privileg ist nämlich unbestreitbar echt.]

Der entscheidende Schritt wurde erst getan, als der Zweifel zu einem »Prüfer« wurde, wie Volney sagte, als, mit anderen Worten, allmählich [objektive] Regeln erarbeitet wurden, die eine Unterscheidung von Lüge und Wahrheit ermöglichten. Der Jesuit von Papebrock, der seit seiner Lektüre von Heiligenviten ein tiefes Mißtrauen gegenüber dem Erbe des gesamten [Früh-]Mittelalters hegte, hielt alle in den Klöstern aufbewahrten Diplome der Merowingerzeit für Fälschungen. Nein, entgegnete ihm Mabillon, es gibt zwar ohne Zweifel Diplome, die entweder vollständig erfunden oder manipuliert oder nachträglich mit Einschüben versehen worden sind, es gibt aber auch echte; und es ist auf folgende Weise möglich, sie voneinander zu unterscheiden. In jenem Jahr – [1681,] dem Jahr der Veröffentlichung von *De re diplomatica*, einem wichtigen Datum in der Geschichte des menschlichen Geistes – wurde [endgültig] die Urkundenkritik begründet.

[Das war auch der entscheidende Moment in der Geschichte der kritischen Methode. Der Humanismus der Zeit davor war über erste Vorsätze und Einsichten nicht hinausgekommen. Nichts ist dafür kennzeichnender als eine Passage der *Essais*. Montaigne verteidigt darin Tacitus, der auch von Wundern berichtet hatte. Es sei, meint er, die Aufgabe der Theologen und

Philosophen, »allgemein verbreitete Überzeugungen« kritisch zu durchleuchten. Die Historiker sollten sie aber lediglich so »vortragen«, wie sie aus ihren Quellen hervorgingen. »Sie sollen uns die Geschichte so vermitteln, wie sie sich ihnen erschließt, und nicht so, wie sie sie beurteilen.« Mit anderen Worten: Eine philosophische Kritik, die sich auf eine bestimmte Auffassung von der natürlichen oder göttlichen Ordnung stützt, ist vollkommen legitim. Und man vermag im übrigen nachzuvollziehen, daß Montaigne selbst weder an die Wunder des Vespasian noch an viele andere glaubte. Er hat aber sichtlich Schwierigkeiten sich vorzustellen, wie eine spezifisch historische Überprüfung eines Zeugnisses als solchem in der Praxis aussehen könnte. Die ganze Methodik der Forschung kristallisierte sich erst im Lauf jenes 17. Jahrhunderts – und vor allem seiner zweiten Hälfte – heraus, dessen wahre Bedeutung oft unterschätzt wird.][a]

Die Menschen dieser Zeit waren sich dessen durchaus bewußt. Zwischen 1680 und 1690 war es[b] ein Gemeinplatz, den »Pyrrhonismus der Geschichtsschreibung« als Modeerscheinung zu entlarven. »Man sagt«, schreibt Michel Levassor in Anspielung auf diesen Begriff, »die rechte Geisteshaltung bestünde darin, nicht leichthin zu glauben und stets von neuem zu zweifeln«. Zu dieser Zeit nimmt das Wort »Kritik« [, das bis dahin nicht viel mehr als ein Geschmacksurteil bezeichnet hatte,] auch die Bedeutung einer Überprüfung der Wahrhaftigkeit bzw. Echtheit an. Zunächst entschuldigt man sich noch, wenn man es verwendet. Denn »es zeugt nicht gerade von einem eleganten Sprachgebrauch«, d. h. klingt noch nach einem Fachausdruck. Dennoch setzt es sich allmählich durch. Bossuet bleibt noch vorsichtig auf Distanz: Wenn er von »unseren kritischen Autoren« spricht, läßt sich sein

---

a Dieser Absatz ersetzt zwei anders formulierte Absätze der Erstfassung.
b ]offenbar[

Achselzucken erahnen. Richard Simon nimmt den Ausdruck jedoch bereits in die Titel fast aller seiner Bücher auf. Die scharfsinnigsten Geister der Zeit erkennen, daß dieses Wort die Entdeckung einer neuen [, nahezu universell anwendbaren] Methode ankündigt. So etwa Ellies du Pin: Die Kritik ist für ihn eine »Fackel, die uns Licht spendet und den Weg in die Finsternis der Antike weist, indem sie uns hilft, das Wahre vom Falschen zu unterscheiden«. Und Bayle ist[a] noch deutlicher: »Simon hat in seiner soeben erschienenen *Réponse* mehrere Regeln der Kritik aufgestellt, die nicht nur dem Verständnis der Heiligen Schrift, sondern auch der fruchtbringenden Lektüre anderer Werke dienlich sein können.«

Vergleichen wir nun einige Geburtsdaten: Papebrock – der sich zwar irrte, was die alten Urkunden angeht, aber dennoch einen bedeutenden Platz unter den Gründern einer auf die Geschichtsschreibung angewandten Kritik einnimmt –, 1628; Mabillon, 1632; Richard Simon, dessen Werke die Anfänge der Bibelexegese prägten, 1638; und schließlich, freilich etwas abseits der Gelehrten im engeren Sinn[b], Spinoza – der Spinoza des *Tractatus theologico-politicus*, jenes Meisterwerks der philologischen und historischen Kritik –, ebenfalls 1632. Es handelt sich also um eine Generation [im wahrsten Sinn des Wortes], deren Konturen sich vor uns [mit erstaunlicher Deutlichkeit] abzeichnen. [Doch] wir müssen noch genauer sein: Es handelt sich [sehr genau] um die Generation, die geboren wurde, als der *Discours de la méthode* erschien.

---

a ]weniger pathetisch, aber dafür[

b Das Manuskriptblatt III-5 beginnt mit den Worten »proprement dits« (»im engeren Sinn«) und endet mit »en d'autres termes« (»Mit anderen Worten«). Es stellt eine weitere maschinenschriftliche Fassung dieser Passage dar und besteht aus Original und Durchschlag. Letzterer weist keine, das Original hingegen zwei handschriftliche Korrekturen auf, die hier angeführt sind.

Dennoch dürfen wir sie nicht als »Generation von Cartesianern« bezeichnen. Mabillon, um nur ihn zu nennen, war ein frommer [und auf schlichte Weise strenggläubiger] Mönch, der uns als letztes Werk ein Traktat *Über den christlichen Tod* hinterlassen hat. Es steht zu bezweifeln, ob er die neue Philosophie [, die damals vielen gläubigen Menschen suspekt war,] gut gekannt hat, und vor allem, ob er, sofern er überhaupt Einblick in sie hatte, an ihr vieles hätte gutheißen können. Andererseits – und ungeachtet dessen, was gewisse, möglicherweise überschätzte Ausführungen Claude Bernards andeuten wollen – haben die geradezu mathematisch evidenten Wahrheiten, zu denen der methodische Zweifel bei Descartes hinführen soll, mit jenen der Wahrheit möglichst angenäherten Wahrscheinlichkeiten, mit deren Ermittlung sich die historische Kritik oder die Laborwissenschaften begnügen, nur wenig gemein. Damit eine Philosophie ein ganzes Zeitalter zu durchdringen vermag, braucht sie sich aber weder besonders streng an ihre Grundsätze zu halten, noch ist es nötig, daß die [meisten] Menschen[a] ihre Wirkung anders als über eine Art oft [halb] unbewußter Osmose verspüren. [Genauso wie die cartesianische »Wissenschaft«] macht die Kritik des historischen Zeugnisses Schluß mit bloßen Vermutungen. Und [wie die cartesianische Wissenschaft] reißt sie nur deshalb unbarmherzig alle alten Stützen nieder, um zu neuen, diesmal aber fachgemäß überprüften Gewißheiten (bzw. hohen Wahrscheinlichkeiten) zu gelangen. [Mit anderen Worten,] der ihr zugrundeliegende Gedanke[b] [setzt eine nahezu vollständige Umkehrung der alten Auffassung vom Zweifel voraus. Ganz gleich, ob sein Nagen als schmerzhaft oder im Gegenteil als gleichsam edel und anmutig empfunden wurde, galt er bis zu diesem Zeitpunkt als eine ausschließlich negative Geisteshal-

a ], die ihrem Einfluß ausgesetzt sind,[

b ]besteht darin, daß der Zweifel[

tung, als bloßer Mangel. Von nun an ist man der Auffassung,] er könne, nach den Regeln der Vernunft angewandt, zu einem Erkenntnisinstrument werden. Dieser Gedanke tritt zu einem ganz bestimmten geistesgeschichtlichen Zeitpunkt in Erscheinung.

Damit waren die wesentlichen Regeln der kritischen Methode [im großen und ganzen] festgelegt.[a] Ihrer Tragweite war man sich im 18. Jahrhundert durchaus bewußt. So findet sich unter den Prüfungsthemen, die von der Pariser Universität den Kandidaten zur Agrégation in Philosophie am häufigsten vorgelegt wurden, auch folgendes, das auf seltsame Weise modern anmutet: »Vom Zeugnis der Menschen über historische Begebenheiten«. Die folgenden Generationen haben also durchaus das[b] Werkzeug[c] in vielerlei Hinsicht verbessert. Sie haben vor allem seinen Gebrauch verallgemeinert und seinen Anwendungsbereich beträchtlich erweitert.[d]

Die Techniken der Kritik wurden lange Zeit fast ausschließlich von einer Handvoll Gelehrten, Exegeten und interessierten Laien in systematischer Form angewandt. Die Autoren, die bestrebt

---

a Das Manuskriptblatt III-6 beginnt mit den Worten »en somme fixées« (»im großen und ganzen festgelegt«) und endet mit »N'étant plus guidé d'en haut« (»Da ihr ein übergeordnetes Leitprinzip fehlt«). Es stellt eine weitere maschinenschriftliche Fassung dieser Passage dar und besteht aus Original und Durchschlag. Der hier wiedergegebene Durchschlag enthält eine wichtige Streichung, auf die unten hingewiesen wird. Das Original weist keine Korrekturen auf.
]Sie sind im *Premier Discours sur l'histoire ecclésiastique* des Abbé Fleury, erschienen … *(Datum unleserlich)*, zu finden, einer ausgesprochen vernünftigen Darstellung des Problems, die d'Alembert in der *Encyclopédie* einfach übernehmen wird.[

b ]kritische[

c ]allmählich[

d In der Erstfassung folgte hier ein Absatz, der mit den Worten »Les premiers érudits« (»Die Gelehrten«) begann und mit »le commerce des antiquités égyptiennes« (»auf den Markt bringt«) endete; er wurde in der Endfassung an eine andere Stelle verschoben.

waren, anspruchsvolle historische Werke zu verfassen, waren nicht sonderlich erpicht darauf, sich mit diesen [Labor-]Rezepturen, die ihnen [viel] zu minutiös vorkamen, vertraut zu machen; es war schon viel, wenn sie bereit waren, ihre Ergebnisse zur Kenntnis zu nehmen. Nun ist es aber nie gut, wenn die Chemiker, wie Humboldt sagte, davor zurückschrecken, »sich die Hände schmutzig zu machen«. In der Geschichtswissenschaft bringt eine solche Trennung zwischen Vorbereitung und Durchführung eine zweifache Gefahr mit sich. [Darunter schwer zu leiden haben zunächst] die großen Interpretationsversuche. Sie verstoßen [nicht nur dadurch] gegen die grundlegende Verpflichtung zur [geduldig angestrebten] Wahrhaftigkeit; da ihnen überdies jene ständige Erneuerung und stets von neuem aufkommende Überraschung fehlt, die nur die Auseinandersetzung mit dem Dokument zu vermitteln vermag, sind sie dazu verurteilt, ununterbrochen zwischen einigen wenigen [stereotypen], von der Routine vorgegebenen Themen[a] hin und herzupendeln. Nicht weniger leidet darunter aber auch die rein technische Arbeit. Da ihr ein übergeordnetes Leitprinzip fehlt, läuft sie Gefahr[b], sich in unbedeutenden oder unklaren Problemstellungen zu verlieren. Es gibt keine ärgerlichere Energieverschwendung als die einer Wissenschaft im Leerlauf, und kein Hochmut ist so fehl am Platz wie die Überheblichkeit des Werkzeugs, das sich für einen Selbstzweck hält.

Gegen diese Gefahren kämpfte die gewissenhafte Arbeit an, die im 19. Jahrhundert geleistet wurde. [Die deutsche Schule, Renan

---

a ]sozusagen[

b Das Manuskriptblatt III-7 beginnt mit den Worten »risque« (»läuft sie Gefahr«) und endet mit »le pittoresque de pacotille« (»ihren billigen Kitsch«). Es stellt eine weitere maschinenschriftliche Fassung dieser Passage dar und besteht aus Original und Durchschlag. Der hier wiedergegebene Durchschlag weist im Unterschied zum Original mehrere Streichungen und einige wenige handschriftliche Korrekturen auf.

und Fustel de Coulanges verhalfen der Geschichtswissenschaft wieder zu ihrem Platz im Geistesleben. Sie holten den Historiker an die Werkbank zurück.] Aber ist die Partie deshalb auch schon gewonnen? Es wäre wohl sehr optimistisch, das zu glauben. [Allzuoft macht die Forschungsarbeit nur zähe Fortschritte und versäumt es, die Punkte, an denen sie ansetzt, nach rationalen Gesichtspunkten auszuwählen. Vor allem aber ist es noch nicht gelungen, jene gebildeten Leute von den Anliegen der Kritik zu überzeugen, deren Beifall für die geistige Hygiene jeder Wissenschaft notwendig, für[a] die unsere aber geradezu unentbehrlich ist. Unsere Untersuchungsobjekte sind die Menschen; sollten wir also nicht das Gefühl haben, unsere Aufgabe nur zur Hälfte zu erfüllen, wenn sie uns nicht verstehen können?

Und vielleicht haben wir sie tatsächlich noch nicht ganz bewältigt. Bis heute umgeben sich mitunter auch die größten von uns mit der Aura einer unzugänglichen Geheimwissenschaft. Für den Durchschnittsleser produzieren wir anstatt echter Synthesen vorwiegend trostlose Lehrbücher, die einem mangelhaften Unterrichtswesen entsprechen. Eine falsche Scham scheint uns zu verbieten, Außenstehenden Einblick in unsere tastenden methodischen Versuche zu gewähren: All diese schlechten Angewohnheiten, die auf einer Häufung widersprüchlicher Vorurteile beruhen, bringen eine gute Sache in Verruf. Sie sind der Grund dafür, daß sich die Masse der Leser vom falschen Glanz einer angeblichen Geschichtsschreibung blenden läßt, die ihre mangelnde Seriosität, ihren billigen Kitsch und ihre politische Einäugigkeit durch eine unbescheidene Selbstgewißheit wettzumachen sucht; Maurras, Bainville oder Plechanov behaupten dort, wo Fustel de Coulanges oder Henri Pirenne gezweifelt hätten. Unbestreitbar besteht nach wie vor ein Mißverständnis zwischen

a ]das gute Gewissen der unseren[

der Praxis oder angestrebten Praxis der historischen Forschung einerseits und der Leserschaft andererseits.] Symptomatisch für all dies ist der große Streit um die Fußnoten, bei dem von beiden Seiten recht merkwürdige Argumente ins Feld geführt werden.

[Der untere Seitenrand übt auf viele Wissenschaftler eine geradezu magische Anziehungskraft aus.] Es ist sicher absurd, ihn mit bibliographischen Angaben vollzustopfen, die man sich mit einer Literaturliste am Anfang des Buches zum Großteil hätte ersparen können*; und genauso absurd ist es, lange Gedankengänge, die in den Text gehören, aus purer Bequemlichkeit in die Anmerkungen zu verbannen, so daß man die eigentlichen Schätze solcher Bücher [oft] im Keller suchen muß. Wenn sich aber manche Leser beklagen, sie fänden jede einzige am unteren Seitenrand stehende Zeile verwirrend, wenn gewisse Verleger behaupten, ihre Kunden – die in Wahrheit wohl nicht ganz so überempfindlich sind, wie man uns weismachen will – würden beim Anblick derart verunstalteter Seiten Höllenqualen ausstehen, [dann beweisen diese sensiblen Gemüter lediglich, wie wenig sie von den elementarsten Geboten wissenschaftlicher Moral verstehen. Vom freien Spiel der Phantasie einmal abgesehen, darf eine Behauptung nur unter der Bedingung aufgestellt werden, daß sie auch nachgeprüft werden kann; und] wenn ein Historiker in möglichst knapper Form die Herkunft eines von ihm benutzten Dokumentes angibt und damit auch anderen ermöglicht, es aufzufinden, dann beachtet er nur ein allgemeines Gebot der Redlichkeit.[a] [Unsere von Dogmen und Mythen vergiftete öffentli-

* A. d. H.: Zur Zeit von Marc Bloch war es in Frankreich oft üblich, daß das Literaturverzeichnis in wissenschaftlichen Büchern an den Anfang gesetzt wurde.

[a] ]Vor mir liegt gerade ein hochinteressantes Buch über Deutschland vor der Reformation. (…) Ähnlich einem Chemiker, der eine Entdeckung verkündet, sich aber weigert anzugeben, welches Experiment ihn auf die richtige Spur gebracht hat, weil dies, wie er meint, »meine Leser langweilen könnte«.[ A. d. H.: Anspielung auf Willy Andreas: *Deutschland vor der Reformation.* 2. Aufl., Stuttgart 1942.

che Meinung hat selbst dann, wenn sie gegen Aufklärung nichts einzuwenden hat, jegliches Interesse am Nachprüfen verloren. Die Kräfte der Vernunft werden an dem Tag einen ihrer größten Siege errungen haben, an dem es uns ohne überflüssige und abschreckende Pedanterie gelingen wird, sie davon zu überzeugen, daß sich der Wert einer Erkenntnis an ihrer Bereitschaft bemißt, sich von vornherein ihrer Widerlegung auszusetzen. Diesem Sieg arbeiten unsere bescheidenen Fußnoten, unsere kleinen gewissenhaften Quellenangaben entgegen, über die sich heute so mancher Schöngeist lustig macht.]

Die Dokumente, mit denen die Gelehrten einst arbeiteten, waren meist Texte, die sich entweder selbst als Werke eines bestimmten Verfassers aus einer bestimmten Zeit darstellten oder traditionell als solche dargestellt wurden. Sie berichteten ausdrücklich von bestimmten Geschehnissen. Doch sagten sie die Wahrheit? Stammen die Bücher, die wir als die »mosaischen« bezeichnen, wirklich von Moses? [Und die nach Chlodwig benannten Diplome wirklich von Chlodwig?] Wie vertrauenswürdig sind die Erzählungen des *Exodus*? Das waren die Fragen, die gestellt wurden. Aber je häufiger die Geschichtswissenschaft Gelegenheit zur Auswertung unbeabsichtigter Zeugnisse bekam, desto weniger konnte sie sich auf die Überprüfung der [expliziten] Aussagen der Dokumente beschränken. Sie mußte ihnen auch die Informationen abpressen, die sie nicht preisgeben wollten.

Die Regeln der Kritik, die sich in dem einen Fall bewährt hatten, erwiesen sich auch im anderen als sinnvoll. Vor mir liegen bunt durcheinander einige mittelalterliche Urkunden. Manche von ihnen sind datiert, andere nicht. Dort, wo Zeitangaben gemacht werden, bedürfen sie der Überprüfung: Die Erfahrung lehrt, daß sie gefälscht sein können. Fehlen sie? Dann müssen sie rekonstruiert werden. Man wird sich in beiden Fällen derselben Anhaltspunkte bedienen können. Anhand der Schrift (sofern es sich um ein Original handelt), anhand des Stands der Latinität, anhand der im Text erwähnten Institutionen und des allgemeinen Eindrucks, den die Urkunde vermittelt, läßt sich unschwer feststellen, ob ein Aktenstück den unverkennbaren Gepflogenheiten zum Beispiel französischer Notare um das Jahr Tausend entspricht. Gibt es vor, aus der Merowingerzeit zu stammen, ist der Schwindel offenkundig. Ist es undatiert, so ist damit seine ungefähre Entstehungszeit ermittelt. Auch der Archäologe untersucht, vergleicht und unterscheidet Formen und Herstellungsverfahren mit Hilfe durchaus vergleichbarer Regeln, wenn er urgeschichtliche Werkzeuge nach Epochen und Zivilisationen klassifizieren oder gefälschten Antiquitäten auf die Spur kommen möchte. [Der Historiker ist nicht, ist immer weniger der etwas griesgrämige Untersuchungsrichter, dessen nicht gerade liebenswürdiges Bild manche Einführungsbücher am liebsten zeichnen möchten. Er ist aber genausowenig leichtgläubig geworden. Er weiß, daß seine Zeugen sich irren oder lügen können. Vor allem aber bemüht er sich, sie zum Sprechen zu bringen, um sie zu verstehen. Es zählt nicht zu den geringsten Erfolgen der kritischen Methode, daß es ihr ohne Abstriche an ihren Grundprinzipien gelungen ist, der Forschung zu dieser Erweiterung zu verhelfen.[a]

---

[a] Die Passage von »Vor mir liegen« bis »Erweiterung zu verhelfen« ersetzt folgenden Text: ]Vor mir liegt ein Kartular aus dem Mittelalter. Manche der Dokumente sind mit Hinweisen zur Chronologie versehen, die ich überprüfen muß, da sie vielleicht zu den erlogenen gehören. (…) Die Art und Weise, wie man die Werkzeuge urgeschichtlicher Menschen nach Perioden und Zivilisationen klassifiziert – eine Klassifizierung, die die Interpretation dieser stummen Hinweise erst möglich macht –, unterscheidet sich nicht grundsätzlich von der Vorgangsweise der Fachleute, die gebeten werden, zum Beispiel jene zahllosen Machwerke zu identifizieren, die der Handel mit ägyptischen Antiquitäten Jahr für Jahr auf den Markt bringt.[

Niemand wird aber bestreiten wollen, daß das fragwürdige Zeugnis nicht nur den ersten Anstoß zur Schaffung einer Technik der Wahrheitsfindung gegeben hat. Darüber hinaus stellt es nach wie vor den klassischen Fall dar, von dem diese Technik bei der Weiterentwicklung ihrer Analysen auszugehen hat.]

## 2.
## Der Lüge und dem Irrtum auf der Spur

Von allen Giften, die ein Zeugnis verfälschen können, wirkt der Betrug am stärksten.[a]

Er vermag [seinerseits] zwei Formen anzunehmen. Zunächst die falschen Angaben über Verfasser und Entstehungszeit: die Fälschung im juristischen Sinn des Worts. Nicht alle Briefe, die mit der Unterschrift Marie-Antoinettes publiziert wurden, stammen wirklich von ihr; manche von ihnen sind im 19. Jahrhundert fabriziert worden. Die sogenannte Krone des Saitaphernes, die dem Louvre als skythisch-griechische Antiquität aus dem 4. Jahrhundert vor unserer Zeitrechnung verkauft wurde, ist um 1895 in Odessa ziseliert worden. Dann gibt es die inhaltliche Fälschung. Cäsar hat in seinen *Kommentaren*, deren Urheberschaft ihm wohl nicht abgesprochen werden kann, vieles bewußt verändert oder unterschlagen. Jene Statue in Saint-Denis, die als Darstellung Philipps des Kühnen gilt, wurde zwar unmittelbar nach seinem Tod angefertigt und zeigt sehr wohl den aufgebahrten König; alles weist aber darauf hin, daß sich der Bildhauer mit der

a Dieser Satz ersetzt drei anders formulierte Sätze.

Reproduktion eines konventionellen Modells zufriedengab und das Werk daher nur dem Namen nach als Porträt bezeichnet werden kann.[a]

Diese beiden Aspekte der Lüge werfen jeweils unterschiedliche Probleme auf, deren Lösungen voneinander unabhängig sind.

Bestimmt sind die meisten Schriften, die unter einem falschen Namen erschienen sind, auch inhaltlich unwahr.[b] Ergibt die Untersuchung, daß ein angebliches Diplom Karls des Großen zwei oder drei Jahrhunderte später entstanden ist, kann man getrost darauf wetten, daß die Vorrechte, die der Kaiser darin großzügig gewährt, ebenfalls reine Erfindung sind. Aber auch das darf man nicht ungeprüft voraussetzen. [Denn] manche Aktenstücke wurden nur fabriziert, um Verfügungen zu wiederholen, die in Dokumenten getroffen worden waren, die zwar echt waren, aber verlorengegangen sind. [Ausnahmsweise kann eine Fälschung also die Wahrheit sagen.]

Es bedarf wohl keiner Erwähnung, daß umgekehrt Zeugnisse, deren angegebene Herkunft über jeden Verdacht erhaben ist, deshalb nicht unbedingt auch wahrheitsgetreu sein müssen.[c]

---

[a] Die entsprechende Passage der Erstfassung weicht von diesen Formulierungen erheblich ab.

[b] ]Welches andere Motiv könnte eine Fälschung sonst haben? Die zeitgenössische Geschichte bot das Beispiel einer Fälschung, die von manchen als »patriotisch« bezeichnet wurde; sie war alles andere als patriotisch, und die Tatsachen, von denen sie berichtete, waren denkbar weit von der Wahrheit entfernt.[ A. d. H.: Anspielung auf die Dreyfus-Affäre.

[c] ]Man kann diesen Grundsatz, den schon der gesunde Menschenverstand nahelegt, nicht genug betonen. Denn er wurde, so banal er erscheinen mag, nicht immer genügend berücksichtigt. Die Schuld dafür kann nicht der öffentlichen Meinung zugewiesen werden. Die Zeiten sind vorbei, als man schlichten Gemütern folgendes Motto in den Mund legen konnte: »Es steht in der Zeitung. Deshalb ist es wahr.« Propaganda wird unwirksam, wenn man übermäßigen Gebrauch von ihr macht. Heutzutage stoßen die Nachrichten der Presse und offizieller Publikationen bei den Massen auf eine prinzipielle Skepsis, die für die geistige Hygiene des Landes nicht weniger gefährlich ist als der blinde Glaube von einst – sofern dieser jemals so verbreitet war, wie angenommen wurde.[

Doch bevor die Wissenschaftler ein Dokument als echt anerkennen, geben sie sich soviel Mühe, das Für und Wider abzuwägen, daß sie daraufhin nicht immer die Geduld aufbringen, dessen Inhalt auf seinen Wahrheitsgehalt zu überprüfen. Nur sehr zögernd werden insbesondere jene Schriftstücke angezweifelt, die unter dem Schutz beeindruckender rechtlicher Garantien auftreten, wie etwa Urkunden der jeweiligen Machthaber oder auch private Verträge, sofern sie feierlich mit Brief und Siegel bestätigt worden sind. Weder die einen noch die anderen sind jedoch besonders glaubwürdig.[a] Am 21. April 1834, also unmittelbar vor dem Prozeß gegen die Geheimbünde, schrieb Thiers an den Präfekten des Departements Bas-Rhin[b]: »Ich empfehle Ihnen, größte Sorgfalt auf die Dokumente zu verwenden, die Sie in dem demnächst einzuleitenden, umfangreichen Verfahren[c] beibringen werden. Deutlich herauszustellen sein wird vor allem das Zusammenwirken aller Anarchisten, der enge Zusammenhang zwischen den Ereignissen von Paris, Lyon und Straßburg, mit einem Wort, die Existenz einer groß angelegten Verschwörung, die ganz Frankreich umfaßt.« Wir haben es hier also unbestreitbar mit offiziellen Unterlagen zu tun, die gut vorbereitet wurden! Und was den schönen Schein der vorschriftsmäßig besiegelten und datierten Urkunden betrifft, so genügt schon ein Blick auf die Gegenwart, um uns alle Illusionen zu nehmen. Es ist allgemein bekannt, daß auch durchaus ordnungsgemäß erstellte Notariatsakte von absichtlichen[d] Ungenauigkeiten geradezu strotzen, und ich[e] erinnere mich, einst meine Unterschrift unter ein amtliches Schriftstück für eine große staatliche Behörde auf

---

a Die Passage ab »Doch bevor die Wissenschaftler …« ersetzt vier anders formulierte Sätze.

b ]folgendes[

c ]am Pariser Gericht[

d ]großen oder kleinen[

e ]persönlich[

höhere Anweisung rückdatiert zu haben.[a] Unsere Vorfahren waren in diesem Punkt genausowenig zimperlich[b]. Unter königlichen Dekreten steht zu lesen: »Erlassen am …, in …«. Sieht man aber in den Aufzeichnungen über die Reisen des Herrschers nach, stellt man mehr als einmal fest, daß er sich am betreffenden Tag in Wirklichkeit mehrere Meilen vom angegebenen Ort entfernt aufgehalten hat. In zahllosen, Leibeigenen gewährten Freilassungsurkunden, deren Echtheit niemand ernsthaft bestreiten könnte, wird behauptet, sie seien aus reiner Nächstenliebe ausgestellt worden, während wir ganz genau wissen, welcher konkrete Preis für die Freiheit entrichtet werden mußte.

Es genügt [aber] nicht, die Täuschung festzustellen. Es müssen auch die dahinterstehenden Motive herausgefunden werden, und wäre es auch nur, um ihr besser auf die Spur zu kommen. Solange ihre Beweggründe unklar sind, wird sie sich der Analyse widersetzen und daher nur unvollständig nachgewiesen werden können. Vor allem aber stellt eine Lüge als solche auf ihre Weise[c] ein Zeugnis dar.[d] Weist man lediglich nach, daß das berühmte Diplom Karls des Großen für die Pfalzkapelle von Aachen unecht ist, hat man sich zwar einen Irrtum erspart, aber keine[e] Erkenntnis gewonnen. Gelingt hingegen der Nachweis, daß die

---

a Dieser Satz war in der Erstfassung wesentlich konkreter formuliert: ]Ich persönlich kann mich daran erinnern, einst meine Bestellung an ein Gymnasium in der Provinz erst nachträglich unterschrieben zu haben. Das Dokument trug mit Wissen der Behörde, die mir diese Unterschrift abnötigte, um ein kleines verwaltungstechnisches Problem zu umgehen, das Datum eines Tages, an dem mich eine Krankheit in Paris festgehalten hatte.[

b ]wie wir[

c ]auch[

d ]Sie bringt eine Mentalität zum Ausdruck und unterrichtet über die Umstände, die zu ihr geführt haben.[

e ]positive[

Fälschung aus der Umgebung Friedrich Barbarossas stammt und den imperialen Träumen des Kaisers dienen sollte, dann eröffnen sich ganz neue historische Perspektiven. Daher muß die Kritik hinter dem Betrug den Betrüger, d. h., getreu der Devise der Geschichtswissenschaft, den Menschen ausfindig machen.

Es wäre kindisch, die unendliche Vielzahl unterschiedlicher Motive aufzählen zu wollen, die Lügen zugrundeliegen. Die von Natur aus zu einer übermäßigen Intellektualisierung der Menschen neigenden Historiker würden gut daran tun, sich daran zu erinnern, daß nicht alle dieser Beweggründe rational sind. Bei manchen wird die Lüge (auch wenn sie im allgemeinen mit einem Eitelkeits- und Verdrängungskomplex in Zusammenhang steht) fast zu einem »Akt der Willkür«, um mit André Gide zu sprechen. Jener deutsche Gelehrte, der sich die Mühe machte, in exzellentem Griechisch eine Geschichte des Orients zu verfassen, deren Urheberschaft er dem fiktiven Sanchuniathon zuschrieb, hätte sich auch mit weit geringerem Aufwand einen hervorragenden Ruf als Gräzist schaffen können. François Lenormant, der Sohn eines Mitglieds des Institut de France und später selbst in diese illustre Gesellschaft berufen, begann seine Karriere als Siebzehnjähriger damit, daß er seinen Vater mit der angeblichen Entdeckung von Inschriften in La Chapelle-Saint-Eloi hinters Licht führte, die zur Gänze sein eigenes Werk waren; [als er schon alt und mit Ehren überhäuft war,] soll sein letztes Meisterstück darin bestanden haben, einige [nichtssagende] urgeschichtliche Altertümer, die er auf einem französischen Acker aufgelesen hatte, der Öffentlichkeit als griechische Originale zu präsentieren[a].

Aber nicht nur Individuen, auch ganze Epochen können von der Mythomanie befallen sein, wie etwa die vorromantischen und

---

[a] ]. Merkwürdigerweise hat die Neigung zur Lüge manchmal den Anschein einer kollektiven Epidemie[

romantischen Generationen im ausgehenden 18. und beginnenden 19. Jahrhundert. [Pseudokeltische] Gedichte, die unter dem Namen Ossian veröffentlicht wurden, [Epen und Balladen, die Chatterton in einer Sprache schrieb, die er für Altenglisch hielt,] vorgeblich mittelalterliche Gedichte von Clothilde de Surville, von Villemarqué erfundene bretonische Gesänge, von Mérimée aus dem Kroatischen »übersetzte« Lieder, die tschechischen Heldengesänge[a] von Kravoli-Dvor[b] – und viele andere, deren Aufzählung hier zu weit führen würde: In diesen Jahrzehnten ertönte[c] überall in Europa gleichsam eine große Lügensymphonie. Ein weiteres Beispiel für derartige Massenepidemien bietet[d] das Mittelalter, vor allem der Zeitraum zwischen dem 8. und dem 12. Jahrhundert. Zweifellos standen hinter einem Großteil der gefälschten Diplome, gefälschten päpstlichen Bullen, gefälschten Kapitularien, die damals[e] in großer Zahl hergestellt wurden, ganz bestimmte Interessen. [Den Fälschern ging es immer nur darum,] einer Kirche ein umstrittenes Gut zuzusichern, die Autorität des Heiligen Stuhls zu untermauern, die Mönche gegen den Bischof, die Bischöfe gegen die Metropoliten, den Papst gegen die weltlichen Herrscher, den Kaiser gegen den Papst zu verteidigen. Auffallend daran ist, daß selbst Menschen, deren Frömmigkeit und oft auch Tugendhaftigkeit außer Zweifel standen, nichts dabei fanden, sich an diesen Fälschungen zu beteiligen. Sie verstießen offenbar nicht gegen die allgemeine Moral. Auch Plagiate schienen zu dieser Zeit[f] [allgemein] als völlig unschuldige Handlungen gegolten zu haben: Der Annalenschreiber, der Hagio-

a ]des Manuskripts[

b ], die englische Chronik des Pseudo-Ingulph, der dem Pseudo-Richard von Cirencester zugeschriebene Kommentar zur »Landschaft der Bretagne«[

c ]fast[

d ](wie bereits erwähnt)[

e ], wie sich herausgestellt hat,[

f ]und auch noch lange danach[

graph machten sich ohne Gewissensbisse ganze Passagen der Schriften älterer Autoren zu eigen. [Dennoch ist nichts weniger »futuristisch« als diese beiden ansonsten völlig unterschiedlichen Gesellschaften.] Das Mittelalter kannte in religiösen wie in rechtlichen Belangen keine andere Grundlage als die Lehren der Alten. Die Romantik wollte sich aus den Quellen des Ursprünglichen und Volkstümlichen speisen. So waren gerade die am meisten der Tradition verhafteten Zeiten zugleich auch jene, die sich[a] im Umgang mit ihrem echten Erbe die größten Freiheiten herausnahmen – als hätte die Anbetung der Vergangenheit in Verbindung mit einer merkwürdigen Revanche eines unwiderstehlichen kreativen Drangs zwangsläufig dazu führen müssen, daß man sie kurzerhand selbst erfand.

Im Juli 1857 übergab der Mathematiker Michel Chasles der Académie des sciences ein Bündel unveröffentlichter Briefe von Pascal, die ihm sein gewohnter Lieferant, der berühmte Fälscher Vrain-Lucas, verkauft hatte. Aus ihnen ging hervor, daß der Verfasser der *Provinciales* noch vor Newton das Prinzip der Gravitation formuliert hatte. Ein englischer Gelehrter horchte auf. Wie ist es zu erklären, meinte er[b] sinngemäß, daß in diesen Texten astronomische Messungen erwähnt werden, die[c] mehrere Jahre nach dem Tod Pascals vorgenommen wurden und von denen Newton selbst erst nach der Erstveröffentlichung seines Buches erfuhr? Vrain-Lucas war nicht der Mann, der sich wegen solch einer Kleinigkeit geschlagen gab. [Er setzte sich an seinen Schreibtisch, und] dank seiner Bemühungen[d] konnte Chasles

---

a ], übrigens aus unterschiedlichen Gründen,[
b ], dieser Spielverderber,[
c ]erst[
d ]dieses beherzten Arbeiters[

bald mit neuen Autographen aufwarten. Sie stammten diesmal von Galilei und waren an Pascal gerichtet. Damit war das Rätsel geklärt: Der berühmte Astronom hatte die Beobachtungen beigesteuert, und Pascal die Berechnungen. Das Ganze auf beiden Seiten unter strengster Geheimhaltung. Freilich war Pascal erst achtzehn Jahre alt, als Galilei starb. Na und? Nur ein Grund mehr, das frühreife Genie zu bewundern.

Da wäre aber, warf der unermüdliche Kritiker ein, noch eine weitere Ungereimtheit: In einem dieser Briefe aus dem Jahr 1641 beklagt sich Galilei darüber, daß das Schreiben seine Augen bereits sehr ermüde. Dabei wissen wir[a], daß er in Wirklichkeit schon seit Ende [des Jahres] 1637 völlig erblindet war. Verzeihung, erwiderte kurz darauf der gute Chasles, es mag wohl sein, daß man [bis heute] an diese Blindheit geglaubt hat. Doch zu Unrecht. Ich bin nämlich jetzt in der glücklichen Lage, ein entscheidendes Beweisstück beizubringen, das gerade noch rechtzeitig aufgetaucht ist, um diesen verbreiteten Irrtum richtigzustellen. Ein anderer italienischer Gelehrter teilte nämlich Pascal am 2. Dezember 1641 mit, daß Galilei sein Augenlicht, das schon seit einigen Jahren nachgelassen hatte, nun[b] endgültig verloren habe …

Sicher waren nicht alle Betrüger so erfinderisch wie Vrain-Lucas[c] und nicht alle Betrogenen so arglos wie sein bedauernswertes Opfer. Daß ein Verstoß gegen die Wahrheit ein ganzes Räderwerk in Gang setzt, daß jede Lüge[d] unweigerlich zahllose weitere Lügen nach sich zieht, die einander stützen sollen – das lehrt die Lebenserfahrung und wird von der Geschichte bestätigt. Aus

---

a ]aus vertrauenswürdiger Quelle[

b ]vor einigen Tagen[

c ](dessen Beitrag zur erstaunlich umfangreichen Akte der Affäre Pascal-Newton ich ein wenig kürzen mußte, um den Leser nicht zu ermüden)[

d ]fast[

diesem Grund treten so viele berühmte Fälschungen gehäuft auf.[a] Die gefälschten Privilegien des Erzbistums Canterbury, die gefälschten Privilegien des Herzogtums Österreich [– signiert von zahlreichen großen Herrschern von Julius Cäsar bis Friedrich Barbarossa –] oder die genealogischen Fälschungen in der Dreyfus-Affäre [: man glaubt, ganze Bakterienkolonien wuchern zu sehen]. Betrug bringt naturgemäß stets neuen Betrug hervor.

Es gibt aber eine[b] noch heimtückischere Form der Täuschung. Sie besteht nicht aus der krassen [, offenkundigen und sozusagen ungeschminkten] Unwahrheit, sondern aus versteckten Abänderungen: nachträgliche Einschübe in echten Urkunden, Ausschmückung großteils wahrheitsgetreuer Berichte mit erfundenen Details. [Einschübe dienen im allgemeinen ganz bestimmten Zwecken, Ausschmückungen oft der Verzierung des Textes.] Auf die Verheerungen, die eine mißverstandene Ästhetik in der antiken und mittelalterlichen Geschichtsschreibung angerichtet hat, ist bereits mehrfach hingewiesen worden. Möglicherweise ist auch unsere Presse von ihnen nicht verschont geblieben. Noch der unbedeutendste Nachrichtenredakteur paßt seine Figuren – selbst um den Preis der Wahrhaftigkeit – gerne an die Konventionen einer Rhetorik an, die trotz ihres beträchtlichen Alters in hohem Ansehen steht. Aristoteles und Quintilian haben in unseren Redaktionsstuben mehr Jünger, als man gemeinhin annimmt.

Zudem scheinen gewisse technische Zwänge diese Verfälschungen zu begünstigen. Als der Spion Bolo 1917 verurteilt wurde, soll der Bericht von seiner Hinrichtung bereits am

[a] ]So etwa[
[b] ]weitere,[

6. April in einer Tageszeitung erschienen sein. Die Exekution, die ursprünglich für diesen Tag vorgesehen war, fand aber[a] [in Wirklichkeit] erst elf Tage später statt. Der Journalist hatte seinen Artikel schon im voraus verfaßt und hielt in der festen Überzeugung, daß das Ereignis zum vorgesehenen Zeitpunkt stattfinden würde, eine Überprüfung für überflüssig. Ich vermag nicht zu sagen, ob diese Anekdote wahr ist. Sicher sind derart grobe Irrtümer die Ausnahme. Allerdings ist die Vermutung, daß Reportagen von vorhersehbaren Ereignissen mitunter im voraus geschrieben werden, um Zeit zu sparen – die Ausgabe muß eben rechtzeitig erscheinen –, alles andere als unwahrscheinlich. Wir wollen gerne glauben, daß die Entwürfe fast immer nachträglich recherchiert und [, sofern erforderlich,] in allen wichtigen Punkten richtiggestellt werden; ob aber auch am Beiwerk eines Textes, das für sein Kolorit als notwendig erachtet, aber von niemandem überprüft wird, wesentliche Korrekturen vorgenommen werden, ist wohl zweifelhaft. Das ist zumindest die Vermutung eines Laien. Es wäre wünschenswert, daß uns ein Fachmann offen und ehrlich darüber aufklärt[b]. Das Zeitungswesen wartet [leider] immer noch auf seinen Mabillon oder Papebrock. [Sicher ist jedenfalls, daß die blinde Unterwerfung unter einen etwas verstaubten Kodex literarischer Konventionen, das Festhalten an einer stereotypen Psychologie und der Furor des Pittoresken ihre Bedeutung im Universum der Lügner nicht so bald verlieren werden.]

Zwischen der simplen Täuschung und dem völlig unbeabsichtigten Irrtum gibt es zahlreiche Übergänge. Dies schon deshalb,

---

a ]infolge eines Aufschubs[

b ]: eine unvoreingenommene Untersuchung der journalistischen Praxis wäre für die zeitgeschichtliche Forschung wohl von allergrößter Bedeutung[

weil bei günstiger Gelegenheit aus einem [noch so] dummen Fehler leicht eine handfeste Lüge wird. Etwas zu erfinden, verlangt eine Anstrengung, der sich die geistige Trägheit der meisten Menschen widersetzt. Wieviel bequemer ist es doch, eine – ursprünglich spontane – Illusion, die der momentanen Interessenlage entspricht, bereitwillig für bare Münze zu nehmen[a]!

Erinnern wir uns an die berühmte Geschichte vom »Nürnberger Flugzeug«. Obwohl die Angelegenheit nie völlig aufgeklärt wurde, scheint einige Tage vor der Kriegserklärung* tatsächlich ein französisches Transportflugzeug die Stadt überflogen zu haben. Vermutlich wurde es für eine Militärmaschine gehalten. Es ist nicht unwahrscheinlich, daß sich daraufhin in der Bevölkerung, in der schon das Gespenst des bevorstehenden Krieges umging, Gerüchte über da und dort abgeworfene Bomben verbreiteten. Sicher ist jedoch, daß keine einzige Bombe abgeworfen wurde, daß die Regierung des Deutschen Reiches durchaus die Möglichkeit gehabt hätte, diese falschen Gerüchte zum Verstummen zu bringen, daß sie also [im eigentlichen Sinn] gelogen hat, als sie ihnen ohne Überprüfung Glauben schenkte und den angeblichen Vorfall zu einem Kriegsgrund machte. Aber ohne etwas hinzuzuerfinden oder sich [zunächst][b] dieses Täuschungsmanövers wirklich bewußt zu sein. Dem unsinnigen Gerücht wurde Glauben geschenkt, weil damit ein bestimmter Zweck verfolgt werden konnte. Von allen Arten der Lüge ist die Unaufrichtigkeit sich selbst gegenüber beileibe nicht die[c] am wenigsten häufige; das Wort »Aufrichtigkeit« hat eine etwas verwaschene Bedeutung und sollte nur sehr differenziert verwendet werden.

---

a ]oder zu ihr beizutragen[

* A. d. H.: vom 3. August 1914.

b ], und das gilt zumindest für einige ihrer Mitglieder,[

c ]am wenigsten gefährliche oder[

Fest steht aber auch, daß sich viele Zeugen durchaus guten Glaubens täuschen können. Hier kommen dem heutigen Historiker jene wertvollen Ergebnisse zustatten, die seit einigen Jahrzehnten von einer fast[a] neuen Disziplin anhand experimenteller Beobachtungen gewonnen werden [: der Psychologie der Aussage]. Für unsere Arbeit dürften im wesentlichen folgende Erkenntnisse von Interesse sein.

Der heilige Bernhard war seinem Schüler und Freund Wilhelm von Saint-Thierry zufolge eines Tages höchst überrascht, als er erfuhr, daß die Apsis der Kapelle, in der er als junger Mönch täglich am Gottesdienst teilnahm, drei Fenster aufwies; er hatte stets geglaubt, sie hätte nur eines. Sein Hagiograph ist darüber verzückt und voller Bewunderung: Welch vollkommener[b] Diener des Herrn muß Bernhard gewesen sein, wenn er über die irdischen Dinge derart erhaben war! Er dürfte überhaupt etwas zerstreut gewesen sein; in späteren Jahren sei es vorgekommen, so wird jedenfalls erzählt, daß er einen ganzen Tag den Genfer See entlang wanderte, ohne auf ihn zu achten. Als überprüft gelten kann jedenfalls, daß man kein großer Mystiker sein muß, um sich über Tatsachen, die einem eigentlich bestens bekannt sein müßten, gründlich irren zu können. Die Studenten Professor Claparèdes in Genf waren in dessen berühmten Experimenten genausowenig imstande, die Eingangshalle ihrer Universität korrekt zu beschreiben wie der »doctor mellifluus« die Kapelle seines Klosters. In den meisten Gehirnen wird die Umwelt [nämlich] nur von mittelmäßigen Apparaten registriert.

---

[a] ]völlig[

[b] Für die Passage von »une population« (»in der Bevölkerung«) bis »quel parfait« (»Welch vollkommener«) liegt neben dem hier wiedergegebenen Original, das mehrere handschriftliche Korrekturen enthält, eine weitere maschinenschriftliche Fassung mit der Paginierung III-14 vor. Es handelt sich um einen mit der Erstfassung textidentischen Durchschlag ohne handschriftliche Korrekturen.

Und da in derartigen Aussagen im Grunde nur Erinnerungen zum Ausdruck kommen, können sich die Irrtümer der Wahrnehmung durch zusätzliche Irrtümer des Gedächtnisses komplizieren, eben jenes großzügigen, »wandernden« Gedächtnisses, das schon von einem unserer alten Juristen beklagt wurde.[a]

Bei manchen Menschen nimmt die Ungenauigkeit geradezu pathologische Formen an. Wäre es allzu respektlos, für diese Psychose die Bezeichnung »Lamartinesche Krankheit« vorzuschlagen? Wie man weiß, sind gerade solche Leute für gewöhnlich mit Behauptungen schnell bei der Hand. Es gibt also Zeugen, die mehr oder weniger verdächtig oder vertrauenswürdig sind; wie die Erfahrung zeigt, lassen sich aber auch keine Zeugen finden, deren Aussagen zu allen Themen und unter allen Umständen gleichermaßen glaubwürdig wären. Es ist im wesentlichen zwei Arten von Ursachen zuzuschreiben, daß der Wahrheitsgehalt der zerebralen Bilder [auch] beim begabtesten Menschen beeinträchtigt wird. Die einen betreffen die momentane geistige Verfassung des Beobachters, etwa Ermüdung oder Aufregung. Die anderen den Grad seiner Aufmerksamkeit. Von wenigen Ausnahmen abgesehen, sieht oder hört man nur das genau, was man wahrzunehmen erwartet hat. Ein Arzt begibt sich an ein Krankenbett: Ich würde lieber dem Glauben schenken, was er mir über das Aussehen seines Patienten mitteilt, dessen Gesundheitszustand er ja sorgfältig untersucht hat, als über die Möblierung des Zimmers, die er vermutlich nur mit einem zerstreuten Blick gestreift hat. Daher sind es im Gegensatz zu einem weitverbreiteten Vorurteil für gewöhnlich gerade die vertrautesten Din-

---

[a] Vgl. diese Passage mit Marc Blochs Darstellung derselben Beispiele in: Réflexions d'un historien sur les fausses nouvelles de la guerre, *Revue de synthèse historique*, 1921, auch in ders.: *Histoire et historiens*, Paris 1995, S. 147–166. (Dt.: Falschmeldungen im Krieg – Überlegungen eines Historikers. In: M. B.: *Aus der Werkstatt des Historikers. Zur Theorie und Praxis der Geschichtswissenschaft.* Frankfurt/Main 2000, S. 187–211.)

ge – im Fall des heiligen Bernhard die Kapelle von Citeaux –, von denen am schwersten eine genaue Beschreibung zu bekommen ist: Vertrautheit bringt fast zwangsläufig auch Gleichgültigkeit mit sich.

Viele historischen Ereignisse konnten tatsächlich nur in Augenblicken heftiger Erregung oder von Zeugen beobachtet werden, deren Aufmerksamkeit entweder, wenn das Ereignis unerwartet kam, zu spät geweckt wurde oder aber vom unmittelbaren Geschehen[a] derart in Beschlag genommen war, daß sie sich nicht genügend intensiv auf die Aspekte richten konnte, denen der heutige Historiker zurecht besondere Bedeutung beimißt. Einige Fälle sind berühmt. Wurde am 25. Februar 1848 [vor dem Außenministerium] der erste Schuß, der jenen Aufstand auslöste, aus welchem die Revolution hervorgehen sollte, vom Militär oder aus der Menschenmenge abgegeben? Wir werden es wahrscheinlich nie erfahren.[b] Wie könnten wir also jemals die deskriptiven Passagen unserer Chronisten, ihre [peinlich genauen] Schilderungen von Kleidern, Gebärden, Zeremonien oder kriegerischen Ereignissen für bare Münze nehmen, wie könnten wir noch weiterhin an der Illusion festhalten, all der alte Plunder, an dem sich die zweite Garnitur der romantischen Geschichtsschreibung berauschte, entspreche der Wahrheit, wo doch in unserer unmittelbaren Umgebung kein Zeuge imstande wäre, sich vollständig und fehlerfrei all die Details zu merken, nach denen man die alten Autoren so naiv befragt hat? Diese Gemälde zeigen uns die Kulissen der Ereignisse bestenfalls so, wie man sie sich zur Zeit des Verfassers vorgestellt hat. Das ist zwar äußerst

a ]bzw. der Sorge um die eigene Sicherheit[

b ]Genausowenig konnte durch die gerichtliche Untersuchung geklärt werden, ob der Fabriksdirektor in Cluses am … von seiner Waffe Gebrauch machte, bevor oder nachdem er von den Streikenden mit einem Steinhagel empfangen wurde.[

aufschlußreich, bietet aber nicht die Art von Information, die die Liebhaber des Pittoresken im allgemeinen von ihren Quellen erwarten.

Wenden wir uns nun den Schlüssen zu, die aus diesen vielleicht nur scheinbar pessimistischen Bemerkungen für unsere Arbeit zu ziehen sind. Die grundlegende Struktur der Vergangenheit bleibt von ihnen unberührt. Das Wort von Bayle ist nach wie vor gültig. »Niemand wird je ernsthaft in Frage stellen können, daß Cäsar Pompeius besiegt hat. Ganz gleich, welche Argumente man vorbringt, nichts steht unerschütterlicher fest als der Satz: ›Cäsar und Pompeius haben wirklich existiert und waren nicht nur Hervorbringungen derer, die ihre Lebensgeschichten schrieben.‹« Würden aber nur wenige Tatsachen dieser Art ohne weitere Erklärung als gesichert gelten können, beschränkte sich die Geschichte auf eine Abfolge ungenauer Merksätze ohne großen Erkenntniswert. Das ist glücklicherweise nicht der Fall. Die einzigen Ursachen, die von der Psychologie der Aussage häufig mit einem Unsicherheitsfaktor versehen werden, liegen in der jeweils unmittelbaren Vorgeschichte. Ein großes Ereignis kann mit einer Explosion verglichen werden. Unter welchen Bedingungen genau kam es zum letzten Zusammenprall der Moleküle, der für die Ausdehnung der Gase notwendig war? Wir werden uns oft damit abfinden müssen, es nicht zu wissen. Das ist zweifellos bedauerlich (aber sind die Chemiker immer in einer viel besseren Lage?). Unabhängig davon kann die Zusammensetzung des explosiven Gemisches durchaus analysierbar sein. Die Revolution von 1848 – jene so offenkundig determinierte Bewegung, die von gewissen Historikern in seltsamer Verblendung zum Inbegriff des zufälligen Ereignisses umgedeutet wurde – wurde durch zahlreiche, sehr unterschiedliche, sehr wirksame und weit zurückreichende Faktoren vorbereitet, die bereits ein Tocqueville vorausgeahnt hatte. Die Schießerei auf dem Boulevard des Capucines war nichts anderes als der letzte kleine Funke.

Zudem entgehen diese unmittelbaren Ursachen, wie wir sehen werden, nicht nur allzuoft der Beobachtung unserer Gewährsleute und damit auch der unsrigen, sondern stellen selbst einen Großteil des Unvorhersehbaren, »Zufälligen« in der Geschichte dar. Wir können uns freilich damit trösten, daß sie sich meist aufgrund der Mängel der historischen Zeugnisse ohnehin auch unseren scharfsinnigsten Erkenntnisinstrumenten entziehen. Aber selbst, wenn sie besser bekannt wären, dürfte ihr Zusammenwirken mit den großen Kausalketten der Entwicklung einen Rückstand an Kontingenz bilden, dessen Beseitigung unserer Wissenschaft nie gelingen wird [und den zu beseitigen sie auch nicht behaupten darf]. Befragen wir unsere Zeugen hingegen über die inneren Triebkräfte menschlicher Schicksale, über die wechselvolle Entwicklung von Mentalitäten oder Sensibilitäten, Techniken, sozialen oder ökonomischen Strukturen, so leiden sie viel weniger an den Unzulänglichkeiten momentaner Wahrnehmung. Was in der Geschichte am tiefgründigsten ist, könnte [in einer glücklichen Übereinstimmung, die schon Voltaire geahnt hatte,] durchaus auch das sein, was am sichersten erwiesen ist.

Darüber hinaus ist die Beobachtungsgabe nicht nur von Mensch zu Mensch sehr unterschiedlich ausgeprägt, sondern stellt auch von Gesellschaft zu Gesellschaft alles andere als eine Konstante dar. Sie war in manchen Epochen in geringerem Maß vorhanden als in anderen. So mittelmäßig etwa auch heute noch bei den meisten Menschen die Fähigkeit ausgebildet ist, Zahlen zu schätzen, ist sie doch nicht so durchgehend unzuverlässig wie bei den mittelalterlichen Annalenschreibern; unsere Wahrnehmung ist wie unsere gesamte Zivilisation in hohem Maß von der Mathematik geprägt. Und wären die Irrtümer der Zeugnisse letztlich nur auf Mängel des Sinnesapparates oder der Aufmerksamkeit zurückzuführen, bräuchte der Historiker ihre Untersuchung nur dem Psychologen zu überlassen. Von solchen kleinen, alltäglichen zerebralen Pannen einmal abgesehen, liegen vielen dieser Irrtümer hingegen Ursachen zugrunde, die über ein bestimmtes gesellschaftliches Klima Aufschluß geben. Aus diesem Grund haben diese Irrtümer [wie die Lüge] oft dokumentarischen Wert.

Im September 1917 hielt das Infanterieregiment, dem ich angehörte, die Schützengräben [des Chemin de Dames] nördlich der Kleinstadt Braine. In einem Handstreich machten wir einen Gefangenen. Es war ein Reservist, von Beruf Kaufmann und gebürtig aus Bremen (frz. *Brême*) an der Weser. Kurz darauf kam uns aus dem Hinterland eine merkwürdige Geschichte zu Ohren. »Die deutsche Spionage«, wußten diese gut informierten Kameraden zu berichten, »ist wirklich unglaublich! Wir haben mitten in Frankreich einen ihrer kleinen Agenten unschädlich gemacht. Und wen haben wir erwischt? Einen Kaufmann, der zu Friedenszeiten nur ein paar Kilometer entfernt lebte: in Braine.« Die Verschiebung liegt auf der Hand. Aber machen wir uns seine Erklärung nicht zu leicht. Ist diese Verwechslung wirklich bloß einem Hörfehler zuzuschreiben? Das wäre sicher recht ungenau. Denn der richtige Name wurde ja nicht falsch gehört, sondern falsch verstanden. Da er allgemein unbekannt war, achtete man nicht auf ihn und griff – ein ganz natürlicher geistiger Vorgang – an seiner Stelle zu einem vertrauten Namen. Darüber hinaus war in dieser ersten Deutung eine zweite, ebenfalls unbewußte Deutung bereits enthalten. Durch zahllose Berichte war die Vorstellung von der deutschen Hinterhältigkeit – die sich allzuoft bewahrheitet hatte – verbreitet worden; sie[a] kam der überhitzten

[a] ]; war nicht nur äußerst einprägsam, sondern[

Stimmung der Massen[a] entgegen. In diesem von Ängsten geprägten Klima war die Verwechslung von Bremen mit Braine zu naheliegend, um sich nicht spontan aufzudrängen.[b]

Dasselbe gilt für viele Verzerrungen historischer Zeugnisse. Der Irrtum hat meist schon von Anfang an eine bestimmte Tendenz. Er entsteht und verbreitet sich nur insofern, als er sich mit den Vorurteilen der öffentlichen Meinung deckt; so wird er [gleichsam] zum Spiegel, in dem sich das Kollektivbewußtsein betrachtet. Viele belgische Häuser weisen in ihren Fassaden kleine Aussparungen auf, die bei der Erneuerung des Verputzes das Aufstellen der Gerüste erleichtern sollen. Die deutschen [Soldaten] wären 1914 nie auf den Gedanken gekommen, in diesen unschuldigen Vorrichtungen der Maurer Schießscharten für Scharfschützen zu sehen, wenn ihre Phantasie nicht schon seit langem von der Angst vor Freischärlern beherrscht worden wäre. Die Gestalt der Wolken hat sich seit dem Mittelalter sicher nicht verändert. Wir erkennen aber in ihnen keine wundersamen Kreuze oder Schwerter mehr. Der von dem großen Ambroise Paré beobachtete Kometenschweif sah wahrscheinlich nicht anders aus als jene, die auch heute manchmal am Himmel stehen. Er meinte aber [in ihm] ein ganzes Arsenal fremdartiger Waffen zu erkennen. Der Gehorsam gegenüber dem allgegenwärtigen Vorurteil hatte über die gewohnte Genauigkeit seines Blicks den Sieg davongetragen. Sein Zeugnis gibt [wie viele andere auch] nicht Auskunft über das, was er tatsächlich sah, sondern über das, was man zu seiner Zeit für selbstverständlich hielt zu sehen.

Damit aber der Irrtum eines Zeugen zum Irrtum vieler Menschen, damit eine falsche Beobachtung zu einem falschen Gerücht werden kann, muß dessen Verbreitung durch einen be-

---

a ]genau[

b Vgl. diesen Absatz mit der entsprechenden Passage in *Histoire et historiens,* S. 161 f. (Dt.: Falschmeldungen im Krieg, S. 205 f.).

stimmten Zustand der Gesellschaft begünstigt werden. Nicht alle Gesellschaftstypen kommen dem in gleicher Weise entgegen. Die außergewöhnlichen Umwälzungen des gesellschaftlichen Lebens im Lauf der letzten Generationen stellen wundervolle Experimente zu diesem Thema dar. Das aktuelle Geschehen ist uns wohl noch zu nah, um exakt analysiert werden zu können. Der Krieg von 1914 bis 1918 ermöglicht etwas mehr Distanz.

Es ist allgemein bekannt, wie viele Falschmeldungen in diesen vier Jahren im Umlauf waren, vor allem bei den Frontkämpfern. Ihre Entstehung läßt sich am besten anhand der eigentümlichen Gesellschaft der Schützengräben untersuchen.

Propaganda und Zensur spielten dabei eine beträchtliche Rolle – die aber[a] den Erwartungen derer, die diese Einrichtungen geschaffen hatten, völlig zuwiderlief[b]. Wie ein Humorist so schön sagte: »In den Schützengräben herrschte die Meinung vor, daß alles wahr sein konnte bis auf das, was gedruckt werden durfte.« Man schenkte Zeitungen keinen Glauben und Briefen nicht viel mehr, da sie nicht nur unregelmäßig eintrafen, sondern auch – davon war man allgemein überzeugt – streng zensiert wurden. Daher kam es zu einer bemerkenswerten Renaissance der mündlichen Überlieferung, der Mutter aller Mythen und Legenden seit der Antike. Was auch der kühnste Experimentator nicht zu träumen gewagt hätte, brachten die Regierungen mit einem Schlag zuwege: Sie machten die vergangenen Jahrhunderte gewissermaßen ungeschehen und versetzten den Frontsoldaten zurück zu den Informationsmitteln und in die Denkweisen einer Epoche lange vor Zeitungen, Zeitschriften oder Büchern.

Für gewöhnlich entstanden Gerüchte nicht an vorderster Front. Dazu waren die kleinen Gruppen voneinander viel zu iso-

---

a ]im übrigen[

b ]. Ich hatte bereits oben Gelegenheit, auf diese Skepsis-Epidemie allem Geschriebenen gegenüber hinzuweisen[

liert. Dem Soldaten war es streng verboten, ohne Befehl seinen Platz zu verlassen, was ihm im übrigen nur unter Lebensgefahr möglich gewesen wäre. Hin und wieder kamen einzelne Reisende vorbei: Verbindungsleute[a], Telefonisten, die ihre Leitungen reparierten, Artilleriebeobachter. Diese bedeutenden Personen hatten nur wenig Umgang mit dem einfachen Schützen. Außerdem fand[b] ein weiterer, regelmäßiger Informationsaustausch statt, der noch wichtiger war. Den Anlaß dazu bot das tägliche Essenholen. Die Agora dieser kleinen Welt der Unterstände und Wachposten waren die Feldküchen. Hier kamen ein- oder zweimal täglich die Proviantmeister von allen Teilen des Frontabschnitts zusammen und plauderten untereinander oder mit den Köchen. Diese waren hervorragend informiert, weil sie sich an einem zentralen Umschlagplatz inmitten der Einheiten befanden und [zudem] das seltene Privileg genossen, täglich einige Worte mit den Schaffnern der Regimentszüge wechseln zu können, also mit den Glücklichen, deren Quartiere sich in nächster Nähe der Stäbe[c] befanden. So wurden an offenen Feuern unter freiem Himmel oder an den Herden der Feldküchen für einen Augenblick flüchtige Verbindungen zwischen ganz und gar ungleichen Kreisen geknüpft. Dann setzten sich die Küchendienste wieder in Marsch, und über Pisten und Laufgräben brachten sie mit ihren Töpfen die wahren oder falschen, auf jeden Fall aber fast immer verzerrten Nachrichten bis an die vorderste Front, wo sie sofort weiterverwertet wurden. Man hätte auf den Generalstabskarten unmittelbar hinter den verschlungenen Linien, die die vordersten Stellungen angeben, einen durchgehenden Streifen schraffieren können: die Zone der Legendenbildung[d].

---

a ]aller Art[

b ]aber[

c ]und manchmal sogar in der Nähe noch bewohnter Dörfer[

d ]. Hinzu kamen natürlich die Überbringer von Nachrichten aus größerer

Nun gab es im Lauf der Geschichte immer wieder Gesellschaften, in denen im großen und ganzen ähnliche Bedingungen herrschten, mit dem Unterschied freilich, daß sie nicht nur die kurzzeitige Folge einer außergewöhnlichen Krise waren, sondern zu den normalen Lebensumständen gehörten. Auch in diesen Gesellschaften funktionierte fast nur die mündliche Weitergabe von Informationen, und Kontakte zwischen den voneinander isolierten Bevölkerungsgruppen wurden ebenfalls fast nur von[a] spezialisierten Vermittlern oder an bestimmten Treffpunkten hergestellt. Fahrende Händler, Jongleure, Pilger oder Bettler erfüllten die Funktion der durch die Laufgräben[b] ziehenden Soldaten. Regelmäßige Zusammenkünfte fanden anläßlich von Märkten oder religiösen Festen statt. So war es zum Beispiel im Frühmittelalter. Die Klosterchroniken entstanden, indem man vorbeikommende Reisende wie Informanten nach Neuigkeiten ausfragte. Diese Chroniken hatten sehr viel Ähnlichkeit mit den Tagebüchern, die unsere Gefreiten hätten anlegen können, wenn sie dazu Lust gehabt hätten. Gesellschaften dieser Art sind immer schon ein hervorragender Nährboden für Falschmeldungen gewesen. Ein regelmäßiger Umgang zwischen den Menschen erleichtert den Vergleich zwischen verschiedenen Berichten. Außerdem weckt er den Geist der Kritik. Dagegen wird den Gerüchten eines Erzählers, der sich nur selten blicken läßt und auf beschwerlichen Wegen von weither angereist ist, ohne weiteres Glauben geschenkt.[c]

---

Ferne, die Fronturlauber nach ihrer Rückkehr. Das, was sie zu berichten wußten, kam allerdings aus der Welt der Zivilisten, die als die Welt der Propaganda galt. Man mißtraute ihr zutiefst[

a ]sozusagen[

b ]hin und her[

c ]Trotz allem sollte man diesen Vergleich nicht übermäßig strapazieren. Der Krieg war in vieler Hinsicht eine erstaunliche Regressionserfahrung. Eine Regression ist aber nie vollständig, und die Prägung durch eine jahrhunder-

## 3.
## VERSUCH EINER LOGIK DER KRITISCHEN METHODE[a]

Die Quellenkritik, die sich mit psychischen Sachverhalten auseinandersetzt, wird stets eine Kunst sein, die eines besonderen Fingerspitzengefühls bedarf. Es gibt für sie kein Rezeptbuch. Andererseits ist sie aber auch eine rationale Kunst, der die methodische Durchführung einiger grundlegender geistiger Operationen zugrundeliegt. Sie hat, mit einem Wort, ihre eigene Dialektik, die es herauszuarbeiten gilt.

Nehmen wir an, von einer verschwundenen Zivilisation wäre nur ein einziger Gegenstand erhalten geblieben; aufgrund der be-

telange mentale Entwicklung läßt sich nicht ohne weiteres rückgängig machen. Der Soldat von 1914–1918 war, was falsche Gerüchte betraf, außerordentlich leichtgläubig, allerdings nur, wie mir schien, für kurze Zeit. Seine Neugier galt natürlich vor allem den Nachrichten, die sein unmittelbares Schicksal betrafen – Ablösung, Verlegung an einen anderen Abschnitt, der bevorstehende Angriff. Seine Interessen waren aber viel weiter gestreut, seine Weltanschauung war weniger borniert oder lückenhaft als die eines Durchschnittsmenschen des Mittelalters. Wie gesagt, der Historiker befaßt sich mit der Gegenwart keineswegs in der Hoffnung, in ihr die genaue Nachbildung der Vergangenheit entdecken zu können. Er sucht in ihr lediglich nach den Mitteln, um jene besser verstehen und nachempfinden zu können. Dafür liefern uns die Falschmeldungen des Krieges, wenn ich mich nicht irre, ein durchaus brauchbares Beispiel.[

a Von diesem Titel an und bis ans Ende des Textes beziehen sich die Fußnoten auf Abänderungen, welche zwischen der Letztfassung, die einige eingeschobene handschriftliche Blätter bzw. maschinenschriftliche Blätter mit handschriftlichen Korrekturen enthält, und dem Typoskript ohne handschriftliche Korrekturen vorgenommen wurden.

sonderen Umstände seiner Auffindung kann er außerdem nicht in Beziehung zu anderen, nicht-menschlichen Spuren wie etwa den geologischen Schichten gesetzt werden (denn auch die unbelebte Natur läßt sich in diese Suche nach Zusammenhängen einbeziehen). Es wäre also völlig unmöglich, dieses einzigartige Relikt zu datieren oder eine Aussage über seine Echtheit zu treffen. Ein Datum kann nur rekonstruiert, ein Dokument nur überprüft und interpretiert werden, indem es in eine chronologische Abfolge oder in ein synchrones Ensemble eingeordnet wird. Mabillon begründete die Diplomatik, als er die Diplome der Merowinger sowohl untereinander als auch mit Texten verglich, die aus einer anderen Zeit stammten oder einer anderen Gattung angehörten; die Bibelexegese entstand aus der Gegenüberstellung der Evangelien. Die Arbeit des Vergleichs bildet die Grundlage nahezu jeder Kritik.

Die Ergebnisse solcher Vergleiche sind jedoch keineswegs vorhersehbar. Sie fördern notwendigerweise Ähnlichkeiten wie auch Unterschiede zutage. So kann, je nach Fall, die Übereinstimmung eines Zeugnisses mit benachbarten Zeugnissen völlig gegensätzliche Schlüsse nahelegen.

Betrachten wir zunächst den einfachen Fall eines Berichts. Marbot berichtet in seinen *Memoiren*, die so viele Herzen höher schlagen ließen, äußerst detailreich von einem Husarenstück, dessen Held er angeblich war. Ihm zufolge soll er in der Nacht vom 7. zum 8. Mai 1809 die aufgewühlten Fluten der über die Ufer getretenen Donau in einem Ruderboot überquert, einige österreichische Gefangene gemacht und zurück ans andere Ufer entführt haben. Wie soll man diese Anekdote überprüfen? Indem man andere Zeugnisse zu Hilfe nimmt. Die Befehlsbücher, Marschrouten und Kriegstagebücher der beteiligten Armeen liegen uns vor. Aus ihnen ist ersichtlich, daß die österreichische Einheit, deren Lager Marbot am linken Ufer entdeckt haben will, in der berühmten Nacht noch am anderen Ufer stand. Aus Napoleons Briefwechsel geht hervor, daß am 8. Mai das Hochwasser noch gar nicht eingesetzt hatte. Und schließlich fand sich ein von Marbot persönlich am 30. Juni 1809 verfaßtes Gesuch um Beförderung. Doch erwähnt er unter den Gründen, die er anführt, seine angebliche Heldentat vom Vormonat mit keinem Wort. Auf der einen Seite also die *Memoiren*, und auf der anderen mehrere Texte, die ihnen widersprechen. Diese beiden unvereinbaren Zeugnisse müssen nun gegeneinander abgewogen werden. Welche Alternative wird man für wahrscheinlicher halten: daß sich die Generalstäbe und der Kaiser selbst getäuscht (oder, Gott weiß warum, die Tatsachen bewußt verdreht) haben und sich der auf eine Beförderung hoffende Marbot von 1809 in übertriebener Bescheidenheit geübt hat oder daß sich Jahre danach der alte Haudegen, dessen Großsprecherei im übrigen allgemein bekannt ist, ein weiteres Mal über die Wahrheit hinweggesetzt hat? Jeder wird, ohne zu zögern, sagen: Die *Memoiren* haben wieder einmal gelogen.

In diesem Fall haben also die festgestellten Widersprüche eines der gegensätzlichen Zeugnisse entkräftet. Das eine mußte den anderen weichen. Das erforderte das universale Postulat der Logik; daß ein Ereignis zugleich geschehen und nicht geschehen kann, wird vom Prinzip des Widerspruchs unbarmherzig ausgeschlossen. Man begegnet mitunter Wissenschaftlern, die sich aus lauter Konzilianz damit abplagen, stets den Durchschnittswert gegensätzlicher Aussagen herauszufinden. Sie gleichen jenem Schüler, der, um das Quadrat von 2 befragt, von einem seiner Nachbarn »4« und vom anderen »8« eingeflüstert bekam und sich aus der Affäre ziehen wollte, indem er »6« sagte.

Es blieb also nur mehr die Entscheidung, welches der Zeugnisse zu verwerfen und welches zu bestätigen war. Sie wurde aufgrund einer psychologischen Analyse getroffen. Wir haben nacheinander bei jedem Zeugen die Gründe abgewogen, aus denen er vermutlich die Wahrheit gesagt, gelogen oder sich geirrt haben könnte. In diesem Fall traf es sich, daß diese Einschätzung von fast absoluter Evidenz war. Unter anderen Umständen wäre sie unweigerlich mit einem weit höheren Unsicherheitskoeffizienten behaftet gewesen. Schlußfolgerungen, die auf einer heiklen Dosierung von Motiven beruhen, erfordern zahllose Abstufungen vom unendlich Wahrscheinlichen bis zum gerade noch Glaubhaften.

[Doch nun zu Beispielen anderer Art.] Eine Urkunde, die behauptet, aus dem 13. Jahrhundert zu stammen, ist auf Papier geschrieben, während alle anderen bisher aufgefundenen Originale aus dieser Zeit aus Pergament bestehen. Die Gestalt ihrer Buchstaben unterscheidet sich deutlich vom Schriftbild der anderen Dokumente desselben Jahrhunderts. Ihr Text enthält zahlreiche Wörter und stilistische Wendungen, die vom üblichen Sprachgebrauch abweichen. Oder: Die Form eines angeblich altsteinzeitlichen Werkzeugs läßt ein Herstellungsverfahren erkennen, das unseres Wissens erst in viel jüngerer Zeit angewandt wurde. Wir werden zu dem Schluß kommen, daß die Urkunde und das Werkzeug Fälschungen sind. Wie im vorigen Fall beruht das negative Urteil auf einem Widerspruch, hier allerdings aus völlig verschiedenartigen Gründen.

Diesmal stützt sich die Argumentation auf die Überlegung, daß in ein und derselben Generation in ein und derselben Gesellschaft die Gepflogenheiten und Techniken einander viel zu sehr ähneln, als daß ein einzelner die Möglichkeit hätte, von dem, was allgemein üblich ist, merklich abzuweichen. Wir sind uns sicher, daß ein Franzose der Zeit Ludwigs VII. die Grundstriche seiner Buchstaben ungefähr so zog wie seine Zeitgenossen[a], daß er sich in etwa denselben Worten ausdrückte und dieselben Materialien verwendete wie sie. Und wenn ein Handwerker der Stämme des Magdalénien eine mechanische Säge zur Hand gehabt hätte, um seine Knochenspitzen abzusägen, dann gehen wir davon aus, daß sie auch von seinen Gefährten verwendet worden wäre. Das Postulat ist hier also soziologischer Natur. Es beruht auf den Begriffen der kollektiven Endosmose, des Drucks der großen Zahl und des Zwangs zur Nachahmung, deren Allgemeingültigkeit sich anhand einer durchgängigen Beobachtung der Menschheit zweifelsfrei bestätigt hat und die sich im großen und ganzen mit dem Begriff der Zivilisation decken.

Die Ähnlichkeit darf aber auch nicht zu groß sein. Sie würde dann nicht für das Zeugnis sprechen, sondern es im Gegenteil in Frage stellen.

Wer an der Schlacht von Waterloo teilgenommen hatte, wußte, daß Napoleon dort besiegt wurde. Einem allzu originellen Zeugen, der die Niederlage leugnen wollte, würden wir keinen Glauben schenken. Im übrigen bietet das Französische, wie wir wissen, nicht viele Möglichkeiten auszudrücken, daß Napoleon in Waterloo besiegt wurde, sofern man sich mit dieser einfachen und allgemeinen Feststellung begnügt. Doch was wäre davon zu

---

[a] Hier wäre vielleicht folgende Anmerkung Marc Blochs einzufügen: »In meiner Jugendzeit hörte ich einmal, wie sich ein überaus berühmter Gelehrter, der früher Direktor der École des Chartes war, rühmte: ›Ich kann die Schrift eines Manuskripts auf zwanzig Jahre genau datieren, ohne mich zu irren.‹ Er vergaß dabei nur eines: Viele Menschen, Schreiber, leben länger als vierzig Jahre, und auch wenn sich die Schrift in höherem Alter verändern mag, gleicht sie sich nur selten an die aufkommenden neuen Schriften an. Um das Jahr 1200 muß es also Schreiber gegeben haben, die noch als Sechzigjährige so schrieben, wie man es ihnen um 1150 gelehrt hatte. In der Tat hinkt die Geschichte der Schrift auf eigenartige Weise der Sprachgeschichte hinterher. Sie wartet immer noch auf ihren Diez – oder ihren Meillet.«

halten, wenn zwei tatsächliche oder angebliche Zeugen die Schlacht in genau denselben Formulierungen oder auch – bei voneinander abweichenden Wendungen – mit genau denselben Details beschrieben? Man würde daraus ohne zu zögern den Schluß ziehen, daß einer vom anderen abgeschrieben hat oder daß beide eine gemeinsame Vorlage benutzten. Unsere Vernunft sträubt sich eben gegen die Annahme, daß zwei Beobachter, die natürlich an verschiedenen Orten standen und verschieden aufmerksam waren, genau dieselben Einzelheiten hätten registrieren können bzw. daß zwei unabhängig voneinander arbeitende Schriftsteller aus den zahllosen Wörtern der französischen Sprache zufällig genau dieselben Ausdrücke in derselben Anordnung hätten auswählen können, um dasselbe zu erzählen. Wenn beide Berichte behaupten, unmittelbar die Wirklichkeit wiederzugeben, dann steht wohl fest, daß zumindest einer von ihnen lügt.

Betrachten wir nun zwei in Stein gehauene Kriegsszenen auf zwei antiken Monumenten. Sie beziehen sich auf verschiedene Feldzüge, die Art der Darstellung ist aber nahezu identisch. Der Archäologe wird sagen: »Sicher hat der eine Künstler den anderen plagiiert, sofern sich nicht beide an ein traditionelles Modell gehalten haben.« Es spielt dabei keine Rolle, ob zwischen den Kriegen nur wenig Zeit lag oder ob sich Gegner gegenüberstanden, die denselben Völkern angehörten – Ägypter gegen Hethiter, Assur gegen Elam. Wir wehren uns ganz einfach gegen den Gedanken, bei der unendlichen Vielfalt menschlichen Verhaltens könnten sich anläßlich zweier unterschiedlicher Ereignisse, die zu verschiedenen Zeitpunkten stattfanden, genau dieselben Gesten wiederholt haben. Wenigstens eine der beiden Darstellungen – wenn nicht beide – ist als Zeugnis für die kriegerischen Ereignisse, die sie zu beschreiben vorgibt, eine glatte Fälschung.

Damit bewegt sich die Kritik zwischen den beiden Extremen

einer Ähnlichkeit, die das Zeugnis als zuverlässig ausweist, und einer Ähnlichkeit, die es verwirft. Denn zufälliges Zusammentreffen hat seine Grenzen, und soziale Übereinstimmung ist im allgemeinen ziemlich grobmaschig. Anders gesagt, wir gehen davon aus, daß in der Welt und in der Gesellschaft genügend Gleichförmigkeit herrscht, um die Eventualität allzu markanter Abweichungen auszuschließen. Diese Gleichförmigkeit beruht jedoch unserer Auffassung nach auf sehr allgemeinen Merkmalen. Sobald man etwas weiter in die Wirklichkeit vordringt, bedingt und gewissermaßen umfaßt sie eine Anzahl möglicher Kombinationen, die zu nahe an Unendlich liegt, als daß eine spontane Wiederholung vorstellbar wäre. Dazu bedürfte es eines bewußten Akts der Nachahmung. Somit stützt sich die Kritik der Aussage letztlich auf eine instinktive Metaphysik des Ähnlichen und des Unähnlichen, des Einen und des Vielen.

Hat sich die Annahme bestätigt, daß kopiert wurde, bleibt nur mehr die Richtung zu ermitteln, in der die Einflußnahme erfolgt ist. Haben die beiden fraglichen Urkunden aus einer gemeinsamen Quelle geschöpft? Oder wenn man annimmt, eine der beiden könnte das Original sein: Welcher von ihnen gebührt diese Ehre? Manchmal liefern äußere Kriterien die Antwort, etwa die ungefähren Entstehungszeiten, sofern sie ermittelt werden können. Fehlen solche Hilfsmittel, wird man auf die psychologische Analyse zurückgreifen, die sich auf immanente Merkmale des Gegenstandes oder Textes stützt.

[Selbstverständlich gelten für sie keine mechanisch anwendbaren Regeln. Soll man es etwa manchen Gelehrten gleichtun und dem Grundsatz folgen, daß die Bearbeiter ständig neue Details hinzuerfinden, so daß der schlichteste und am wenigsten unwahrscheinliche Text stets auch der älteste sein müßte? Das trifft manchmal zu. Die Zahl der von einem assyrischen König besiegten Feinde steigt von Inschrift zu Inschrift maßlos an. Es kommt aber auch vor, daß sich die Vernunft solchen Übertreibungen widersetzt. Die unglaublichste *Passion* des hl. Georg ist zugleich auch die älteste; in den aufeinanderfolgenden Neufassungen des ursprünglichen Textes verzichteten die Bearbeiter zunächst auf das eine, dann auf das andere Detail, dessen übertriebene Phantastik ihnen mißfiel. Es gibt also unterschiedliche Arten der Nachahmung. Sie sind individuell verschieden, aber auch generationsspezifischen Moden unterworfen. Genausowenig wie jede andere mentale Haltung dürfen sie unter dem Vorwand, daß sie uns als »natürlich« erscheinen, einfach vorausgesetzt werden.]

[Zum Glück] verraten sich die Plagiatoren häufig durch ihr Ungeschick. Wenn sie ihre Vorlage nicht verstehen, lassen ihre Fehlgriffe den Schwindel auffliegen. Versuchen sie, ihre Anleihen zu vertuschen? Dann werden ihnen ihre stümperhaften Strategien zum Verhängnis. Ich kannte einen Schüler, der während einer Schularbeit ständig auf das Heft seines Nachbarn schielte und dessen Sätze sorgfältig von hinten nach vorne abschrieb; durchaus konsequent verwandelte er dabei die Subjekte in Prädikate und das Aktiv ins Passiv. Er erreichte damit nur, daß sein Lehrer ein ausgezeichnetes Übungsbeispiel für historische Kritik geliefert bekam.

Eine Nachahmung zu entlarven bedeutet, daß dort, wo wir glaubten, es mit zwei oder mehr Zeugen zu tun zu haben, nur einer übrigbleibt. Zwei Zeitgenossen Marbots, Graf Ségur und General Pelet, haben auf ähnliche Weise von der angeblichen Überfahrt über die Donau berichtet. Ségur kam aber nach Pelet, hat ihn gelesen und wohl auch von ihm abgeschrieben. Pelet selbst schrieb zwar vor Marbot, war aber mit ihm befreundet und hat ihn zweifellos mit seinen fiktiven Ruhmestaten prahlen gehört; der unermüdliche Schwadroneur tat ja alles, um seine Umgebung zu täuschen und damit auch die Nachwelt hinters Licht zu führen. Marbot bleibt also unser einziger Gewährsmann, da jene, die ihn zu bestätigen scheinen, nur nachsprachen, was er bereits gesagt hatte. Wenn Livius von Polybios abschreibt – und dabei ausschmückt –, dann ist Polybios unsere alleinige Autorität. Wenn Einhard vorgibt, Karl den Großen zu beschreiben, dabei aber Suetons Porträt von Augustus abkupfert, dann bleibt eigentlich kein Zeuge mehr übrig.

[Schließlich] kommt es mitunter vor, daß sich hinter dem angeblichen Zeugen ein Souffleur versteckt, der ungenannt bleiben möchte. Robert Lea* stellte bei seinen Untersuchungen über die Templerprozesse folgendes fest: Wenn zwei Angeklagte aus zwei verschiedenen Häusern von ein und demselben Inquisitor verhört wurden, gestanden sie durchweg dieselben Abscheulichkeiten und Gotteslästerungen. Stammten sie aber aus demselben Haus und wurden sie von verschiedenen Inquisitoren befragt, stimmten ihre Geständnisse nicht mehr überein. Daraus läßt sich der eindeutige Schluß ziehen, daß der Richter ihre Aussagen diktierte. Für diese Eigentümlichkeit könnten die Annalen der Justiz, wie mir scheint, noch zahlreiche weitere Beispiele liefern.

Die Bedeutung dessen, was man das Prinzip der begrenzten Ähnlichkeit nennen könnte, für die kritische Reflexion stellt sich nirgends interessanter dar als in einem seiner jüngsten Anwendungsbereiche: der statistischen Kritik.

Angenommen, ich untersuche die Preisentwicklung für einen bestimmten Zeitraum in einer kohärenten Gesellschaft, in der

* A. d. H.: Gemeint ist der amerikanische Historiker Henry Charles Lea.

reger Handel herrscht. Nach mir führen ein zweiter, dann ein dritter Forscher dieselbe Untersuchung durch, greifen dabei aber auf andere Unterlagen zurück, die auch untereinander verschieden sind: andere Rechnungsbücher, andere Preislisten. Jeder berechnet für sich von einer gemeinsamen Grundlage aus seine jährlichen Durchschnittswerte und Indizes und stellt sie graphisch dar. Die drei Kurven sind ungefähr deckungsgleich. Man wird daraus den Schluß ziehen, daß jede von ihnen die Preisbewegung im wesentlichen zutreffend wiedergibt. Warum?

Der Grund dafür liegt nicht nur darin, daß große Preisbewegungen in einem homogenen ökonomischen Milieu zwangsläufig einem ungefähr einheitlichen Rhythmus unterliegen. Bereits diese Überlegung müßte krass voneinander abweichende Kurven als zweifelhaft erscheinen lassen; sie bietet uns allerdings keine Gewähr dafür, daß unter allen möglichen Verläufen der übereinstimmende Verlauf unserer drei Graphiken nur deshalb der richtige sein muß, weil sie miteinander übereinstimmen. Wenn ich etwas auf drei ähnlich manipulierten Waagen wiege, erhalte ich jeweils dasselbe Resultat, und es wird falsch sein. Die Überlegung beruht hier vielmehr auf einer Analyse des Irrtumsmechanismus. Von keiner der drei Preislisten darf angenommen werden, sie sei völlig frei von kleineren Irrtümern. Sie sind im Bereich der Statistik fast unvermeidlich. Nehmen wir sogar an, dem Forscher seien keine Fehler unterlaufen (ganz zu schweigen von wirklich groben Schnitzern; wer von uns würde von sich zu behaupten wagen, daß er sich noch nie im fürchterlichen Labyrinth der alten Maßeinheiten verirrt hat?). Ganz gleich, welche unglaubliche Umsicht man dem Forscher zubilligen mag, es bleiben immer noch die Fallstricke, die in den Dokumenten selbst lauern: Manche Preise wurden vielleicht aus Nachlässigkeit oder Unaufrichtigkeit falsch notiert, andere waren nur Ausnahmen (zum Beispiel Freundschaftspreise oder, umgekehrt,

Wucherpreise); beides kann die Durchschnittswerte verfälschen. Die Preislisten, in denen die auf den Märkten geltenden Mittelkurse festgehalten wurden, dürften nicht immer mit der allergrößten Sorgfalt erstellt worden sein. Die große Zahl der Preisangaben gleicht aber diese Irrtümer wieder aus. Es ist nämlich äußerst unwahrscheinlich, daß sie stets dieselbe Tendenz hatten. Wenn also die anhand unterschiedlicher Daten gewonnenen Ergebnisse durch ihre Übereinstimmung einander bestätigen, dann im Grunde genommen deshalb, weil wir eine Übereinstimmung der Nachlässigkeiten, kleinen Schwindeleien und Gefälligkeiten zurecht für undenkbar halten. Gerade die irreduzible Diversität der Zeugen läßt darauf schließen, daß die Übereinstimmung, die sich zwischen ihnen letztlich ergab, nur von einer Wirklichkeit herrühren kann, deren grundlegende Einheitlichkeit in diesem Fall außer Zweifel stand.

Die Reagenzien, die zur Überprüfung eines Zeugnisses dienen, dürfen nicht mechanisch gehandhabt werden. Fast alle rationalen Grundsätze, fast alle Erfahrungswerte, von denen sie sich leiten läßt, stoßen, sobald man sie konsequent weiterdenkt, an ihre Grenzen in gegensätzlichen Grundsätzen und Erfahrungswerten. Wie jede Logik, die diesen Namen verdient, hat auch die historische Kritik ihre – zumindest scheinbaren – Antinomien.

Damit ein Zeugnis als echt gelten kann, muß es eine gewisse Ähnlichkeit mit benachbarten Zeugnissen aufweisen; das verlangt, wie wir gesehen haben, die Methode. Würde es aber noch Entdeckungen geben, wenn man diese Vorschrift wörtlich nähme? Wer Entdeckung sagt, sagt nämlich auch Überraschung und Unähnlichkeit. Eine Wissenschaft, die sich mit der Feststellung zufriedengäbe, daß sich alles immer so entwickelt wie erwartet, wäre weder nützlich noch sonderlich spannend. Bis heute wurde keine einzige Urkunde in französischer Sprache (und nicht, wie zuvor, in Latein) gefunden, die aus der Zeit vor 1204 stammt. Stellen wir uns vor, morgen legte ein Forscher eine französische Urkunde vor, die mit 1180 datiert wäre. Würde man[a] daraus schließen, daß das Dokument falsch sei, oder daß unsere Kenntnisse unzureichend waren?

Im übrigen ist der Eindruck, es bestehe ein Widerspruch zwischen einem neuen Zeugnis und seinem Umfeld, möglicherweise nicht nur darauf zurückzuführen, daß wir an einer vorübergehenden Wissenslücke leiden; möglicherweise stimmt es tatsächlich nicht mit ihm überein. Die soziale Gleichförmigkeit ist nicht so stark, daß ihr nicht manche Menschen oder kleine Gruppen entkommen könnten. Wird man die gesicherten Entstehungszeiten der *Provinciales* oder der *Montagne Sainte-Victoire* mit der Begründung in Zweifel ziehen, daß Pascal anders schrieb als Arnauld und Cézanne anders malte als Bouguereau? Wird man die ältesten Bronzewerkzeuge als Fälschungen abtun, weil die meisten Bodenfunde aus dieser Zeit nur Steinwerkzeuge enthalten?

Diese Trugschlüsse sind keineswegs erfunden. Die Liste historischer Tatsachen, die von der wissenschaftlichen Routine zunächst geleugnet wurden, weil sie überraschend waren, wäre lang: vom ägyptischen Tierkult, über den sich Voltaire so sehr belustigte, bis zu den menschlichen Überresten aus dem Tertiär. Bei näherer Betrachtung zeigt sich aber, daß das methodologische Paradox nur ein oberflächliches ist. Das Kriterium der Ähnlichkeit wird keineswegs außer Kraft gesetzt. Wichtig ist nur, daß eine genauere Analyse die möglichen Abweichungen von den notwendigen Ähnlichkeiten unterscheidet. Denn jede individuelle Originalität hat ihre Grenzen. Der Stil Pascals ist zwar unverwechselbar, doch Grammatik und Wortschatz sind die seiner

a ]ohne weiteres[

Zeit. Unsere fiktive Urkunde von 1180 mag sich durch die Verwendung einer noch nicht gebräuchlichen Sprache von den anderen bisher bekannten Urkunden dieser Zeit unterscheiden; damit sie aber als echt gelten kann, muß ihr Französisch im großen und ganzen dem durch literarische Texte belegten Sprachzustand dieser Zeit entsprechen, und die in ihr erwähnten Institutionen müssen mit den damals existierenden übereinstimmen.

Daher gibt sich ein richtig verstandener kritischer Vergleich nicht damit zufrieden, nur jene Zeugnisse einander gegenüberzustellen, die zeitlich auf einer Ebene liegen. Menschliche Phänomene sind stets Glieder einer Kette, die sich über einen längeren Zeitraum erstreckt. Sollte eines Tages ein zweiter Vrain-Lucas der Akademie wieder ein Konvolut von Originalbriefen vorlegen und behaupten, Pascal habe lange vor Einstein die Allgemeine Relativitätstheorie entdeckt, werden wir von vornherein sicher sein können, daß es sich um Fälschungen handelt. Nicht, daß Pascal unfähig gewesen wäre herauszufinden, was seine Zeitgenossen nicht herausgefunden haben. Die Relativitätstheorie schließt aber an eine lange vor ihr begonnene Entwicklung mathematischer Spekulationen an, und kein Mensch, so überragend und genial er auch gewesen sein mag, wäre imstande gewesen, diese Arbeit vieler Generationen alleine zu leisten. Als jedoch gewisse Gelehrte angesichts der ersten Entdeckungen altsteinzeitlicher Höhlenmalerei deren Echtheit oder Entstehungszeit mit der Begründung in Zweifel zogen, eine solche Kunst könne unmöglich zu solcher Blüte gelangt und danach wieder verschwunden sein, dachten diese Skeptiker falsch: Es gibt eben Ketten, die abreißen, und Zivilisationen sind sterblich.

Wenn man liest, schreibt sinngemäß Pater Delehaye, daß die Kirche an ein und demselben Tag das Fest zweier ihrer Diener begeht, die beide in Italien gestorben sind, beide durch die Lektüre von Heiligenviten bekehrt wurden, beide einen Orden gründeten, dem sie denselben Namen gaben, und daß diese beiden Orden obendrein von zwei gleichnamigen Päpsten aufgehoben wurden, dann ist wohl jedermann versucht zu sagen, daß hier ein und dieselbe Person irrtümlich unter zwei verschiedenen Namen ins Martyrologium aufgenommen wurde. Dennoch ist es eine Tatsache, daß beide sich unter dem Eindruck frommer Biographien dem Ordensleben verschrieben haben, daß der hl. Johannes Colombini den Jesuatenorden und der hl. Ignatius von Loyola den Jesuitenorden gründete, daß beide an einem 31. Juli starben – der erste 1367 bei Siena, der andere 1556 in Rom – und daß die Jesuaten von Papst Klemens IX. und die Gesellschaft Jesu von Klemens XIV. aufgehoben wurden. Ein verblüffendes Beispiel. Es ist wohl kein Einzelfall. Sollte jemals eine Naturkatastrophe das philosophische Werk der letzten Jahrhunderte bis auf wenige kärgliche Überbleibsel vernichten, wieviel Kopfzerbrechen würde den Gelehrten die Existenz zweier Denker bereiten, die beide Engländer waren, beide Bacon hießen und obendrein[a] in ihren Lehren der experimentellen Erkenntnis besondere Bedeutung beimaßen? So hat Pais* viele altrömische Überlieferungen nur oder fast nur deshalb als Legenden abgetan, weil in ihnen stets dieselben Namen in Zusammenhang mit ähnlichen erzählerischen Motiven vorkommen. Bei allem Respekt vor der Kritik des Plagiats, die in ihrem Kern ja die Möglichkeit zufälliger Wiederholungen von Ereignissen oder Wörtern bestreitet, gehören derartige Koinzidenzen zu den Launen der Geschichte, die sich nicht beseitigen lassen.

Es genügt aber nicht, die Möglichkeit solcher zufälligen Übereinstimmungen prinzipiell anzuerkennen. Gäbe sich die Kritik

---

a ]– freilich im Abstand von über dreihundert Jahren, aber wahrscheinlich werden auch diese Daten für erfunden gehalten werden –[

* A. d. H.: Gemeint ist Ettore Pais: *Ancient Legends of Roman History.* New York 1905.

mit einer solchen Feststellung zufrieden, müßte sie ewig zwischen Für und Wider schwanken. Damit der Zweifel zu einem Erkenntnisinstrument werden kann, muß in jedem einzelnen Fall der Wahrscheinlichkeitsgrad der jeweiligen Kombination einigermaßen genau beurteilt werden. Hier kreuzt sich der Weg der Geschichtsforschung – wie auch vieler anderer geisteswissenschaftlicher Fächer – mit dem Königsweg der Wahrscheinlichkeitstheorie.

Die Wahrscheinlichkeit eines Ereignisses zu berechnen heißt, die Chance seines Eintretens abzuschätzen.[a] Ist es unter dieser Voraussetzung legitim, von der Möglichkeit eines vergangenen Geschehens zu sprechen? In einem absoluten Sinn natürlich nicht. Nur die Zukunft ist ungewiß. Die Vergangenheit ist etwas Gegebenes, in dem das Mögliche keinen Platz mehr hat. Bevor die Würfel fallen, beträgt die Wahrscheinlichkeit, daß eine der Seiten oben zu liegen kommt, eins zu sechs. Ist der Knobelbecher geleert, hat sich das Problem erledigt. Es mag zwar sein, daß wir uns später fragen, ob an diesem Tag die Drei oder die Fünf gewürfelt wurde. Die Ungewißheit liegt aber dann bei uns, bei unserem Gedächtnis oder dem unserer Zeugen, und nicht in den Dingen selbst.

Näher betrachtet, ist die Verwendung des Wahrscheinlichkeitsbegriffs durch die Geschichtsforschung jedoch kein Widerspruch[b]. Was tut denn der an der Wahrscheinlichkeit eines vergangenen Ereignisses interessierte Historiker anderes, als sich mit einem kühnen geistigen Sprung in die Zeit vor diesem Ereig-

---

a Dieser Absatz und die sieben folgenden liegen auf den drei Manuskriptblättern III-32, III-33 und III-34 vor. Ihr Text ist identisch mit dem des unkorrigierten Typoskripts.

b ]zu den vorangegangenen Definitionen[

nis zurückzuversetzen, um die Chancen abzuschätzen, die es unmittelbar vor seinem Eintreten hatte? Die Wahrscheinlichkeit bezieht sich also sehr wohl auf die Zukunft. Da aber die Linie der Gegenwart gleichsam gedanklich nach rückwärts verschoben wurde, handelt es sich um eine ehemalige Zukunft, die zu einem guten Teil aus dem besteht, was für uns jetzt Vergangenheit ist. Hat das Ereignis unbestreitbar stattgefunden, sind diese Spekulationen nicht viel mehr als metaphysische Spielereien. Wie wahrscheinlich war es, daß Napoleon geboren wurde oder daß der Gefreite Adolf Hitler 1914 von den französischen Kugeln verschont blieb? Es ist nicht verboten, sich mit solchen Fragen die Zeit zu vertreiben. Sofern man sie nur als das versteht, was sie wirklich sind: bloße Sprachexperimente, die das Zufällige und Unvorhersehbare in der Entwicklung der Menschheit veranschaulichen sollen. Mit der Kritik der Aussage haben sie nichts zu tun. Wie verhält es sich aber, wenn wir nicht wissen, ob das Ereignis überhaupt stattgefunden hat? Bezweifeln wir zum Beispiel, daß ein Autor zahlreiche Motive und Wörter eines anderen Berichts von sich aus wiederholt haben kann, ohne ihn abgeschrieben zu haben? Oder fragen wir uns, ob der Zufall oder irgendeine prästabilierte göttliche Harmonie den Umstand hinreichend erklären kann, daß die *Protokolle der Weisen von Zion* eine frappierende Ähnlichkeit mit den Pamphleten eines obskuren Polemikers des Zweiten Kaiserreichs* aufweisen? Je nachdem, ob diese Übereinstimmungen vor der Abfassung des betreffenden Textes mit einem mehr oder weniger hohen Wahrscheinlichkeitskoeffizienten behaftet waren, werden wir heute deren Wahrscheinlichkeit entweder bestätigen oder bestreiten.

Dennoch beruht die Mathematik des Zufalls auf einer Fiktion.

* A. d. H.: Gemeint ist Maurice Joly: *Dialogue aux enfers entre Montesquieu et Machiavel.* Genf 1864.

Sie verlangt, daß in allen möglichen Fällen von Anfang an dieselben Bedingungen herrschen: Eine besondere Ursache, die die eine oder andere Möglichkeit von vornherein begünstigen würde, wäre ein Fremdkörper in der Rechnung. Der Würfel der Theoretiker ist perfekt austariert; würde man an einer seiner Seiten ein Schrotkügelchen anbringen, hätten die Spieler nicht mehr dieselben Chancen. Bei der Kritik der Aussage sind hingegen fast alle Würfel gefälscht. Ständig spielen äußerst schwer zu beurteilende menschliche Faktoren herein, die als Zünglein an der Waage eine der Möglichkeiten als die glaubwürdigere erscheinen lassen.

Ein historisches Fach bildet allerdings eine Ausnahme: die Linguistik oder zumindest jener Zweig, der sich mit den Verwandtschaftsbeziehungen zwischen den Sprachen beschäftigt. Diese Forschungsrichtung unterscheidet sich zwar erheblich von kritischen Ansätzen im engeren Sinn, hat aber mit vielen von ihnen gemeinsam, daß sie Filiationen zu ermitteln sucht. Überdies kommen die Sachverhalte, mit denen sie sich beschäftigt, der grundlegenden Gleichheitsregel, die wir aus der Zufallstheorie kennen, außerordentlich nahe. Diesen Umstand verdankt sie den Eigentümlichkeiten sprachlicher Phänomene. Tatsächlich reduziert nicht nur die unermeßliche Zahl möglicher Lautkombinationen die Wahrscheinlichkeit ihrer zufälligen und gehäuften Wiederholung in verschiedenen Sprachen auf ein Minimum; noch wichtiger ist, daß die diesen Kombinationen zugeordneten Bedeutungen, von einigen wenigen Lautmalereien abgesehen, völlig arbiträr sind. Daß die sehr ähnlich klingenden Lautverbindungen *tü* oder *tu* (je nachdem, ob man »tu« auf französisch oder auf lateinisch ausspricht) [ganz offensichtlich] zur Bezeichnung der zweiten Person dienen, geht aus keinem Vorstellungszusammenhang zwingend hervor. Stellt man also fest, daß sie diese Funktion sowohl im Französischen, als auch im Italienischen, Spanischen und Rumänischen erfüllen, und beobachtet man zugleich eine Fülle weiterer, ebenfalls irrationaler Übereinstimmungen zwischen diesen Sprachen, dann wird die einzige vernünftige Erklärung darin zu suchen sein, daß das Französische, Italienische, Spanische und Rumänische eine gemeinsame Wurzel haben. Da die verschiedenen Möglichkeiten in menschlicher Hinsicht indifferent waren, gab bei der Entscheidung eine fast reine Wahrscheinlichkeitsrechnung den Ausschlag.

Diese Einfachheit ist aber keineswegs die Regel.

Mehrere Diplome eines mittelalterlichen Herrschers, die verschiedene Angelegenheiten betreffen, enthalten dieselben Wörter und Wendungen. Es sei daher anzunehmen, behaupten fanatische Vertreter der sogenannten *Stilkritik**, daß sie von ein und demselben Notar verfaßt wurden. Einverstanden, sofern nur der Zufall seine Hand im Spiel hätte. Das ist aber nicht der Fall. Jede Gesellschaft und, mehr noch, jede kleine Berufsgruppe hat ihre sprachlichen Gewohnheiten. Es genügt also nicht, die Punkte aufzuzählen, in denen Ähnlichkeit besteht. Außerdem müßten unter ihnen die seltenen von den gebräuchlichen unterschieden werden. Nur wirklich ungewöhnliche Ausdrücke verraten einen Autor – vorausgesetzt natürlich, sie wiederholen sich oft genug. Der Irrtum liegt hier darin, daß allen Elementen des Textes das gleiche Gewicht beigemessen wird, als ob ihre jeweils unterschiedlichen sozialen Präferenzkoeffizienten nicht die Schrotkügelchen wären, die die Chancengleichheit zunichte machen.

Eine ganze wissenschaftliche Schule befaßt sich seit dem frühen 19. Jahrhundert mit der Überlieferung literarischer Texte. Das Prinzip ist einfach. Angenommen, es existieren drei Hand-

* A. d. H.: Deutsch im Text. Vgl. hierzu Marc Blochs Kritik an einem Buch von Percy Ernst Schramm, *Kaiser, Rom und Renovatio* (1929); dt. Übers. in: Peter Schöttler (Hg.): *Marc Bloch – Historiker und Widerstandskämpfer*. Frankfurt/New York 1999, S. 257–260.

schriften eines Werks: B, C und D. Man stellt fest, daß alle drei dieselben, offenkundig falschen Lesarten enthalten (das ist die älteste, die von Lachmann entwickelte Fehlermethode). Oder allgemeiner: Man entnimmt den drei Handschriften dieselben Lesarten, die falsch oder richtig sein können, sich aber meist von denen anderer Handschriften unterscheiden (das ist die umfassende Bestandsaufnahme der Varianten nach Dom Quentin). In beiden Fällen wird man zu dem Schluß kommen, daß die Handschriften miteinander »verwandt« sind, d. h., je nach Fall, entweder in einer noch zu bestimmenden Reihenfolge voneinander abgeschrieben wurden oder über spezielle Filiationen auf eine gemeinsame Vorlage zurückgehen. Denn es ist anzunehmen, daß derartige Übereinstimmungen kein Werk des Zufalls sein können. Zwei Beobachtungen, die erst vor relativ kurzer Zeit gemacht wurden, haben die Textkritik allerdings dazu gezwungen, die fast mechanisch anmutende Beweiskraft ihrer ursprünglichen Schlußfolgerungen in vielen Punkten abzuschwächen.

Mitunter korrigierten die Kopisten ihre Vorlagen. Auch wenn sie unabhängig voneinander arbeiteten, dürften ihnen gemeinsame Denkgewohnheiten in vielen Fällen ähnliche Schlüsse nahegelegt haben. Terenz verwendet irgendwo das Wort *raptio*, das äußerst selten ist. Zwei Schreiber, die es nicht verstanden, ersetzten es durch *ratio*, das zwar keinen Sinn ergibt, ihnen aber vertraut war. Mußten sie sich dafür abgesprochen oder voneinander abgeschrieben haben? Hier handelt es sich also um eine Art Fehler, aus der wir über die »Genealogie« der Handschriften nichts erfahren können. Andererseits: Warum sollte der Kopist immer nur eine einzige Vorlage verwendet haben? Es stand ihm durchaus frei, sofern ihm das möglich war, mehrere Exemplare zu benutzen und eine bestmögliche Auswahl aus ihren Varianten zu treffen. Das war im Mittelalter, als die Bibliotheken schlecht bestückt waren, sicher die große Ausnahme, scheint aber in der Antike viel häufiger der Fall gewesen zu sein. Welchen Platz soll man diesen inzestuösen Produkten mehrerer verschiedener Überlieferungen auf den schönen Jephtabäumen zuweisen, die kritischen Ausgaben gewöhnlich vorangestellt werden? Im Spiel der zufälligen Übereinstimmungen manipuliert der Wille des Einzelnen genauso den reinen Zufall wie der Druck kollektiver Kräfte.

[Was taten wir anderes, als eine Wahrscheinlichkeitsrechnung anstellen, als wir vorhin in der Übereinstimmung statistischer Kurven die unwiderlegbare Bestätigung ihrer Richtigkeit fanden? Daß Abweichungen einander aufheben können, gehört zu den klassischen Kapiteln der Zufallstheorie. Aber auch hier sollten wir im Auge behalten, daß der menschliche Wille seine Hand im Spiel haben kann. Wir gingen von Abweichungen aus, die in unterschiedliche Richtungen gehen. Das ist bei Urkunden, Rechnungsbüchern oder Preislisten der Normalfall. Es gibt aber auch Fehler, die auf Absprache beruhen. Im 17. und 18. Jahrhundert bürgerte es sich allmählich ein, daß die Bauern in Frankreich bestimmte Abgaben, die ursprünglich in Naturalien vorgeschrieben waren, nur mehr in barer Münze entrichteten. Für ihre Erhebung mußten jedes Jahr Vergleichstabellen erstellt werden, die sich im wesentlichen an den marktüblichen Preisen orientierten; in ihnen wurde zum Beispiel festgelegt, daß in diesem Jahr ein Scheffel Korn so und so viele *Livres* und *Sous* wert sein würde. Die Grundherren waren natürlich daran interessiert, möglichst hohe Preise festschreiben zu lassen. Immer dann, wenn die mit der Erstellung dieser Listen beauftragte Autorität von den Grundherren abhängig war oder dieselben Interessen hatte wie sie, dürften die Zahlen also verfälscht sein. Wenn wir uns heute bei der Rekonstruktion einstiger Preise auf derartige Quellen stützen, besteht somit das Risiko, daß die Übereinstimmung der Kurven nichts anderes aussagt als ihre gemeinsame Verzerrung; ihr Schwanken spiegelt dann lediglich die wechselhafte Spruchpraxis kleiner Provinzgerichte wider. Ähnliche Überlegungen gelten auch für so manche Zollstatistik oder für in Kaufverträgen angeführte Immobilienpreise: Um Steuern zu sparen, werden in ihnen die tatsächlich bezahlten Beträge gewöhnlich heruntergesetzt. Was wären die Gesetze des Losentscheids, wenn sich die weißen oder roten Kugeln miteinander verständigen und die Reihenfolge bestimmen könnten, in der sie aus dem Beutel genommen werden?][a]

So sind, wie schon Volney und mit ihm die gesamte Philosophie des 18. Jahrhunderts erkannte, die meisten Probleme der historischen Kritik Wahrscheinlichkeitsprobleme – aber solche, die auch das subtilste Kalkül nicht zu lösen vermag. Das liegt nicht nur daran, daß die Gegebenheiten außerordentlich komplex sind und sich in den meisten Fällen auch gar nicht mathematisch darstellen lassen. Wie sollte man zum Beispiel die Beliebtheit, die ein Wort oder ein Brauch in einer bestimmten Gesellschaft genießt, in Zahlen ausdrücken? Wir werden unsere Probleme nicht auf die Kunst eines Fermat, Laplace oder Émile Borel abwälzen können. Da diese Kunst aber gleichsam die unerreichbare Grenze unserer Logik darstellt, können wir sie zumindest ersuchen, uns von höherer Warte aus zu helfen, unsere Argumentationsweise besser zu analysieren und besser anzuwenden.

Wer keinen persönlichen Umgang mit Gelehrten hat, kann sich nur schwer vorstellen, wie sehr es ihnen gewöhnlich widerstrebt, sich mit der Unschuld einer zufälligen Übereinstimmung abzu-

[a] Aus unbekannten Gründen fehlt dieser Absatz in der von Lucien Febvre besorgten Ausgabe. Beim Typoskript dieser Passage handelt es sich um die maschinenschriftliche Fassung eines handschriftlichen Blattes mit der Paginierung III-37. Weder Original noch Durchschlag weisen handschriftliche Korrekturen auf.

finden. Haben wir nicht einen verdienstvollen deutschen Wissenschaftler behaupten sehen, die Lex Salica müsse von Chlodwig stammen, weil in ihr und in einem Edikt des Königs zwei ähnliche Ausdrücke vorkommen?* Sehen wir einmal von der Banalität der in den beiden Texten verwendeten Wörter ab. Schon eine oberflächliche Kenntnis mathematischer Theorie hätte einen solchen Trugschluß verhindern können. Wenn nämlich der Zufall freie Hand hat, liegt die Wahrscheinlichkeit einer einzelnen Übereinstimmung oder einiger weniger Übereinstimmungen nur selten im Bereich des Unmöglichen. Daß sie uns erstaunlich vorkommen, spielt keine große Rolle; Irritationen des gesunden Menschenverstandes haben selten besonderen Wert.

Man kann sich zum Zeitvertreib die Wahrscheinlichkeit des Zufalls ausrechnen, daß zwei verschiedene Personen am selben Tag desselben Monats zweier verschiedener Jahre gestorben sind. Sie beträgt 1:365/2.[a] Nehmen wir nun an (obwohl dieses Postulat absurd ist), daß es den Gründungen des Colombini bzw. des Ignatius von Loyola vorherbestimmt war, von der Kirche aufgehoben zu werden. Eine Durchsicht der Papstlisten ergibt, daß die Wahrscheinlichkeit ihrer Aufhebung durch zwei gleichnamige Päpste 11 zu 13 betrug. Die kombinierte Wahrscheinlichkeit, daß beide am selben Tag desselben Monats starben und die Aufhebungen von zwei gleichnamigen Päpsten betrieben wurden, liegt zwischen $1:10^5$ und $1:10^6$ (ein Hunderttausendstel und ein Millionstel).[b] Wer eine Wette abschließen möchte, würde sich damit

* A. d. H.: Gemeint ist wohl Heinrich Brunner.

[a] Anmerkung von Marc Bloch: »Vorausgesetzt, die Sterblichkeitsraten wären für jeden Tag des Jahres gleich. Was zwar nicht zutrifft (es gibt eine jährliche Sterblichkeitskurve), hier aber getrost angenommen werden darf.«

[b] Anmerkung von Marc Bloch: »Seit dem Tod des Johannes Colombini haben bis heute 65 Päpste die Kirche regiert (einschließlich der doppelten und dreifachen Serie während des Großen Schismas); seit dem Tod des Ignatius folgten 38 aufeinander. Die erste Liste weist 55 Namensgleichheiten mit der zweiten auf, in der diese Namen weitere 38mal aufscheinen (bekanntlich

wohl kaum zufriedengeben. In den Naturwissenschaften gilt jedoch im terrestrischen Maßstab erst das Eintreten von Wahrscheinlichkeiten um $1:10^{15}$ als nahezu unmöglich. Wie man sieht, sind wir noch weit davon entfernt. Und das mit Recht, wie es das zuverlässig bezeugte Beispiel der beiden Heiligen bestätigt.

Nur die Wahrscheinlichkeit akkumulierter Übereinstimmungen kann man praktisch vernachlässigen, denn kraft eines bekannten Lehrsatzes werden die Wahrscheinlichkeiten einfacher Fälle miteinander multipliziert, und da es sich um Brüche handelt, ist ihr Resultat definitionsgemäß geringer als die Faktoren. In der Linguistik gibt es das berühmte Beispiel des Wortes *bad*, das sowohl im Englischen wie im Persischen »schlecht« bedeutet, ohne daß der englische und der persische Ausdruck im geringsten einen gemeinsamen Ursprung haben. Wer versuchen wollte, aus dieser einzelnen Übereinstimmung eine Verwandtschaft abzuleiten, würde gegen das oberste Gesetz jeglicher Kritik der Übereinstimmungen verstoßen: Nur große Zahlen sind beweiskräftig.

Massive Übereinstimmungen oder Nichtübereinstimmungen setzen sich aus jeweils mehreren Einzelfällen zusammen. Insgesamt gesehen, heben zufällige Einflüsse einander auf. Betrachten wir aber jedes Element unabhängig von den anderen, können die

war es üblich, daß die Päpste Namen annahmen, deren frühere Träger sie verehrten). Die Wahrscheinlichkeit, daß die Jesuaten von einem dieser gleichnamigen Päpste aufgehoben werden würden, betrug also 55:65 oder 11:13; im Fall der Jesuiten stieg sie auf 38:38 oder 1, mit anderen Worten, sie wurde Gewißheit. Die kombinierte Wahrscheinlichkeit beträgt 11:13 x 1 oder 11:13. $1:365^2$ bzw. 1:133.225 x 11:13 ergibt schließlich 11:1 731.925 oder etwas mehr als 11:157.447. Um ganz genau zu sein, müßte man auch die jeweilige Dauer der Pontifikate in die Rechnung einbeziehen. Da es sich hier aber lediglich um einen mathematischen Zeitvertreib handelt, dessen einziger Zweck darin besteht, eine Größenordnung zu veranschaulichen, hielt ich es für zulässig, die Berechnungen zu vereinfachen.« (Diese Anmerkung Marc Blochs liegt in zwei maschinenschriftlichen Exemplaren vor: ein Original ohne und ein Durchschlag mit einigen handschriftlichen Korrekturen, der hier wiedergegeben wird.)

Auswirkungen dieser Variablen nicht mehr eliminiert werden. Selbst wenn die Würfel präpariert wurden, wird der einzelne Wurf immer schwerer vorherzusehen sein als der Ausgang der ganzen Partie – und folglich wird er, nachdem die Würfel gefallen sind, auch weit mehr unterschiedliche Erklärungen zulassen. Aus diesem Grund sinkt die Wahrscheinlichkeit der Kritik in dem Maß, in dem sie zu den Details vordringt. In der *Orestie*, wie wir sie heute lesen, sind wir bei fast keinem einzigen Wort – für sich genommen – sicher, ob es von Aischylos stammt. Dennoch brauchen wir nicht daran zu zweifeln, daß unsere *Orestie* als Ganzes die des Aischylos ist. Das Ganze bietet mehr Gewißheit als die Teile.

Doch inwieweit haben wir überhaupt das Recht, dieses große Wort »Gewißheit« zu verwenden? Daß die Urkundenkritik nie zu einer »metaphysischen« Gewißheit gelangen wird, mußte schon Mabillon einräumen. Er hatte nicht unrecht. Nur weil wir vereinfachen wollen, ersetzen wir mitunter die Sprache der Wahrscheinlichkeit durch eine Sprache der Evidenz. Heute wissen wir aber besser als Mabillon, daß diese Übereinkunft keine Eigentümlichkeit unserer Zeit ist. Es ist ja im strengen Sinne des Wortes keineswegs »unmöglich«, daß die *Konstantinische Schenkung* tatsächlich echt oder die *Germania* des Tacitus – nach der Meinung einiger verschrobener Gelehrter – eine Fälschung ist. Es ist auch nicht »unmöglich«, daß ein aufs Geratewohl auf die Tastatur einer Schreibmaschine einhämmernder Affe ganz zufällig die *Schenkung* oder die *Germania* Buchstabe für Buchstabe noch ein zweites Mal verfaßt. »Ein physisch unmögliches Ereignis«, heißt es bei Cournot, »ist nichts weiter als ein Ereignis, dessen Wahrscheinlichkeit unendlich klein ist«. Indem die historische Kritik ihre Gewißheit auf eine Dosierung des Wahrscheinlichen und Unwahrscheinlichen beschränkt, unterscheidet sie sich von den meisten anderen Wirklichkeitswissenschaften nur darin, daß sie mit einer etwas nuancierteren Skala arbeitet.

Weiß[a] man den immensen Gewinn, den die Einführung einer rationalen kritischen Methode und ihre Anwendung auf menschliche Zeugnisse brachte, überhaupt zu würdigen? Unter Gewinn verstehe ich dabei nicht nur einen für die historische Erkenntnis, sondern für die Erkenntnis schlechthin.

Früher hielt man drei Viertel aller behaupteten Tatsachen für wahre Tatsachen, sofern man nicht von vornherein triftige Gründe hatte, ihre Zeugen oder Berichterstatter der Lüge zu verdächtigen. Sagen wir nicht, das sei schon lange her. Wie Lucien Febvre für die Renaissance überzeugend nachgewiesen hat, dachte und handelte man auch in den Zeiten nicht anders, die [uns] immer noch nahe genug sind, daß uns ihre Meisterwerke als lebendige Nahrung dienen.* Sagen wir auch nicht, das sei eben die natürliche Einstellung einer leichtgläubigen Menge, zu der leider auch nicht wenige Halbgebildete zählen und deren erdrückendes Gewicht bis in die Gegenwart hinein unsere anfälligen Zivilisationen in die gähnenden Abgründe der Ignoranz und des Wahnsinns zu reißen droht. Auch die solidesten Denker entkamen damals nicht den allgemein verbreiteten Vorurteilen, ja sie konnten ihnen gar nicht entkommen. Wurde von einem Blutregen erzählt, dann hatte es eben Blut geregnet. Wenn Montaigne bei seinen hochverehrten Klassikern diesen oder jenen Unsinn über ein Land las, dessen Bewohner ohne Köpfe geboren wurden, oder über die Wunderkraft eines Fisches namens *remora*, so nahm er das bedenkenlos unter die Argumente seiner Dialektik auf [. Auch wenn er sonst durchaus imstande war, den Mechanismus eines falschen Gerüchts scharfsinnig zu durch-

---

a Als Vorlage für das hier wiedergegebene Typoskript vor den handschriftlichen Korrekturen diente ein handschriftliches Blatt mit der Paginierung III-37, welches mit diesem Absatz beginnt.

* A. d. H.: Vgl. Lucien Febvre: *Le problème de l'incroyance. La religion de Rabelais.* Paris 1942. Dt.: *Das Problem des Unglaubens im 16. Jahrhundert. Die Religion des Rabelais.* Stuttgart 2002.

schauen, brachte er Vorurteilen ein weit größeres Mißtrauen entgegen als angeblich bezeugten Tatsachen]. Und so herrschte wie im Rabelaisschen Mythos der Greis Hörensagen. Über das Reich der Physis wie über das der Menschen. Über die physische Welt vielleicht noch unangefochtener als über die der Menschen. Denn man zweifelte eher an einem menschlichen Ereignis als an einem Meteor oder einer angeblichen organischen Absonderlichkeit, die einer direkteren Erfahrung zugänglich sind. Und wenn eine Philosophie Wunder ablehnte oder eine Religion die Wunder anderer Religionen? Dann mußte man sich eben die Mühe machen, für diese erstaunlichen Phänomene »verständliche« Ursachen zu suchen, die entweder dem Wirken von Dämonen oder anderen okkulten Einflüssen zugeschrieben wurden und damit einer Gedanken- oder Bilderwelt angehörten, die mit dem, was wir heute als wissenschaftliches Denken bezeichnen würden, nicht das Geringste zu tun hatte. Das Phänomen selbst zu leugnen, diese Kühnheit wäre niemand in den Sinn gekommen. Pomponazzi [, das Oberhaupt der Paduaner Schule, die den übernatürlichen Erscheinungen des Christentums äußerst skeptisch gegenüberstand,] glaubte zwar nicht, daß Könige, auch wenn sie mit dem heiligen Chrisam gesalbt waren, Kranke durch einfaches Handauflegen heilen könnten, nur weil sie Könige waren. Die[a] Heilungen selbst bestritt er jedoch nicht. Er erklärte sie durch eine physiologische Eigenschaft, die er für erblich hielt[b]: Das glorreiche Privileg der heiligen Funktion wurde auf die Heilkräfte eines dynastischen Speichels zurückgeführt.*

Wenn unser heutiges Weltbild von so vielen fiktiven Wundern

---

a Hier endet das handschriftliche Blatt III-37.

b ]. Der königliche Arzt, nahm er an, befeuchtete jedes Mal vor der Berührung seinen Finger[

* A. d. H.: Vgl. Marc Bloch: *Les rois thaumaturges.* Paris 1924. Dt.: *Die wundertätigen Könige.* München 1998.

gereinigt werden konnte, obwohl diese durch zahlreiche übereinstimmende Generationen scheinbar bezeugt worden waren, verdanken wir dies zweifellos vor allem dem allmählich entstandenen Begriff einer Naturordnung, in der unveränderliche Gesetze gelten. Aber auch dieser Begriff konnte sich nur erfolgreich durchsetzen, die ihm scheinbar widersprechenden Beobachtungen konnten nur entkräftet werden, weil die geduldige Arbeit eines kritischen Experiments am Menschen als Zeugen geleistet wurde. Wir sind jetzt in der Lage, die Unvollkommenheiten seiner Zeugnisse herauszufinden und zu erklären. Wir haben das Recht erworben, ihnen nicht immer Glauben zu schenken, weil wir nun besser als je zuvor wissen, wann und warum ihnen kein Glauben geschenkt werden darf. Damit ist es den Wissenschaften gelungen, den toten Ballast unzähliger Scheinprobleme abzuwerfen.

Aber auch hier kann die reine Erkenntnis nicht von der persönlichen Haltung getrennt werden.

Richard Simon, der in der Gründergeneration unserer Wissenschaft einen Ehrenplatz einnimmt, hinterließ uns nicht nur bewundernswerte Lehrstücke der Exegese. Wie wir wissen, verwandte er seinen Scharfsinn eines Tages auch auf die Rettung einiger Unschuldiger, die unter der stupiden Anklage eines Ritualmordes standen. Das war alles andere als ein Zufall. Auch hier ging es um das Bedürfnis nach intellektueller Redlichkeit. In beiden Fällen konnte es auf dieselbe Weise befriedigt werden. Das praktische Handeln, das ständig auf die Berichte anderer angewiesen ist, hat genauso wie die Forschung Interesse an der Überprüfung ihres Wahrheitsgehalts. Zu diesem Zweck verfügt es über keine anderen Instrumente. Oder besser gesagt, es verfügt über die Instrumente, die von der Forschung entwickelt wurden. In der Kunst, den Zweifel nutzbringend anzuwenden, tat auch die Gerichtspraxis nichts anderes, als in die Fußstapfen der Bollandisten und Benediktiner zu treten (freilich nicht, ohne ihnen hinterherzuhinken). Sogar die Psychologen verfielen erst dann darauf, die hervorgerufene und unmittelbar beobachtete Aussage zum Gegenstand ihrer Wissenschaft zu machen, als man schon lange begonnen hatte, die verschwommene Erinnerung an die Vergangenheit einer rationalen Überprüfung zu unterziehen. Es ist ein Skandal, daß die kritische Methode in unserer Zeit, die wie keine andere von Lügen und falschen Gerüchten vergiftet ist, nicht einmal in den hintersten Winkeln der Lehrpläne Berücksichtigung findet! In unseren Werkstätten ist sie nämlich keine bescheidene Hilfskraft mehr. Weit größere Horizonte tun sich ihr auf, und die Geschichtswissenschaft darf es zu ihren unbestreitbarsten Ruhmestaten zählen, daß sie mit der Entwicklung ihrer Methode den Menschen einen neuen Weg zur Wahrheit und damit auch zur Gerechtigkeit gewiesen hat.

Viertes Kapitel

# Die historische Analyse

1.

## Urteilen oder Verstehen?

Berühmt sind die Worte des alten Ranke, denen zufolge der Historiker nur ein Ziel haben sollte: beschreiben, *»wie es eigentlich gewesen«*. Vor ihm hatte dies schon Herodot gesagt: *ta eonta legein*, »erzählen, was war«. Mit anderen Worten: Der Wissenschaftler soll hinter die Tatsachen zurücktreten. Wie viele Maximen mag auch diese ihren Erfolg ihrer Mehrdeutigkeit verdanken. Man kann sie schlicht und einfach als Rat zur Redlichkeit verstehen: so war sie von Ranke zweifellos gemeint. Aber auch als Rat zur Zurückhaltung. Damit werden zugleich zwei Problemkreise angeschnitten: die Unparteilichkeit des Historikers und die Geschichtsschreibung als Versuch der Reproduktion oder der Analyse.

Aber warum ist Unparteilichkeit eigentlich ein Problem? Es stellt sich doch nur, weil auch dieses Wort mehrdeutig ist.

Es gibt zwei Arten der Unparteilichkeit, die des Wissenschaftlers und die des Richters. Sie gehen auf eine gemeinsame Wurzel zurück: die redliche Unterordnung unter die Wahrheit. Ein Wissenschaftler registriert – oder besser noch – er unternimmt ein Experiment, das vielleicht gerade die Theorien umstoßen wird, an denen ihm am meisten liegt. Ein guter Richter wird nicht seinen Sympathien folgen, sondern die Zeugen nur mit dem Ziel befragen, den tatsächlichen Sachverhalt in Erfahrung zu bringen, ganz gleich, wie dieser gewesen sein mag. In beiden Fällen handelt es sich um eine Gewissenspflicht, die sich von selbst versteht.

An einem bestimmten Punkt trennen sich jedoch die Wege. Der Wissenschaftler hat seine Aufgabe erfüllt, sobald er beobachtet und erklärt hat. Dem Richter bleibt noch ein Urteil zu fällen. Sofern er dies dem Gesetz entsprechend tut und dabei von seinen persönlichen Neigungen absieht, wird er sich für unparteiisch halten. Und er wird es auch sein – aber nur im Sinne der Richter, nicht in dem der Wissenschaftler. Denn es ist unmöglich, jemanden zu verurteilen oder freizusprechen, ohne Partei für ein bestimmtes Wertesystem zu ergreifen, dem ja keine positive Wissenschaft zugrundeliegt. Daß ein Mensch einen anderen getötet hat, ist eine Tatsache, die sich beweisen läßt. Den Mörder zu bestrafen setzt aber voraus, daß man ihn auch für schuldig hält. Und gerade dies beruht letzten Endes auf Ansichten, über die nicht alle Zivilisationen einer Meinung sind.

Der Historiker galt lange Zeit als eine Art Totenrichter, dessen Aufgabe es sei, den toten Helden Lob oder Tadel zuzumessen. Diese Vorstellung entspricht offenbar einem tief verwurzelten Bedürfnis. Jeder Lehrer, der Arbeiten von Studenten zu korrigieren hatte, weiß, wie schwer sich die jungen Leute davon abhalten lassen, von ihren Pulten herab Minos oder Osiris zu spielen. Hier gilt mehr denn je das Wort Pascals: »Ein jeder hält sich für Gott, indem er urteilt: Das ist gut, oder das ist schlecht.« Dabei wird vergessen, daß ein Werturteil[a] nur als Vorbereitung einer Handlung berechtigt und nur in Verbindung mit einem bewußt akzeptierten moralischen Bezugssystem sinnvoll ist. Im Alltag zwingen

---

[a] Der hier wiedergegebene Text, der auch dem Typoskript zugrundeliegt, reicht von »daß ein Werturteil« bis zum Titel des zweiten Abschnitts dieses Kapitels (»Von der Vielfalt menschlicher Phänomene zur Einheit des Bewußtseins«) und liegt auf den drei handschriftlichen Blättern IV-2, IV-3 und IV-4 vor.

uns die Erfordernisse der Lebensführung zu derartigen, gewöhnlich recht oberflächlichen Etikettierungen. Dort hingegen, wo wir nicht mehr eingreifen können, wo sich die allgemein anerkannten Ideale von den unsrigen völlig unterscheiden, sind diese Etiketten nur mehr hinderlich. Sind wir uns unserer selbst und unserer Zeit wirklich so sicher, daß wir die Scharen unserer Vorfahren in Sünder und Gerechte einteilen könnten? Wie grotesk ist es doch, die ganz und gar relativen Kriterien eines Menschen, einer Partei oder einer Generation zu verabsolutieren und nach diesen Normen zu beurteilen, wie Sulla Rom regierte oder Richelieu den Staat Seiner Allerchristlichen Majestät! Und da nichts von Natur aus wechselhafter ist als solche Urteile, die ja den Schwankungen des kollektiven Bewußtseins oder individueller Launen unterworfen sind, brachte sich die Geschichtswissenschaft grundlos in den Ruf des unbeständigsten aller Fächer, indem sie allzuoft zuließ, daß Versuchsprotokolle von Siegerlisten verdrängt wurden: auf hohle Plädoyers folgten ebenso sinnlose Rehabilitierungen. Anhänger von Robespierre, Gegner von Robespierre, wir flehen euch an: Sagt uns bitte nur, wer Robespierre wirklich war!

Wenn das Urteil wenigstens auf die Erklärung folgte, stünde es dem Leser frei, einfach weiterzublättern. Wer aber ständig urteilt, der verlernt mit der Zeit das Erklären. Wenn sich die Leidenschaft für die Vergangenheit mit den Vorurteilen der Gegenwart mischt, trübt sich unwiderruflich der Blick, und die Wirklichkeit der Menschen gerät zu einer Schwarzweißzeichnung wie das Weltbild der Manichäer. Davor hat schon Montaigne gewarnt: »Sobald das Urteil einer Seite zuneigt, kann man nicht anders, als die Erzählung in diese Richtung hin zu verzerren und zu verzeichnen.« Um in die Geheimnisse eines fremden Bewußtseins einzudringen, von dem uns der Abstand mehrerer Generationen trennt, muß man sich seines eigenen Ichs fast völlig entledigen. Um diesem fremden Bewußtsein die Meinung zu sagen, kann man dagegen bleiben, wie man ist. Das ist zweifellos weniger anstrengend. Es ist eben viel leichter, für oder gegen Luther zu schreiben, als seine Seele zu ergründen. Und wieviel leichter ist es, sich der Meinung Papst Gregors VII. über Kaiser Heinrich IV. oder der Meinung Heinrichs IV. über Gregor VII. anzuschließen, als die wirklichen Ursachen für eines der größten Dramen der westlichen Kultur herauszufinden! Oder ein anderes Beispiel, das über Einzelpersönlichkeiten hinausgeht: Während der Französischen Revolution beschloß die Regierung, mit der bis dahin gültigen Gesetzgebung zu brechen, beschlagnahmte Ländereien in Parzellen aufzuteilen und ohne Versteigerung zu verkaufen. Das lief zweifellos den Interessen der Staatskasse zuwider. Gegen diese Politik haben in unseren Tagen einige Wissenschaftler heftig protestiert. Wieviel Mut hätten sie bewiesen, wenn sie damals in der Nationalversammlung diesen Ton angeschlagen hätten! Doch fern von der Guillotine wirkt ihre gefahrlose Hitzköpfigkeit allenfalls erheiternd. Besser wäre es gewesen, sie hätten darüber nachgedacht, was die Männer des Jahres III damit beabsichtigt hatten. Sie wollten vor allem ermöglichen, daß die arme Landbevölkerung Grund und Boden erwerben konnte; wichtiger als ein ausgeglichener Staatshaushalt war ihnen die Verbesserung der Lage der Kleinbauern, was deren Treue zum neuen Regime sicherstellen sollte. Hatten sie damit recht oder nicht? Was kümmert mich das nachträgliche Urteil eines Historikers in dieser Frage? Wir wollen ihn lediglich bitten, sich nicht derart auf seinen eigenen Standpunkt zu versteifen, daß er einen anderen, der damals ebenfalls möglich war, für unvorstellbar hält. Aus der geistigen Entwicklung der Menschheit kann jedenfalls ganz klar eine Lehre gezogen werden: Die Wissenschaften haben sich stets als um so fruchtbarer und letztlich auch nützlicher für die Praxis erwiesen, je entschiedener sie auf den alten Anthropozentrismus von Gut und Böse verzichteten. Heute würde man über einen Chemiker lächeln, der zwischen »bösen« Gasen wie etwa Chlor und »guten« wie etwa Sauerstoff unterschiede. Hätte die Chemie in ihren Anfängen eine solche Einteilung übernommen, wäre sie höchstwahrscheinlich in eine Sackgasse geraten – zum großen Nachteil für unsere Kenntnis der Materie.

Aber hüten wir uns, diesen Vergleich zu überziehen. Die Terminologie einer Humanwissenschaft wird stets besondere Eigenschaften haben. Die der Wissenschaften der physischen Welt läßt keinerlei Finalismus zu. Begriffe wie Erfolg oder Mißerfolg, Ungeschicklichkeit oder Gewandtheit können in ihnen bestenfalls die Rolle von Fiktionen spielen, die stets gefährlich sind. Sie gehören aber zum gängigen Wortschatz der Geschichtswissenschaft. Denn sie hat es mit Wesen zu tun, die von Natur aus fähig sind, Ziele bewußt zu verfolgen.

Man kann davon ausgehen, daß ein Heerführer, der in eine Schlacht zieht, diese auch gewinnen will. Verliert er sie jedoch, weil sich die Kräfte auf beiden Seiten ungefähr die Waage hielten, hat man das Recht zu sagen, er habe ungeschickt gehandelt. Geschieht dies immer wieder, würde die Feststellung, er sei nicht gerade ein herausragender Stratege, auf einem sachlichen Urteil beruhen. Ein anderes Beispiel: Eine währungspolitische Maßnahme soll, nehmen wir an, die Schuldner gegenüber ihren Gläubigern begünstigen. Würde man diese Maßnahme als erfolgreich oder mißlungen bezeichnen, so hieße das, für eine der beiden Gruppen Partei zu ergreifen; man würde damit auch eine ganz und gar subjektive Auffassung vom Gemeinwohl willkürlich auf die Vergangenheit übertragen. Stellen wir uns nun vor, daß diese Maßnahme, die eigentlich dazu bestimmt war, die Schuldenlast zu verringern, am Ende – das kommt ja vor – genau das Gegenteil bewirkt hätte. Wir sagen dann »sie ist gescheitert« und stellen damit lediglich einen Sachverhalt fest. Mißerfolge sind ein wesentlicher Bestandteil der menschlichen Entwicklung. Wie auch jeder Psychologie.

Und noch etwas. Hat unser General seine Truppen etwa absichtlich in die Niederlage geführt? Dann würde man, ohne zu zögern, des Verrats beschuldigen und die Sache damit schlicht und einfach beim Namen nennen. Die Geschichtswissenschaft wäre allzu rücksichtsvoll, wollte sie auf den Wortschatz einer klaren und deutlichen Alltagssprache verzichten. Allerdings bliebe noch herauszufinden, wie eine solche Handlung im Rahmen der Moralvorstellungen jener Zeit oder jener Gruppe bewertet wurde. Auch Verrat kann eine Art von Konformismus sein; das zeigen die Condottieri des alten Italien.

Kurz gesagt, der Leitstern unserer Forschung ist ein einziges Wort: »verstehen«. Wir wollen nicht behaupten, ein guter Historiker müsse frei von Leidenschaften sein; er hat zumindest diese eine. Ein Wort, das zweifellos voller Schwierigkeiten, aber auch voller Hoffnungen ist. Vor allem aber ein Wort voller Freundschaft. Bis in unser Handeln hinein urteilen wir viel zu viel. Es ist so einfach, »An den Pranger!« zu rufen. Dabei verstehen wir nie genug. Wer anders ist als wir – ein Fremder, ein politischer Gegner –, wird fast unweigerlich für böse gehalten. Selbst in unvermeidlichen Konflikten wäre ein wenig mehr Verständnis für den anderen vonnöten – und erst recht, um jene zu vermeiden, solange noch Zeit dafür ist. Wenn die Geschichtswissenschaft darauf verzichtet, sich wie ein Racheengel zu gebärden, kann sie uns dabei helfen, diese Schwäche zu überwinden. Sie ist eine breitgestreute Erfahrung menschlicher Vielfalt, eine langandauernde Begegnung mit Menschen. Wie die Wissenschaft kann das Leben nur gewinnen, wenn diese Begegnung freundschaftlich verläuft.

## 2.
## Von der Vielfalt menschlicher Phänomene zur Einheit des Bewusstseins

Verstehen hat aber nichts mit Passivität zu tun. Es bedarf stets zweierlei, um Wissenschaft treiben zu können: einer Realität, aber auch eines Menschen. Die menschliche Realität ist wie die der physischen Welt unübersehbar und bunt. Eine bloße Fotographie – vorausgesetzt, die Vorstellung einer umfassenden mechanischen Reproduktion hätte überhaupt einen Sinn – bliebe unverständlich. Kann man sagen, daß bereits die Dokumente einen ersten Filter zwischen uns und die Vergangenheit schieben? Zweifellos lassen sie manches willkürlich fortfallen. Und fast nie sind sie nach den Erfordernissen eines wißbegierigen Verstandes organisiert. Wie jeder Wissenschaftler, wie jedes Gehirn, das zunächst einmal wahrnimmt, trifft auch der Historiker eine Auswahl, er ordnet und sichtet. Mit einem Wort, er analysiert.

Vor mir liegt eine römische Grabinschrift: Der Text ist aus einem Guß, in einer ganz bestimmten Absicht geschrieben. Doch die Aussagen, die er ermöglicht und die auf ihre Deutung durch die Gelehrten warten, sind äußerst verschiedenartig.[a] Interessieren wir uns für die Sprache? Die Wörter, die Syntax werden uns über das Latein informieren, das man zu dieser Zeit an diesem Ort zu schreiben versuchte, und sie werden darüber hinaus hin-

a Dieser Satz entspricht einer handschriftlichen Korrektur oberhalb des maschinenschriftlichen, durchgestrichenen Textes. Da dieser nicht mehr vollständig entziffert werden kann, mußte hier auf die Fassung vor der Korrektur verzichtet werden.

ter dieser halbgelehrten Sprache die Alltagssprache durchscheinen lassen. Beschäftigen wir uns lieber mit religiösen Vorstellungen? Dann befinden wir uns hier im Zentrum aller Hoffnungen, die auf das Jenseits gerichtet sind. Oder mit Politik? Der Name eines Kaisers, die Daten einer Amtszeit wären uns sehr willkommen. Mit der Ökonomie? Dann wird uns die Inschrift vielleicht die Existenz eines bisher unbekannten Berufs enthüllen. Und so weiter. Wenden wir uns aber jetzt nicht mehr einem einzelnen Dokument, sondern einem beliebigen, durch zahlreiche und verschiedenartige Dokumente belegten Zeitpunkt in der Entwicklung einer Kultur zu. Alle Menschen, die damals lebten, hatten fast gleichzeitig Anteil an vielfältigen Aspekten menschlichen Lebens: Jeder sprach und teilte sich seinen Mitmenschen mit, jeder verehrte seine Götter, war Produzent, Händler oder einfach nur Konsument, und jeder verspürte zumindest die Auswirkungen politischer Ereignisse, auch wenn er dabei nicht selbst eine aktive Rolle spielte. Würde man nun all die verschiedenen Aktivitäten, aus denen sich eine Gesellschaft zusammensetzt, bunt durcheinander nacherzählen, von einer zur anderen hüpfend, in jener wirren Abfolge also, in der sie uns jedes Dokument oder jedes individuelle oder kollektive Leben darbietet, dann würde man jede Klarheit opfern, und zwar nicht der wahren Ordnung der Realität, die ja aus natürlichen Affinitäten und verborgenen Zusammenhängen besteht, sondern nur einer scheinbaren Ordnung der Gleichzeitigkeit. Ein Versuchsprotokoll ist nicht dasselbe wie ein Journal, das einfach nur Minute für Minute festhält, was in einem Labor geschieht.

Denn was meinen wir damit, wenn wir im Lauf der Menschheitsentwicklung zwischen bestimmten Phänomenen etwas festzustellen glauben, was wir als Verwandtschaft bezeichnen, wenn nicht den Umstand, daß jeder Typus von Institution, von Glaubensvorstellung, von Brauch, ja sogar von Ereignis uns eine spezielle und bis zu einem gewissen Grad beständige Tendenz des Individuums oder der Gesellschaft auszudrücken scheint? Wer wollte zum Beispiel leugnen, daß religiöse Gefühle über alle Unterschiede hinweg etwas Gemeinsames haben? Daraus folgt, daß man eine menschliche Tatsache, ganz gleich, worum es sich handelt, besser verstehen wird, wenn man andere, ähnlich geartete Tatsachen bereits verstanden hat. Die Bedeutung, die dem Geld in der frühen Feudalzeit als Wertmaßstab zukam, lange bevor es als Zahlungsmittel diente, unterscheidet sich völlig von der Funktion, die ihm im westeuropäischen Wirtschaftsleben um 1850 zukam; der Unterschied zwischen dem Geldwesen um die Mitte des 19. Jahrhunderts und dem heutigen ist wohl nicht weniger groß. Ein Wissenschaftler aber, der ausschließlich mit dem Geld um das Jahr 1000 vertraut wäre, wäre wohl kaum imstande, die Besonderheiten seines Gebrauchs in dieser Zeit beurteilen zu können. Darin liegt die Berechtigung gewisser, sozusagen vertikaler Spezialisierungen – selbstverständlich in dem unendlich bescheidenen Sinn, in dem Spezialisierungen immer gerechtfertigt sind, nämlich als Korrektiv gegen die Begrenztheit unseres Geistes und die Kürze unseres Lebens.

Mehr noch: Wollte man darauf verzichten, den Stoff, der unbearbeitet vor uns liegt, rational zu ordnen, würde man letztlich nichts anderes tun, als die Zeit und damit auch die Geschichte zu negieren. Denn wie könnten wir jenes Latein verstehen, wenn wir es isoliert von der Entwicklung betrachten, die die Sprache bis dahin genommen hat? Auch jene Eigentumsstruktur oder jene Glaubensvorstellungen waren bestimmt keine absoluten Neuanfänge. Insofern, als das Jüngere vom Älteren determiniert wird, werden alle menschlichen Phänomene vor allem durch Ketten ähnlicher Phänomene bestimmt. Sie nach bestimmten Gesichtspunkten zu klassifizieren heißt also, die entscheidenden Kraftlinien freizulegen.

Diese Linien[a] (?), wird man natürlich sofort einwenden, die sich quer durch die verschiedenen Formen menschlicher Aktivität hindurch ziehen, existieren aber nur in meinem Kopf und nicht in der Realität, wo alles durcheinanderläuft. Ich würde also »abstrahieren«. Einverstanden. Warum sollten wir es nicht zugeben? Keine Wissenschaft kommt ohne Abstraktion aus. Übrigens auch nicht ohne Phantasie. Nebenbei gesagt, ist es bezeichnend, daß genau dieselben, die auf erstere verzichten wollen, im allgemeinen auch keine besonders gute Meinung von letzterer haben. In beiden Fällen handelt es sich um denselben mißverstandenen Positivismus. Die Humanwissenschaften sind darin keine Ausnahme. François Simiand sprach sich einst – zurecht empört – gegen die »nominalistischen Scherze« aus, deren »seltsames Privileg« man ihnen vorbehalten wollte.* Inwiefern sollte die Funktionsweise des Chlorophylls im Sinne eines extremen Realismus »realer« sein als die der Wirtschaft? Ein abstrakter Name ist immer nur ein Etikett, das der Klassifizierung dient. Alles, was man von ihm erwarten kann, ist, daß es die Tatsachen in eine Ordnung bringt, die ihrer Erkenntnis dienlich ist. Nur willkürliche Klassifikationen sind verhängnisvoll. Es ist daher Aufgabe des Historikers, die seinen ständig zu überprüfen, sie nötigenfalls zu korrigieren und vor allem flexibler zu machen. Im übrigen sind sie naturgemäß sehr verschiedenartig.

Betrachten wir zum Beispiel die sogenannte »Rechtsgeschichte«. Der Ausdruck hat sich durch Hochschulen und Lehrbücher eingebürgert – beides hervorragende Instrumente der Verknö-

---

[a] Hier wurden zwei oder drei Wörter durch Streichung völlig unleserlich gemacht. Der maschinenschriftliche Text ist erst danach wieder eindeutig lesbar. Auch das Wort »Linien« steht nicht mit völliger Gewißheit fest.

* A. d. H.: Vgl. François Simiand: *Historische Methode und Sozialwissenschaft* (1903), dt. in: Matthias Middell und Steffen Sammler (Hg.): *Alles Gewordene hat Geschichte. Die Schule der »Annales« in ihren Texten 1929–1992*. Leipzig 1994, S. 168–232.

cherung. Sehen wir uns näher an, was er bedeutet. Eine Rechtsvorschrift ist eine gesellschaftliche Norm mit ausdrücklich bindendem Charakter; sie wird durch eine Autorität sanktioniert, die diese Norm mit Hilfe eines genau festgelegten Systems von Zwangsmitteln und Strafen durchzusetzen vermag. Solche Vorschriften können in der Praxis die verschiedensten Aktivitäten regeln. Doch sie bestimmen sie nie allein: Unser tägliches Tun und Lassen gehorcht ständig Geboten der Moral, des Berufs- oder Gesellschaftslebens, die oft weit zwingender sind als das Bürgerliche Gesetzbuch. Die Grenzen des letzteren sind außerdem ständig im Fluß, und das Wesen einer gesellschaftlich geforderten Verpflichtung wird natürlich nicht davon berührt, ob sie in die Rechtsordnung Aufnahme gefunden hat oder nicht. Das Recht im strengen Sinne des Wortes ist also eine formale Hülle von Gegebenheiten, die viel zu verschiedenartig sind, um einen geschlossenen und lohnenden Untersuchungsgegenstand abzugeben; und es wird auch keiner von ihnen vollkommen gerecht. Nehmen wir zum Beispiel die Familie, ganz gleich, ob es sich um die heutige, abwechselnd wachsende und wieder schrumpfende Kernfamilie handelt oder um die Sippe des Mittelalters, den durch ein enges Netz von Gefühlen und Interessen zusammengehaltenen Familienverband: Würde es genügen, die Paragraphen irgend eines Familienrechts aufzuzählen, um dieses Familienleben zu verstehen? Mitunter hat man es wohl geglaubt. Daß wir bis heute außerstande sind, die innere Entwicklung der französischen Familie zu rekonstruieren, zeigt deutlich, wie enttäuschend die Ergebnisse ausfielen. Dennoch hat der Begriff der Rechtstatsache, die sich von anderen Tatsachen unterscheidet, durchaus seine Berechtigung. In vielen Gesellschaften waren die Anwendung und in hohem Maß auch die Festlegung von Rechtsvorschriften das Werk einer relativ spezialisierten Gruppe, die in dieser Rolle (welche natürlich mit anderen sozialen Funktionen kombiniert werden konnte) autonom genug war, um über eigene Traditionen und oft auch über eine eigene Denkweise zu verfügen. Die Rechtsgeschichte könnte somit nur als Geschichte der Juristen eine eigenständige Existenz beanspruchen – was für einen Zweig der Wissenschaften vom Menschen gar kein so schlechtes Leben wäre. So verstanden, beleuchtet sie verschiedenartige, aber an gemeinsames menschliches Handeln gebundene Phänomene auf eine notwendig unvollständige, innerhalb gewisser Grenzen aber durchaus aufschlußreiche Art und Weise. Sie bietet eine Sicht der Wirklichkeit.

Ein ganz anderes Einteilungsprinzip liefert die sogenannte »Humangeographie«. Hier ist der Blick weder in einer Gruppenmentalität befangen, wie das bei der Rechtsgeschichte – ohne daß sie sich dessen immer bewußt wäre – der Fall ist, noch richtet er sich wie in der Religions- oder Wirtschaftsgeschichte auf die spezifische Eigenart menschlicher Phänomene wie Glaubensvorstellungen, Emotionen, Leidenschaften und Ängste, die von der Vorstellung überirdischer Kräfte hervorgerufen werden, noch auf die Bemühungen zur Befriedigung und Organisation materieller Bedürfnisse. Die Forschungsarbeit konzentriert sich hier vielmehr auf eine bestimmte Art von Zusammenhängen, die viele gesellschaftliche Phänomene miteinander verbinden. Die »Anthropogeographie« untersucht Gesellschaften in ihren Beziehungen zur physischen Umwelt: ein Austausch, der selbstverständlich gegenseitig ist, in dem der Mensch ständig auf die Dinge einwirkt und diese zugleich auf ihn. Auch hier haben wir es also mit nicht mehr, aber auch nicht weniger als einer bestimmten Sichtweise zu tun, die durch andere Sichtweisen vervollständigt werden muß. Das ist die Rolle der Analyse auf jedem Forschungsgebiet. Die Wissenschaft zerlegt die Wirklichkeit nur, um sie besser beobachten zu können; sie bedient sich dazu einer Batterie von Scheinwerfern, deren Strahlen einander ständig kreuzen und durchdringen. Gefährlich wird es nur dann, wenn jede Lichtquelle behauptet, alles beleuchten zu können, wenn jeder Wissensbezirk sich für das Ganze hält.

Doch sollten wir uns auch hier davor hüten, eine irreführende geometrische Parallelität zwischen Natur- und Humanwissenschaften zu postulieren. In dem Ausblick, den mein Fenster mir bietet, wird jeder Wissenschaftler das für ihn Wichtige sehen, ohne sich allzusehr um das Ganze zu kümmern. Der Physiker erklärt das Blau des Himmels, der Chemiker das Wasser des Baches, der Botaniker das Gras. Die Aufgabe, diese Landschaft, die ich sehe und die mich bewegt, wieder zusammenzufügen, überlassen sie der Kunst – sofern sich ein Maler oder Dichter ihrer annehmen will. Denn als Einheit existiert diese Landschaft nur in meinem Bewußtsein, und die Besonderheit der wissenschaftlichen Methode, die in diesen Wissensgebieten angewandt wird und sich durch ihren Erfolg legitimiert, besteht eben darin, den Betrachter bewußt auszuschalten und nur mehr die betrachteten Gegenstände zu untersuchen. Die Beziehungen, die unser Denken zwischen den Dingen herstellt, erscheinen ihnen als willkürlich; sie lösen sie kurzerhand auf und stellen eine in ihrer Sicht wirklichkeitsnähere Vielfalt wieder her. Doch schon die organische Welt stellt ihre Erforscher vor noch heiklere Probleme. Ein Biologe kann zwar Atmung, Verdauung oder Bewegungsapparat jeweils gesondert untersuchen, weil dies bequemer ist; es wird ihm aber nicht verborgen bleiben, daß er darüber hinaus den ganzen Menschen erklären muß. Ganz anderer Art sind die Schwierigkeiten, mit denen die Geschichtswissenschaft zu kämpfen hat. Denn ihr Gegenstand ist letztlich das Bewußtsein der Menschen. Die Realität besteht für sie aus den darin verknüpften Zusammenhängen sowie den wechselseitigen

Beeinflussungen oder auch Konfusionen, deren Schauplatz es ist.

Hüten wir uns also davor, den *homo religiosus*, den *homo oeconomicus* oder den *homo politicus*, diese ganze Liste von Menschen auf *-us*, die man beliebig verlängern könnte, für etwas anderes zu halten als das, was sie in Wirklichkeit sind: Phantome, die ganz praktisch sind, solange sie sich nicht als hinderlich erweisen. Das einzige Wesen aus Fleisch und Blut ist der Mensch schlechthin, der immer all das zugleich ist.

Freilich gibt es auch im Bewußtsein innere Trennwände, die von manchen besonders geschickt aufgebaut werden. So zeigte sich Gustave Lenôtre immer wieder erstaunt darüber, daß sich unter den Anführern der »Terreur« so viele liebevolle Familienväter befanden. Selbst wenn unsere großen Revolutionäre tatsächlich so blutrünstig gewesen wären, wie sie einem empfindsamen, verbürgerlichten Publikum, das darüber wohlig erschauderte, dargestellt wurden, verriete dieses Staunen eine unzureichende Menschenkenntnis. Wie viele Menschen führen ein Leben auf drei oder vier verschiedenen Ebenen, die sie säuberlich voneinander zu trennen versuchen, was ihnen mitunter auch durchaus gelingt! Etwas ganz anderes ist es aber, die grundlegende Einheit des Ichs und die ständige gegenseitige Durchdringung der verschiedenen Haltungen, die es einnehmen kann, leugnen zu wollen. Standen sich etwa der Mathematiker Pascal und der Christ Pascal völlig fremd gegenüber? Haben sich etwa die Wege des hochgelehrten Arztes François Rabelais nie mit denen von Meister Alcofribas seligen, pantagruelischen Angedenkens gekreuzt? Selbst wenn die von ein und demselben Schauspieler abwechselnd gespielten Rollen einander so kraß zu widersprechen scheinen wie die stereotypen Figuren eines Melodrams, kann bei näherer Betrachtung hinter diesen Gegensätzen nichts anderes zum Vorschein kommen als eine tiefer liegende Zusammengehörigkeit.* Einst hat man sich über den Elegiker Florian belustigt, der offenbar seine Mätressen verprügelte; aber vielleicht hat er nur deshalb so viel Zärtlichkeit in seine Verse gelegt, um darüber hinwegzukommen, daß ihm jene im wirklichen Leben nicht besser gelang. Wenn ein Kaufmann des Mittelalters den ganzen Tag die Gebote der Kirche bezüglich Wucher und gerechten Preisen übertrat und anschließend in die Kirche ging, um zur Heiligen Jungfrau zu beten, wenn er später als alter Mann zahlreiche fromme und wohltätige Schenkungen machte, wenn ein reicher Fabrikbesitzer in »schwierigen Zeiten« Krankenhäuser mit dem Geld errichten ließ, das er vom Hungerlohn zerlumpter Kinder abgezweigt hatte, so versuchten auch diese Menschen nicht nur, wie es heißt, eine billige Versicherung gegen den Zorn Gottes abzuschließen, sondern befriedigten wohl auch mit diesen Aufwallungen des Glaubens und der Wohltätigkeit, ohne es sich selbst einzugestehen, geheime Herzensbedürfnisse, die im harten Alltagsleben unterdrückt werden mußten. Es gibt Widersprüche, die große Ähnlichkeit mit Ausbruchsversuchen haben.[a]

Gehen wir nun von den Individuen zur Gesellschaft über. Wie immer man sie betrachtet: Letztlich ist sie weniger die Summe (was wohl zu kurz gegriffen wäre), sondern vielmehr das Produkt der individuellen Bewußtseine, und es ist daher nicht verwunderlich, daß man in ihr demselben ständigen Zusammenspiel von Interaktionen begegnet. Es ist eine gesicherte Tatsache, daß viele Häresien zwischen dem 12. Jahrhundert und mindestens der Reformationszeit gerade in Webergemeinden auf besonders

* A. d. H.: Vgl. Lucien Febvre: *Amour sacré, amour profane. Autour de l'Héptaméron.* Paris 1944. Dt.: *Margarete von Navarra.* Frankfurt/New York 1998.

a Hier endet die maschinenschriftliche Seite IV-11. Da die Seite IV-12 verloren ist, hielten wir uns bei der Rekonstruktion des fehlenden Textes an die unter Aufsicht von Lucien Febvre erstellte maschinenschriftliche Fassung.

fruchtbaren Boden fielen. Ein schönes Thema für eine Karteikarte der Abteilung »Religionsgeschichte«. Ordnen wir sie also sorgfältig dort ein. Andere Notizen, die wir ebenfalls geerntet haben, kommen in benachbarte, mit dem Etikett »Wirtschaftsgeschichte« versehene Abteilungen. Können wir nun hoffen, mit diesen umtriebigen kleinen Gesellschaften rund um die Webstühle zu einem Ende gekommen zu sein? Es bleibt uns immer noch, sie zu erklären, da eines ihrer besonderen Merkmale darin bestand, Religion und Ökonomie nicht etwa nebeneinander bestehen zu lassen, sondern miteinander zu verschränken. Lucien Febvre war von der »eigenartigen Selbstgewißheit, Selbstsicherheit und moralischen Unerschütterlichkeit« verblüfft, deren sich einige unmittelbar vor uns lebende Generationen in erstaunlichem Umfang erfreuten. Er hat dafür vor allem zwei Gründe angeführt: den beherrschenden Einfluß der Laplaceschen Kosmologie auf das Geistesleben sowie die »abnorme Beständigkeit« des Geldwesens. Nichts ist scheinbar gegensätzlicher als diese beiden menschlichen Phänomene. Dennoch verlieh ihr Zusammenwirken der Mentalität einer Gruppe ihre charakteristische Färbung.

Natürlich sind diese Zusammenhänge auf der kollektiven Ebene genausowenig einfach wie die Zusammenhänge innerhalb eines individuellen Bewußtseins. Heute würde man nicht mehr ohne weiteres zu behaupten wagen, die Literatur sei »Ausdruck der Gesellschaft«. Sie ist es zumindest nicht in dem Sinn, in dem ein Spiegel den reflektierten Gegenstand »ausdrückt«. Sie kann sowohl Abwehrreaktionen als auch Zustimmung ausdrücken. Darüber hinaus transportiert sie fast zwangsläufig[a] zahlreiche althergebrachte Themen, erlernte und eingeübte formale Techniken oder traditionelle ästhetische Konventionen, die sie ihrer

---

[a] Hier endet unsere Anleihe bei dem von Lucien Febvre erstellten Text.

Zeit hinterherhinken lassen. »Zu einem bestimmten Zeitpunkt«, schreibt Henri Focillon sehr treffend, »befinden sich Politik, Wirtschaft und Kunst keineswegs« – ich würde sagen: »nicht unbedingt« – »auf genau demselben Punkt ihrer Entwicklungskurven«. Eben diese Ungleichzeitigkeiten sind der Grund dafür, daß das Leben einer Gesellschaft einem fast immer unregelmäßigen Rhythmus folgt. Ähnlich dazu sind – wie es die pluralistische Sprache der antiken Psychologie formulierte – die vielen Seelen, die die meisten Menschen in ihrer Brust tragen, meist verschieden alt: In wie vielen erwachsenen Männern steckt noch ein Stück Kind!

Michelet schrieb 1837 an Sainte-Beuve: »Hätte ich nur die politische Geschichte in die Erzählung aufgenommen und die übrigen Bereiche der Geschichte (Religion, Recht, Geographie, Literatur, Kunst usw.) vernachlässigt, wäre meine Darstellung eine ganz andere gewesen. Es bedurfte aber einer umfassenden Bewegung des Lebens, da alle diese verschiedenen Bereiche gemeinsam zur Einheit der Erzählung beitrugen.« 1880[a] erklärte Fustel de Coulanges seinen Hörern an der Sorbonne: »Nehmen wir an, hundert Fachleute teilten sich die Vergangenheit Frankreichs in einzelne Arbeitsbereiche auf: Glauben Sie, daß sich daraus schließlich eine Geschichte Frankreichs ergeben würde? Ich bezweifle es. Es würde jedenfalls der Zusammenhang zwischen den Fakten fehlen. Dieser Zusammenhang gehört aber ebenfalls zur historischen Wahrheit.« »Bewegung des Lebens«, »Zusammenhang«: die Gegenüberstellung dieser gegensätzlichen Bilder ist aufschlußreich. Michelet dachte und empfand in organischen Kategorien. Fustel lebte hingegen in einem Jahrhundert, dem das Newtonsche Universum ein endgültiges wissenschaftliches

[a] Marc Bloch hat das Datum offen gelassen. Wir übernehmen es aus der früheren Ausgabe.

Modell zu bieten schien, und bezog seine Metaphern aus dem Räumlichen. Ihre grundsätzliche Übereinstimmung ist daher um so eindrucksvoller. Beide großen Historiker waren viel zu bedeutend, um nicht zu erkennen, daß eine Zivilisation genausowenig wie ein Individuum ein Geduldsspiel ist, das sich mechanisch zusammensetzen ließe. Die Kenntnis nacheinander untersuchter Fragmente wird nie in eine Kenntnis des Ganzen münden, ja sie ermöglicht nicht einmal die der Fragmente selbst.

Diese Arbeit des Zusammenfügens, zu der uns Michelet und Fustel gleichermaßen auffordern, kann aber erst nach der Analyse stattfinden. Oder besser gesagt: Sie ist lediglich die Verlängerung der Analyse, ihr Sinn und Zweck. Wie hätte man sich anhand des ersten Eindrucks, der sich ja mehr der Betrachtung als der Beobachtung verdankt, ein Bild von den Zusammenhängen machen können, wo sich doch nichts deutlich unterscheiden ließ? Ihr feingesponnenes Netz konnte erst sichtbar werden, als die Phänomene nach spezifischen Reihen klassifiziert waren. Will man dem Leben in seiner ständigen Verflochtenheit von Aktion und Reaktion gerecht werden, sollte man daher nicht unbedingt versuchen, es als Ganzes zu überblicken – ein Unterfangen, das die Möglichkeiten eines einzelnen Forschers für gewöhnlich übersteigt. Nichts ist legitimer, nichts ist aussichtsreicher, als die Untersuchung einer Gesellschaft auf einen einzelnen Aspekt, oder, besser noch, auf ein von diesem oder jenem Aspekt aufgeworfenes spezielles Problem zu konzentrieren: Glaubensvorstellungen, Klassen- oder Gruppenstruktur, politische Krisen usw. Dank dieser wohlüberlegten Auswahl werden die Probleme für gewöhnlich nicht nur schärfer umrissen, sondern es treten auch Kontakte oder Wechselbeziehungen deutlicher hervor – natürlich nur, wenn man sie auch entdecken will. Wollen Sie etwa die großen Handelsherrn der europäischen Renaissance, jene Textil- oder Gewürzhändler, die im großen Stil

Kupfer, Quecksilber oder Alaun aufkauften und Kaiser und Könige finanzierten, gerade auch als Kaufleute kennenlernen? Dann sollten Sie sich daran erinnern, daß sie sich von Holbein malen ließen und Erasmus oder Luther lasen.* Um die Haltung eines mittelalterlichen Vassallen gegenüber seinem Landesherrn zu verstehen, sollte man sich auch darüber informieren, wie er sich seinem Gott gegenüber verhielt.** Ein Historiker tritt nie aus der Zeit hinaus. Er befaßt sich vielmehr in derselben notwendigen Pendelbewegung, die uns schon die Diskussion über die Ursprünge vor Augen führte, bald[a] mit jenen großen Wellenbewegungen verwandter Phänomene, die sich von einem Ende der Zeit zum andern fortpflanzen, bald mit jenem Augenblick, in dem diese Strömungen im Bewußtsein der Menschen einen mächtigen Knoten bilden.

## 3.
## Die Nomenklatur

Es wäre aber zu wenig, wollte man sich darauf beschränken, nur die zentralen Aspekte der Aktivität eines Menschen oder einer Gesellschaft zu untersuchen. Innerhalb jeder dieser großen Gruppen von Phänomenen bedarf es einer weiteren, noch schwierigeren analytischen Bemühung. Man muß die verschiedenen Institutionen unterscheiden, aus denen sich ein politi-

* A. d. H.: Vgl. Lucien Febvre: *Der Rhein und seine Geschichte.* Frankfurt/New York 1994, S. 124 ff.

** A. d. H.: Vgl. Marc Bloch: *Die Feudalgesellschaft,* S. 201 ff.

[a] Hier endet die maschinenschriftliche Seite IV-14. Seite IV-15 fehlt. Zu unserer Vorgangsweise vgl. Anm. a S. 169.

sches System zusammensetzt, die verschiedenen Glaubensinhalte, Praktiken und Emotionen, aus denen eine Religion besteht. Man muß in jedem dieser Teilbereiche und in jedem Ensemble die Merkmale beschreiben, in denen sie gleichartigen Phänomenen ähneln oder sich von ihnen unterscheiden. Ein Klassifizierungsproblem, das, wie die Erfahrung zeigt, von dem grundlegenden Problem der Nomenklatur nicht zu trennen ist.

Denn jede Analyse benötigt zunächst ein Werkzeug, eine geeignete Sprache, die in der Lage ist, die Konturen der Phänomene präzise nachzuzeichnen, und trotzdem geschmeidig genug ist, um sich ständig neuen Entdeckungen anzupassen; vor allem darf sie weder ungenau noch mehrdeutig sein. Genau das ist der Punkt, wo uns Historiker der Schuh drückt. Ein scharfsinniger Schriftsteller, der uns nicht sehr gewogen ist, hat das sehr deutlich gesehen: »Jener entscheidende Augenblick, an dem klare und spezifische Definitionen und Vereinbarungen an die Stelle von Bedeutungen unklarer und statistischer Herkunft treten, ist für die Geschichtswissenschaft noch nicht gekommen.« So spricht Paul Valéry.* Auch wenn es zutreffen sollte, daß diese Stunde der Genauigkeit noch nicht geschlagen hat – ist es deshalb ausgeschlossen, daß sie eines Tages kommen wird? Und vor allem: Warum läßt sie so lange auf sich warten?

Die Chemie hat sich ihr Zeichenmaterial selbst erfunden. Sogar ihre Wörter: *Gaz* (Gas) ist, wenn ich mich nicht irre, eine der wenigen echten Neuschöpfungen der französischen Sprache. Die Chemie hatte nämlich den großen Vorteil, daß sie sich für Gegebenheiten interessierte, die sich nicht selbst benennen können. Die von ihr abgelehnte Sprache einer ungenauen Wahr-

* A. d. H.: Vgl. Paul Valéry: *Regards sur le monde actuel.* Paris 1931.

nehmung war genauso von außen an die Dinge herangetragen worden und damit genauso willkürlich wie die einer geordneten und kontrollierten Beobachtung, die an ihre Stelle trat: Ob man »Vitriol« oder »Schwefelsäure« sagt, hat mit der Substanz selbst nichts zu tun. Ganz anders verhält es sich bei einer Wissenschaft, die sich mit Menschen beschäftigt. Als die Menschen ihren Handlungen, religiösen Vorstellungen und verschiedenen Aspekten ihres Zusammenlebens[a] bestimmte Namen gaben, haben sie nicht gewartet, bis all das zum Gegenstand objektiver Forschung wurde. Die Geschichtswissenschaft bezieht ihr Vokabular also zum Großteil von ihrem Untersuchungsgegenstand. Sie übernimmt es so, wie es ist, durch langen Gebrauch bereits abgegriffen und entstellt, und oft auch von Beginn an mehrdeutig, wie jede Ausdrucksform, die nicht aus der streng geregelten Zusammenarbeit von Fachleuten hervorgegangen ist.

Das Schlimme daran ist, daß diese Anleihen nicht einheitlich sind. Die Dokumente nötigen uns ihre Terminologie mehr oder weniger auf; gehorcht ihnen der Historiker, schreibt er unter dem Diktat der jeweiligen Zeit. Andererseits denkt er natürlich in den Kategorien und Wörtern der Zeit, der er selbst angehört: Ein Zeitgenosse des alten Cato würde uns wohl verstehen, wenn wir von »Patriziern« sprechen, aber wie soll ein Autor, der die Rolle des »Bürgertums« in den Krisen des römischen Reiches beleuchten will, diesen Begriff und seine Bedeutung ins Lateinische übersetzen? Die Sprache der Geschichtswissenschaft teilt sich somit fast zwangsläufig in zwei verschiedene Richtungen. Sehen wir sie uns an.

Die Terminologie der Vergangenheit wiederzugeben oder nachzuahmen, mag auf den ersten Blick als eher unbedenkliche Vor-

---

[a] Hier endet unsere Anleihe bei dem von Lucien Febvre erstellten Text.

gangsweise erscheinen. Sie stößt jedoch in der Praxis auf zahlreiche Schwierigkeiten.

Denn zunächst bringen Veränderungen der Dinge keineswegs immer parallele Veränderungen ihrer Bezeichnungen mit sich. Dies ist die natürliche Folge der grundlegenden Traditionsgebundenheit jeder Sprache sowie auch des Mangels an Erfindungsgabe, an dem die meisten Menschen leiden.

Dies gilt sogar für Gebrauchsgegenstände, obwohl gerade sie[a] sich in der Regel recht stark verändern. Wenn mein Nachbar mir sagt: »Ich nehme meinen Wagen«, woher weiß ich dann, ob er von einem Pferdegespann oder von einem Auto spricht? Beantworten werde ich die Frage nur dann können, wenn ich vorher seine Remise oder Garage gesehen habe. Als *aratrum* wurde gewöhnlich ein Pflug ohne Räder bezeichnet, als *carruca* einer mit Rädern. Ersterer trat aber vor letzerem auf; wie kann ich mir sicher sein, daß das alte Wort nicht einfach auf das neue Werkzeug angewandt wurde, wenn ich ihm in einem Text begegne? Umgekehrt nannte Mathieu de Dombasle das von ihm erfundene Gerät *charrue*. Dabei handelte es sich aber in Wirklichkeit um einen radlosen Pflug im Sinn von *aratrum*.

Um wieviel auffälliger noch ist dieses Festhalten an überkommenen Bezeichnungen, wenn wir weniger materielle Gegebenheiten ins Auge fassen! In diesem Bereich gehen die Veränderungen nämlich fast immer so langsam vor sich, daß die Menschen, die von ihnen betroffen sind, sie nicht wahrnehmen können. Sie empfinden kein Bedürfnis, das Etikett auszutauschen, da ihnen die Veränderung des Inhalts entgangen ist. Das lateinische Wort *servus*, das im Französischen *serf* ergab, hat Jahrhunderte überdauert. Die damit bezeichnete soziale Stellung hat

---

[a] Hier endet die maschinenschriftliche Seite IV-16. Seite IV-17 fehlt. Es wurde vorgegangen wie oben.

sich allerdings so oft und so tiefgreifend verändert, daß zwischen dem *servus* des alten Rom und dem französischen *serf* aus der Zeit Ludwigs des Heiligen weit mehr Unterschiede als Ähnlichkeiten bestehen. Die Historiker sind daher im allgemeinen dazu übergegangen, *serf* (Leibeigener, Höriger) dem Mittelalter vorzubehalten. Handelt es sich dagegen um die Antike, sprechen sie von »Sklaven«. Anders gesagt, sie ziehen in diesem Fall den gleichbedeutenden Begriff dem gleichlautenden vor, auch wenn sie dabei etwas von seinem stimmigen Kolorit der Genauigkeit der Sprache opfern. Denn der Begriff »Sklave«, den sie damit in eine altrömische Umgebung verpflanzen, entstand erst um die Jahrtausendwende auf jenen Menschenmärkten, auf denen die slawischen Gefangenen den Inbegriff einer völligen Unterwerfung abgaben, die den westeuropäischen Leibeigenen bereits fremd geworden war. Diese Vorgangsweise ist brauchbar, solange man sich auf Extreme beschränkt.[a] Doch wo genau im Übergangsbereich wäre das Datum festzumachen, an dem der »Sklave« aufhört und der »Leibeigene« beginnt? Es ist die ewige Sophisterei um den Getreidehaufen. Jedenfalls müssen wir nun, um den Dingen gerecht zu werden, die Sprache, die sie selber sprechen, durch eine Terminologie ersetzen, die wenn schon nicht völlig frei erfunden, so doch überarbeitet und zeitversetzt ist.

Umgekehrt kommt es aber auch vor, daß die Bezeichnungen im Lauf der Zeit oder von Ort zu Ort variieren, ohne daß sich die Dinge verändert hätten.

Manchmal führen besondere Ursachen der Sprachentwicklung zum Verschwinden eines Worts, ohne daß dies den bezeichneten Gegenstand oder die bezeichnete Handlung auch nur im geringsten tangiert. Sprachliche Tatsachen haben eben ihren ei-

---

a Hier endet unsere Anleihe bei dem von Lucien Febvre erstellten Text.

genen Widerstands- oder Dehnbarkeitskoeffizienten. Einst glaubte ein Wissenschaftler, dem das Verschwinden des lateinischen Worts *emere* in den romanischen Sprachen und dessen Ersetzung durch Verben ganz anderer Herkunft – *acheter, comprar* etc. – aufgefallen war, daraus äußerst weitreichende und phantasievolle Schlüsse über angebliche Veränderungen des Handelswesens in den Nachfolgegesellschaften Roms ziehen zu können. Hätte er sich doch nur die Frage gestellt, ob man diese unbestreitbare Tatsache überhaupt isoliert betrachten darf! In Wirklichkeit kam es in den aus dem Lateinischen hervorgegangenen Sprachen häufig vor, daß zu kurze und durch die Schwäche tonloser Silben schwer zu unterscheidende Wörter untergingen. Das Phänomen ist ein rein phonetisches, und es ist ein köstlicher Irrtum, eine Besonderheit der Aussprache für ein Merkmal der Wirtschaftsentwicklung zu halten.[a]

In anderen Fällen sind es die gesellschaftlichen Verhältnisse, die das Zustandekommen oder die Beibehaltung eines einheitlichen Vokabulars verhindern. In zersplitterten Gesellschaften wie denen des Mittelalters kam es häufig vor, daß im Grunde identische Institutionen von Ort zu Ort unterschiedliche Bezeichnungen trugen. Bis heute weichen die ländlichen Dialekte sehr stark voneinander ab, sogar in den Benennungen allgemein üblicher Gegenstände und verbreiteter Bräuche. In Zentralfrankreich, wo ich diese Zeilen schreibe, wird als *village* (Dorf) bezeichnet, was man in Nordfrankreich *hameau* (Weiler) nennen würde; das nordfranzösische Dorf wiederum heißt hierzulande *bourg* (Marktflecken). Solche sprachlichen Unterschiede verdienen höchste Aufmerksamkeit. Wollte der Historiker aber seine Terminologie daran ausrichten, würde er nicht nur der Verständlichkeit seiner

---

[a] Diese Passage ab »Sprachliche Tatsachen« stand in der Erstfassung noch in Kapitel II und diente dort als Illustration für die mangelnde Beschäftigung mit den historischen Hilfswissenschaften.

Darstellung schaden, sondern sich auch das Klassifizieren unmöglich machen, das eine seiner obersten Pflichten ist.

Im Unterschied zu Mathematik oder Chemie verfügt unsere Wissenschaft über kein von allen Nationalsprachen unabhängiges Symbolsystem. Der Historiker drückt sich nur mit Wörtern aus – und zwar denen seiner Landessprache. Hat er mit Sachverhalten zu tun, die in einer toten oder noch lebenden Fremdsprache formuliert wurden, muß er übersetzen. Er wird dabei auf keine großen Hindernisse stoßen, solange sich die Wörter auf banale Dinge oder Handlungen beziehen: diese gängigen Münzen des Vokabulars lassen sich unschwer eintauschen. Sobald aber tief im Leben einer Gesellschaft verwurzelte Institutionen, Glaubensvorstellungen oder Bräuche ins Spiel kommen, wird die Übertragung in eine andere Sprache, die ja das Abbild einer anderen Gesellschaft ist, zu einem riskanten Unterfangen. Eine Entsprechung wählen heißt, eine Ähnlichkeit zu postulieren. Wir sollten darauf achten, daß sie nicht nur oberflächlich ist.

Müssen wir uns also mangels einer besseren Lösung damit abfinden, den ursprünglichen Ausdruck beizubehalten, auch wenn er der Erklärung bedarf? Das wird manchmal der einzige Ausweg sein. Als der deutsche Staat in der Weimarer Verfassung von 1919 die alte Bezeichnung »Reich« beibehielt, riefen bei uns nicht wenige Publizisten: »Eine seltsame Republik ist das! Sie besteht darauf, sich als *Empire* zu bezeichnen!« In Wirklichkeit legt der Begriff »Reich« keineswegs die Idee eines Kaisers nahe. Das Wort weckt Bilder einer ständig zwischen Partikularismus und Einheitsgedanken pendelnden politischen Geschichte und hat eine allzu deutsche Färbung, um auch nur im geringsten für Übersetzungsversuche in eine Sprache geeignet zu sein, in der sich eine völlig andere nationale Vergangenheit widerspiegelt.

Eine solche mechanische Übernahme, mit der man ja den Weg des geringsten Widerstandes geht, kann aber nicht verallgemeinert werden. Ganz abgesehen von der Sorge um die Reinheit der Sprache, wäre es ärgerlich, zusehen zu müssen, wie die Historiker ihre Ausführungen mit Fremdwörtern spicken und so jene Verfasser historischer Romane nachahmen, die vor lauter Mundart in ein Kauderwelsch verfallen, das weder ein Landmann noch ein Städter wiedererkennen würde. Überdies tut man oft der Realität unrecht, wenn man auf den Versuch verzichtet, ein passendes Äquivalent zu finden. Seit dem 18. Jahrhundert ist es, glaube ich, üblich, den von seinem Grundherrn abhängigen Bauern des zaristischen Rußland, den *krepostnoj*, mit dem französischen *serf* bzw. Wörtern ähnlicher Bedeutung anderer westeuropäischer Sprachen zu bezeichnen. Ein unglücklicherer Vergleich läßt sich kaum vorstellen. Auf der einen Seite eine auf der Bindung an Grund und Boden beruhende Ordnung, die sich allmählich in echte Sklaverei verwandelt hat, und auf der anderen eine Art persönliche Abhängigkeit, die trotz aller Strenge den Menschen keineswegs als völlig rechtlos betrachtete: Die russische »Leibeigenschaft« hatte mit unserer mittelalterlichen Leibeigenschaft beinahe nichts gemein. Ganz einfach von *krepostnoj* zu sprechen, brächte uns aber auch nicht weiter, da es in Rumänien, Ungarn, Polen und selbst im Osten Deutschlands Formen bäuerlicher Abhängigkeit gab, die[a] mit denen in Rußland eng verwandt waren. Sollte man also – je nachdem – rumänisch, ungarisch, polnisch, deutsch oder russisch sprechen? Einmal mehr würde man damit am Wesentlichen vorbeigehen, nämlich die tieferen Zusammenhänge sichtbar zu ma-

---

[a] Hier endet das handschriftliche Blatt IV-17. Es hatte mit »Notre science ne dispose pas« (»Im Unterschied zu Mathematik«) begonnen. Sein Text wurde ohne Änderungen ins Typoskript übernommen.

chen, indem man sie in einer geeigneten Nomenklatur formuliert. Das Etikett war schlecht gewählt. Ein gemeinsames Etikett, das den nationalen Bezeichnungen übergeordnet ist, anstatt sie zu kopieren, wäre um so notwendiger.

In vielen Gesellschaften herrschte eine, wie man sagen könnte, hierarchische Zweisprachigkeit. Zwei Sprachen standen einander gegenüber, eine Volks- und eine Bildungssprache. Was man alltäglich in der einen dachte und sagte, schrieb man – ausschließlich oder überwiegend – in der anderen. So wurde in Abessinien vom 11. bis ins 17. Jahrhundert ge'ez geschrieben, aber amharisch gesprochen. Die Evangelien berichten uns auf griechisch, damals die große Kultursprache des Orients, von Gesprächen, die wohl auf aramäisch geführt wurden. Und das uns nähere Mittelalter verwaltete sich und berichtete von sich ausschließlich in Latein. Diese von untergegangenen Kulturen ererbten oder von fremden Kulturen übernommenen, von Gelehrten, Priestern und Notaren verwendeten Sprachen mußten zwangsläufig vieles ausdrücken, für das sie ursprünglich nicht geschaffen waren. Das gelang ihnen nur mit Hilfe eines Systems von Entsprechungen, bei dem Unzulänglichkeiten nicht zu vermeiden waren.

Materielle Zeugnisse ausgenommen, kennen wir eine Gesellschaft aber nur durch ihr Schrifttum. Gesellschaften, in denen Zweisprachigkeit herrschte, zeigen sich uns somit in vielen ihrer Grundzüge nur hinter einem Schleier des Ungefähren. Manchmal schiebt sich sogar noch ein weiterer Filter dazwischen. Das große, von Wilhelm dem Eroberer in Auftrag gegebene Grundbuch Englands, das berühmte *Domesday Book*, war das Werk von Geistlichen aus der Normandie oder dem Maine. Sie beschrieben nicht nur spezifisch englische Institutionen auf lateinisch, sondern hatten sie zuvor auch noch auf französisch durchdacht. Gerät der Historiker an solche Nomenklaturen, die aus Ersatzbegriffen bestehen, bleibt ihm keine andere Wahl, als die Arbeit der Mönche in umgekehrter Reihenfolge nachzuvollziehen. Wurden die Entsprechungen adäquat gewählt und vor allem konsequent durchgeführt, wird dies relativ einfach sein. In den *consules* der Chronisten wird man ohne viel Mühe die *comtes* (Grafen) der damaligen Zeit wiedererkennen. Leider sind nicht alle Fälle so einfach. Wer waren die *colliberti* oder die *bordarii* des *Domesday Book*? Von ihrer durchsichtigen lateinischen Verkleidung befreit, lassen sich diese Wörter unschwer als westfranzösische Termini rekonstruieren: *cuverts, bordiers.* Man zögert aber bei der Identifikation der englischen Begriffe, die sie wiedergeben sollten. Eines ist jedenfalls sicher: Diese Entsprechungen haben sich nicht durchgesetzt. Denn sie wurden nicht von allen Verfassern des Dokuments verwendet und später auch nie wieder aufgegriffen. Wer war der *colonus* unserer Urkunden aus dem 11. und 12. Jahrhundert? Eine sinnlose Frage. Denn dieses Wort entsprach keiner lebendigen Realität und wurde daher nicht in die Volkssprache übernommen; es war nicht viel mehr als ein übersetzerischer Notbehelf, mit dem die Notare sehr unterschiedliche juristische oder ökonomische Stellungen in klassisches Latein zu übertragen versuchten.

In Wirklichkeit stellt dieser Gegensatz zwischen zwei grundverschiedenen Sprachen nur einen Extremfall sprachlicher Unterschiede dar, wie sie in allen Gesellschaften auftreten. Auch in geeinten Nationen wie der unseren hat jeder Berufsstand, jede durch Bildung oder Vermögen definierte Gruppe eine eigene Ausdrucksweise. Doch nicht alle Gruppen schreiben, nicht alle schreiben gleich viel und nicht alle haben dieselbe Chance, ihre Schriften der Nachwelt zu hinterlassen. Es ist allgemein bekannt, daß das Protokoll einer gerichtlichen Einvernahme nur selten das Gesagte Wort für Wort wiedergibt. Fast unwillkürlich greift der Gerichtsschreiber ordnend oder klärend ein, korrigiert die Syntax oder ersetzt Wörter, die ihm zu vulgär erscheinen.[a] Auch die Kulturen der Vergangenheit hatten ihre »Gerichtsschreiber«: Chronisten, insbesondere Juristen. Ihre Stimme ist es vor allem, die uns überliefert wurde. Vergessen wir nicht, daß die Wörter, die sie gebrauchten, und die Klassifizierungen, die sie mit diesen Wörtern vornahmen, das Ergebnis einer Gelehrtenarbeit waren, die oft durchaus systematisch durchgeführt wurde, aber genauso oft in übertriebenem Maß der Tradition verhaftet blieb. Wie überrascht wären wir wohl, wenn wir uns nicht mehr mit der wirren, widersprüchlichen und vermutlich künstlichen Terminologie karolingischer Zinsbücher und Kapitularien herumschlagen müßten, sondern durch ein Dorf jener Zeit spazieren und mitanhören könnten, wie die Bauern ihre sozialen Beziehungen untereinander oder die Grundherren die ihrer Untertanen besprechen! Aber auch eine solche Beschreibung ihres Alltags würde uns kein vollständiges Bild ihres Lebens vermitteln, da die Ausdrucks- und damit Interpretationsversuche der Gelehrten oder Rechtskundigen ebenfalls konkret wirksame Kräfte sind. Doch hätten wir wenigstens einen Blick hinter die Kulissen getan. Und wie lehrreich wäre es auch, wenn wir die Gebete der kleinen Leute – gleich, ob an den Gott von gestern oder an den von heute – mitanhören könnten! Vorausgesetzt freilich, es ist ihnen gelungen, ihre Gemütsbewegungen in aussagekräftige Worte zu fassen.

Denn da liegt letztlich das größte Hindernis. Nichts fällt einem Menschen schwerer, als sich auszudrücken. Uns bereitet es nicht

[a] Die Praxis des Untersuchungsrichters und des Richterberufs bedarf einer Klarstellung: Zumindest im heutigen Frankreich wird das Protokoll einer Einvernahme nur der Form nach vom Gerichtsschreiber verfaßt; diktiert wird es vom Untersuchungsrichter, und dieses Diktat gibt die Aussagen der verhörten oder befragten Person häufig nur entstellt wieder. Die Praxis der Gerichte ist genauso unbefriedigend: Der Protokollführer verfaßt ein Verhandlungsprotokoll, das meist recht dürftig ist und nur entfernt an das erinnert, was in der Verhandlung besprochen wurde.

weniger Mühe, für die fluktuierenden gesellschaftlichen Tatsachen, die unser Leben bestimmen, Bezeichnungen zu finden, die weder mehrdeutig noch allzu eng gefaßt sind. Auch die gebräuchlichsten Termini sind immer nur Annäherungen. Sogar religiöse Begriffe, deren Bedeutung, wie man meinen könnte, streng definiert ist. Man werfe nur einen Blick auf die Religionskarte Frankreichs und sehe sich an, wie differenziert ein Forscher wie Gabriel Le Bras heute das allzu einfache Etikett »katholisch« unterteilen muß.* Das sollte jenen Historikern zu denken geben, die von der Höhe ihres Glaubens – aber vielleicht sogar noch häufiger ihres Unglaubens – herab vorschnell über den Katholizismus oder Nicht-Katholizismus eines Erasmus urteilen. Andere, durchaus lebendige Tatsachen sind lange Zeit ohne Bezeichnung geblieben. Heutzutage spricht ein Arbeiter ohne weiteres von seinem Klassenbewußtsein – auch dann, wenn es eher schwach ausgeprägt sein sollte. Ich glaube, daß dieses Gefühl einer überlegten und kämpferischen Solidarität nie stärker und deutlicher in Erscheinung getreten ist als bei den nordfranzösischen Landarbeitern gegen Ende des Ancien Régime. Ihr erschütterndes Echo ist uns in einigen Petitionen und Beschwerdeheften aus dem Jahr 1789 erhalten geblieben. Dieses Gefühl konnte aber damals noch nicht benannt werden, weil es noch keinen Namen hatte.

Mit einem Wort, das Vokabular der Dokumente ist nichts anderes als ein Zeugnis besonderer Art: eines der wertvollsten, gewiß, aber wie alle Zeugnisse unvollkommen und daher kritisch zu überprüfen. Jeder wichtige Ausdruck, jede charakteristische Stilwendung wird erst dann zu einem echten Erkenntnisinstrument, wenn sie in ihren Kontext gestellt und so verstanden wird, wie sie vom Verfasser zur betreffenden Zeit im betreffenden Mi-

* A. d. H.: Vgl. Gabriel Le Bras: *Études de Sociologie religieuse.* Paris 1955/56.

lieu verstanden wurde, und wenn vor allem – sofern sie sehr alt ist – die stets drohende Gefahr anachronistischer Mißdeutung gebannt ist. Die Königssalbung galt im 12. Jahrhundert als Sakrament. Diesem zweifellos bedeutungsschweren Begriff fehlte damals aber noch jene sehr viel stärkere Bedeutung, die ihm heute eine in ihren Definitionen und damit in ihrem Sprachgebrauch erstarrte Theologie beimessen würde. Es ist immer ein großes Ereignis, wenn etwas zum ersten Mal benannt wird, auch wenn es schon vorher existiert hat; denn es ist der entscheidende Augenblick der Bewußtwerdung. Welch ein Schritt war es, als sich die Anhänger eines neuen Glaubens zum ersten Mal selbst als »Christen« bezeichneten! Einige unserer Vorgänger wie etwa Fustel de Coulanges hinterließen uns Musterbeispiele solcher Bedeutungsuntersuchungen, einer solchen historischen Semantik. Dank der Fortschritte der Linguistik konnte dieses Werkzeug seither noch verfeinert werden.

So lose die Bezeichnungen aber an den Tatsachen haften mögen, der Zusammenhang ist dennoch viel zu eng, als daß es uns jemals möglich wäre, eine Gesellschaft zu beschreiben, ohne ausgiebig ihre eigenen Wörter zu verwenden, die freilich sachgemäß erklärt und interpretiert werden müssen. Wir werden uns also nicht die ewigen Übersetzer des Mittelalters zum Vorbild nehmen, sondern von Grafen sprechen, wenn es sich um Grafen handelt, und von Konsuln, wenn von Rom die Rede ist. Es war ein großer Fortschritt im Verständnis der griechischen Religionen, als die Wissenschaftler endlich nicht mehr von »Jupiter«, sondern von »Zeus« sprachen. Dergleichen gilt aber vor allem für institutionelle, handwerkliche oder religiöse Details. Die Auffassung, die Nomenklatur der Quellen reiche zur Festlegung unserer Terminologie völlig aus, würde letztlich auf die Annahme hinauslaufen, sie könnten uns bereits eine fertige Analyse anbieten. Der Geschichtswissenschaft bliebe dann nicht mehr viel zu tun. Zum Glück für unser Vergnügen ist das aber beileibe nicht der Fall. Wir sind daher gezwungen, unsere großen Klassifizierungsrahmen woanders zu suchen.

Zu diesem Zweck steht ein umfangreicher Wortschatz bereit, dessen Allgemeinheitsgrad über Anklänge an eine bestimmte Zeit erhaben sein will. Dieser Wortschatz wurde ohne vorherige Planung von mehreren Historikergenerationen entwickelt und ständig überarbeitet. Er umfaßt Elemente, deren Entstehungszeit und Herkunft sehr unterschiedlich sind. *Féodal* (feudal) bzw. *féodalité* (Feudalwesen) war ursprünglich ein Begriff aus der Rechtssprache, den sich Boulainvilliers und Montesquieu im 18. Jahrhundert aus dem Justizpalast borgten und der seither als eher unglückliches Etikett für eine bestimmte, ebenfalls nur unzureichend definierte Gesellschaftsstruktur diente. »Kapital«: ein Wort von Wucherern und Buchhaltern, dessen Bedeutung schon früh von Ökonomen wesentlich erweitert wurde. »Kapitalist«: ein fernes Relikt aus dem Spekulantenjargon der frühen europäischen Börsen. Der Ausdruck »Kapitalismus« hingegen, der in unseren Klassifikationen eine viel größere Rolle spielt, ist noch ganz jung: Er trägt seine Endung wie einen Herkunftsnachweis. »Klasse« riecht nach Naturforscher oder Philosoph, mit einem neuen Beiklang allerdings, in dem die ganze Härte gesellschaftlicher Auseinandersetzungen mitschwingt. »Revolution« hat seine alten astrologischen Assoziationen gegen eine durchaus menschliche Bedeutung eingetauscht; am Himmel handelt es sich bis heute um eine regelmäßige Bewegung, auf der Erde hingegen um eine plötzlich ausbrechende Krise. »Proletarier« tritt genauso im antiken Kostüm auf wie die Männer von 1789, die es erstmals verwendeten; Marx hat dem Wort in Anschluß an Babeuf für immer seinen Stempel aufgedrückt. Aus Amerika stammt der Ausdruck »Totem«, aus Ozeanien »Tabu«: völkerkundliche Anleihen, denen der Klassizismus der Historiker reserviert gegenübersteht …

Weder diese Vielfalt der Herkünfte noch diese Bedeutungsverschiebungen stellen ein Hindernis dar. Der Sinn eines Wortes ergibt sich weniger aus seiner Etymologie als aus seinem Gebrauch. Auch wenn »Kapitalismus« in seiner weitesten Bedeutung beileibe nicht alle Wirtschaftsformen umfaßt, in denen das Kapital der Geldverleiher eine Rolle spielt, auch wenn »feudal« gemeinhin zur Charakterisierung von Gesellschaften verwendet wird, deren entscheidendes Merkmal sicher nicht das *feudum*, das Lehen war, widerspricht dies keineswegs der generellen Praxis aller Wissenschaften, die ja, sofern sie sich nicht mit algebraischen Symbolen begnügen, auf das bunt gemischte Vokabular des Alltags zurückgreifen müssen. Wer wollte Anstoß daran nehmen, daß der Physiker das Objekt seiner kühnsten Spaltungen auch weiterhin als »Atom«, das heißt »Unteilbares« bezeichnet?

Viel gefährlicher sind die emotionsgeladenen Obertöne, mit denen viele dieser Wörter auf uns gekommen sind. Starke Gefühle sind sprachlicher Genauigkeit nur selten förderlich.

Sogar im Sprachgebrauch von Historikern werden die beiden Ausdrücke *régime féodal* (Feudalherrschaft) und *régime seigneurial* (Grundherrschaft) häufig durcheinandergebracht. Damit werden die eng miteinander verflochtenen Abhängigkeitsbeziehungen, die für einen Kriegsadel charakteristisch sind, willkürlich mit einem ganz bestimmten Typus bäuerlicher Abhängigkeit gleichgesetzt, der ganz anders geartet war, wesentlich früher entstand, erheblich länger existierte und zudem in der ganzen Welt weitaus stärker verbreitet war. Die Verwechslung geht auf das 18. Jahrhundert zurück. Vassallentum und Lehen gab es damals noch, aber nur mehr als bloße, seit mehreren Jahrhunderten nahezu inhaltslose Rechtsformen. Die aus derselben Vergangenheit stammende Grundherrschaft war jedoch durchaus noch lebendig. Die politischen Schriftsteller verstanden es nicht, innerhalb dieses Erbes Unterscheidungen zu treffen. Nicht nur, daß sie es mißverstanden. Die meisten von ihnen betrachteten es auch mit einem alles andere als leidenschaftslosen Blick. Sie verabscheuten seine archaischen Züge und insbesondere all das, was es nach wie vor an gewaltsamer Unterdrückung enthielt. Das Ganze wurde in Bausch und Bogen verurteilt. Dann schaffte die Revolution gleichzeitig mit den eigentlichen feudalen Institutionen und unter ein und derselben Bezeichnung die Grundherrschaft ab. Übrig blieb nur eine Erinnerung, die aber langlebig war und durch das noch frische Bild der Kämpfe in grelle Farben getaucht wurde. Das Durcheinander war fortan endgültig; aus einem Affekt entstanden, ließ es sich jederzeit durch neue Affekte wieder aufladen. Bleiben sogar wir heute stets völlig sachlich, wenn wir uns über die »Feudalherrschaft« der Industrie oder der Banken auslassen? Im Hintergrund flackert doch immer der Widerschein der brennenden Schlösser im heißen Sommer von 1789.

Das ist leider das Schicksal vieler unserer Wörter. Sie leben neben uns in aller Öffentlichkeit ihr unstetes Leben weiter. Es ist kein Historiker, der uns heute in seinen Reden dazu auffordert, Kapitalismus und Kommunismus gleichzusetzen. Solche Chiffren verändern sich häufig je nach Umgebung und Zeitpunkt, und diese affektiven Anteile machen sie noch mehrdeutiger. Vor dem Wort »Revolution« verhüllten sich die Ultras von 1815 das Antlitz. Die von 1940 tarnen damit ihren Staatsstreich.

Nehmen wir einmal an, unser Wortschatz sei endgültig von allen Leidenschaften befreit. Auch die intellektuellsten Sprachen haben ihre Fallstricke. Zwar verspüren wir nicht im mindesten die Versuchung, hier jene »nominalistischen Spielereien«

zu wiederholen, von denen François Simiand – durchaus zu Recht – mit Verwunderung feststellte, sie seien das »seltsame Privileg« der Humanwissenschaften. Aber mit welchem Recht sollten wir auf sprachliche Vereinfachungen verzichten, die für jede rationale Erkenntnis unumgänglich sind? Wenn wir zum Beispiel von »Maschinismus« sprechen, setzen wir damit keineswegs eine neue Wesenheit in die Welt. Wir fassen lediglich unter einem aussagekräftigen Begriff einige sehr konkrete Fakten zusammen, deren Ähnlichkeit, die in diesem Begriff zum Ausdruck kommen soll, durchaus real ist. Solche Rubriken sind also völlig legitim. Ihre wahre Gefahr liegt darin, daß sie so bequem sind. Schlecht gewählt oder allzu mechanisch angewandt, verleitet das Symbol, das eigentlich nur die Analyse unterstützen soll, schließlich dazu, sich diese zu ersparen. Auf diese Weise verführt es zum Anachronismus: für eine Wissenschaft von der Zeit die unverzeihlichste aller Sünden.

Die mittelalterlichen Gesellschaften unterschieden zwei Gattungen von Menschen: es gab Freie und es gab andere, die nicht als solche galten. Nun gehört aber der Freiheitsbegriff zu jenen, die von jeder Epoche nach ihrem jeweiligen Verständnis neu bestimmt werden. Manche Historiker haben daher in unseren Tagen die Meinung vertreten, daß die angeblich normale – d. h. ihre eigene – Bedeutung des Wortes »unfrei« den Unfreien des Mittelalters nicht gerecht werde. Es handelte sich vielmehr, so behaupten sie, um »Halbfreie«. Ein erfundenes Wort, das in den Texten nicht belegt ist und auf jeden Fall ein störender Fremdkörper wäre. Aber es ist leider mehr als nur das. Seine scheinbare Genauigkeit führte fast zwangsläufig dazu, daß eine wirklich gründliche Untersuchung der Grenze zwischen Freiheit und Unfreiheit, wie sie von diesen Kulturen verstanden wurde, als überflüssig erschien. Diese Grenze war zwar oft fließend und verschob sich je nach den vorgefaßten Meinungen der jeweiligen

Epoche oder Gruppe, aber ihre wesentliche Eigenschaft bestand darin, daß sie einen Übergangsbereich, wie ihn der Ausdruck »Halbfreiheit« unseligerweise nahezulegen scheint, nie geduldet hat. Eine Nomenklatur, die der Vergangenheit übergestülpt wird, muß diese letztlich verzerren, wenn sie zum Ziel oder auch nur zum Ergebnis hat, ihre Kategorien auf die unsrigen umzulegen, welche bei dieser Gelegenheit zu ewiger Gültigkeit erhoben werden. Der einzige vernünftige Umgang mit solchen Etiketten besteht also darin, sie abzuschaffen.

»Kapitalismus« war ein nützliches Wort. Es könnte es auch wieder werden, wenn man es von allen Mehrdeutigkeiten befreit hat, mit denen es aufgeladen wurde, als es in die Alltagssprache einging. Einstweilen wird es jedoch unbesehen auf die unterschiedlichsten Kulturen übertragen und trägt dadurch fast zwangsläufig dazu bei, deren Eigentümlichkeiten zu verdecken. War das Wirtschaftssystem des 16. Jahrhunderts »kapitalistisch«? Mag sein. Berücksichtigt man aber jene gleichsam universelle Entdeckung des Gelderwerbs, die die Gesellschaft von oben nach unten durchdrang und den kleinen Kaufmann oder Notar irgendeines Dorfes genauso in ihren Bann zog wie den großen Bankier aus Augsburg oder Lyon, und vergegenwärtigt man sich, daß die Betonung dabei ursprünglich auf dem Geldverleih oder der kommerziellen Spekulation lag und nicht auf der Organisation der Produktion, dann wird ersichtlich, wie sehr sich dieser »Kapitalismus« der Renaissance in seinem Stellenwert für die Menschen von einem stärker hierarchischen System wie dem Manufaktursystem oder dem saint-simonistischen System in der industriellen Revolution unterschied. Und dieses System wiederum … Doch schon eine sehr einfache Beobachtung müßte genügen, um uns zu warnen. Zu welchem Zeitpunkt soll man die Entstehung des Kapitalismus, und zwar nicht des Kapitalismus einer bestimmten Zeit, sondern des Kapitalismus an sich, ansetzen? Im Italien des 12. Jahrhunderts, im Flandern des 13. Jahrhunderts, in der Zeit der Fugger und der Börse von Antwerpen, im 18. oder gar im 19. Jahrhundert? Fast jeder Historiker stellt dem »Kapitalismus« einen anderen Geburtsschein aus; beinahe dasselbe gilt für das »Bürgertum«, dessen Machtergreifung unsere Schulbücher feiern – wobei unseren Knirpsen völlig unterschiedliche Zeiträume zur Beurteilung überlassen werden: die Regierungszeiten Philipps des Schönen oder Ludwigs XIV. oder doch eher 1789 oder 1815 ... Womöglich handelte es sich eben nicht um dasselbe Bürgertum. Genausowenig wie um denselben Kapitalismus.

Damit nähern wir uns, glaube ich, dem Kern des Problems. Man erinnert sich an den schönen Satz von Fontenelle: Leibniz, meinte er, »stellt exakte Definitionen auf, die ihn der angenehmen Freiheit berauben, die Begriffe gelegentlich zu mißbrauchen«. Ob sie angenehm ist, kann ich nicht sagen, aber sicher gefährlich; gemeint ist jedenfalls eine Freiheit, die uns nur allzu vertraut ist. Der Historiker definiert selten. Er könnte in der Tat diese Aufgabe für überflüssig halten, wenn er aus einem eindeutigen Sprachgebrauch schöpfte. Da dies aber nicht der Fall ist, bleibt ihm für den Gebrauch seiner Schlüsselwörter keine andere Richtschnur als sein persönlicher Instinkt. Völlig willkürlich erweitert er die Bedeutungen, engt sie ein oder ändert sie ab, wie ein Despot, ohne seine Leser darauf aufmerksam zu machen und ohne sich dessen selbst immer bewußt zu sein. Wieviele »Feudalsysteme« gibt es doch auf der Welt, von China bis zum Griechenland der Achäer mit ihren schönen Beinschienen! Meist haben sie wenig miteinander zu tun. Und zwar deshalb, weil jeder oder fast jeder Historiker das Wort so versteht, wie er will.

Aber wenn wir einmal doch Definitionen aufstellen, dann tut das meist jeder für sich. Nichts ist bezeichnender als der Fall eines so scharfsinnigen Wirtschaftsanalytikers wie John Maynard Keynes. In fast allen seinen Büchern nimmt er sich als erstes ausnahmsweise relativ gut definierte Begriffe vor und ordnet ihnen völlig neue Bedeutungen zu, welche sich mitunter von Werk zu Werk ändern, jedenfalls aber von denen der Umgangssprache bewußt abweichen. Es ist eine seltsame Laune der Humanwissenschaften, die so lange als literarische Gattung behandelt wurden, daß sie sich offenbar etwas vom eigenwilligen Individualismus des Künstlers bewahrt haben. Kann man sich einen Chemiker vorstellen, der sagt: »Damit ein Wassermolekül entstehen kann, bedarf es zweier Elemente: das eine besteht aus zwei Atomen, das andere aus einem einzigen. In der Sprache, die ich mir geschaffen habe, soll das eine Sauerstoff und das andere Wasserstoff heißen.« Ganz gleich, wie streng definiert sie auch sein mögen, die Sprachen der Historiker werden, nebeneinandergelegt, nie die Sprache der Geschichtswissenschaft ergeben.

Allerdings wurden verschiedentlich besser aufeinander abgestimmte Versuche unternommen, und zwar von Spezialistenteams, die das relativ junge Alter ihrer Fächer (Linguistik, Ethnographie, Geographie) vor den schlimmsten zünftlerischen Angewohnheiten zu bewahren scheint. Für die gesamte Geschichtswissenschaft wurde dies vom »Centre de synthèse« geleistet, das stets bereit ist, Hilfestellungen zu geben und mit gutem Beispiel voranzugehen.* Es berechtigt zu großen Erwartungen. Noch mehr erhoffen darf man sich vielleicht von der zunehmenden Verbreitung eines allgemeinen guten Willens. Der Tag wird wohl kommen, an dem eine Reihe von Vereinbarungen die Festlegung und allmähliche Verfeinerung der Nomenklatur ermöglichen wird. Aber auch dann noch wird die Eigeninitiati-

* A. d. H.: Anspielung auf das in den zwanziger Jahren von Henri Berr lancierte Projekt eines *Vocabulaire historique*, an dem auch Marc Bloch mitarbeitete.

ve des Forschers †[a] ihre Berechtigung behalten. Indem er seine Analyse vertieft, überarbeitet er zugleich seine Sprache. Entscheidend ist, daß wir Teamgeist entwickeln. Der Historiker sollte aufhören, bereits eingeführte Begriffe mit ständig neuen Bedeutungen zu versehen (im Zweifelsfall sollte er lieber eine Neuschöpfung wagen) oder durchaus bewährte Termini aus einer Laune heraus zu verwerfen. Er sollte präzise definieren und stets danach trachten, daß sein Wortschatz allen von Nutzen ist. Der Turmbau zu Babel mag einem ironischen Schöpfer ein amüsantes Schauspiel geboten haben. Für eine Wissenschaft wäre er ein schlechtes Vorbild.

## 4.[b]

Der Strom der Zeit fließt ununterbrochen. Aber auch hier muß unsere Analyse Einschnitte vornehmen. Denn unser Denken ist so geartet, daß wir auch die gleichmäßigste Bewegung nur erfassen können, wenn wir sie mit Hilfe von Markierungen unterteilen. An welchen Stellen im Zeitablauf soll man nun diese Wegmarken der Geschichte anbringen? Sie werden immer in gewissem Sinn

---

a Die Passage zwischen den beiden Kreuzen (†) [S. 193–194] war in dem von Lucien Febvre erstellten Typoskript (allerdings ohne die Zäsur) enthalten, fehlte jedoch in den folgenden Ausgaben [und auch in der alten dt. Übersetzung]. Der so entstandene neue Satz ergab keinen Sinn.

b Im Typoskript steht die (römische) Ziffer vier in der Mitte der Zeile. Es handelt sich also um einen neuen Abschnitt. Der Titel fehlt allerdings. In Anbetracht eines Briefes an Lucien Febvre, der das letzte Konzept des Buches enthält, darf ein Zwischentitel wie »Chronologische Einteilungen« vermutet werden.

willkürlich sein. Zudem ist es wichtig, daß sie mit den wesentlichen Wendepunkten der ewigen Veränderung zusammenfallen.

In den uns überlieferten Geschichtsschreibungen (über den Fernen Osten vermag ich nichts zu sagen) war die Geschichte vor allem eine Chronik der Herrscher. Zur Gliederung ihrer Erzählung hielt sie sich[†] traditionellerweise an das ewige Auf und Ab von Regentschaften, sofern sie sich nicht überhaupt damit zufriedengab, es den Annalenschreibern gleichzutun und von einer Jahreszahl zur nächsten zu humpeln. Die Herrschaftszeiten der sich ablösenden Erobervölker lieferten die Eckdaten der großen Epochen. So lebte das kollektive Gedächtnis fast des ganzen Mittelalters vom apokalyptischen Mythos der vier Großreiche: Meder, Perser, Griechen und Römer. Ein äußerst unpraktisches Schema. Es zwang nicht nur dazu, aus Treue zum biblischen Text das Trugbild einer fiktiven römischen Einheit bis in die Gegenwart zu verlängern. Darüber hinaus schien das Leiden Christi paradoxerweise weniger wichtig als die Siege illustrer Eroberer, die Provinzen verwüsteten – was in einer christlichen Gesellschaft seltsam anmutet und auch jeden heutigen Historiker befremden muß. Innerhalb der einzelnen Nationen lieferte die Abfolge der Monarchen die zeitlichen Grenzen für weitere Unterteilungen.

Diese Gewohnheiten haben sich als unerhört langlebig erwiesen. Noch um 1900 quälte sich die *Histoire de France* von Lavisse, ein getreues Ebenbild der damaligen französischen Geschichtsschreibung, von Regierungszeit zu Regierungszeit. Bei jedem Fürstentod – der mit einem Detailreichtum geschildert wird, wie er nur bedeutenden Ereignissen gebührt –, hält sie inne. Und als es keine Könige mehr gibt, erweisen sich glücklicherweise auch Regierungsformen als sterblich. Also werden Revolutionen als

Marksteine dienen. In neuerer Zeit teilt eine bedeutende Reihe von Handbüchern den Lauf der modernen Geschichte nach nationalen »Vorherrschaften« ein, den entschärften Gegenstücken zu den einstigen »Reichen«. Unnötig zu erwähnen, daß diese spanischen, französischen, englischen oder deutschen Hegemonien natürlich diplomatischer und militärischer Natur sind. Alles Übrige wird darin untergebracht, so gut es eben geht.

Dabei ist es schon lange her, daß das 18. Jahrhundert seinen Protest anmeldete. »Offenbar«, schrieb Voltaire, »haben in Gallien seit vierzehnhundert Jahren nur Könige, Minister und Generäle gelebt«. Allmählich tauchten andere, von der Fixiertheit auf das Imperiale oder Monarchische freie Gliederungen auf, die sich an grundlegenderen Phänomenen orientierten. »Feudalwesen« als Begriff sowohl für eine bestimmte Epoche als auch für ein soziales und politisches System stammt, wie bereits erwähnt, aus derselben Zeit. Am aufschlußreichsten ist aber die Karriere des Wortes »Mittelalter«.

Sein Ursprung liegt weit zurück; es stammt selbst aus dem Mittelalter. Es gehörte zum Wortschatz jener halb ketzerischen prophetischen Bewegung, die vor allem ab dem 13. Jahrhundert so viele unruhige Geister in ihren Bann schlug. Die Menschwerdung Gottes hatte das Alte Gesetz beendet, aber noch nicht Sein Reich errichtet. Die Gegenwart, die ganz in der Hoffnung auf diesen heiligen Tag aufging, war nur eine Zwischenzeit, ein *medium aevum*. Später, offenbar mit den frühen Humanisten, denen diese mystische Sprache noch vertraut war, wurde dieses Bild auf profanere Inhalte angewandt. In gewissem Sinn war die Herrschaft des Geistes angebrochen. Dieser Neubeginn in Literatur und Philosophie war den klügsten Köpfen der Zeit durchaus bewußt; man denke nur an Rabelais oder Ronsard. Das Mittelalter, eine lange Wartezeit zwischen der fruchtbaren Antike und ihrem Wiederaufleben, war zu Ende. In dieser Bedeutung lebte der Begriff, wahrscheinlich beschränkt auf einige Gelehrtenkreise, noch einige Generationen weiter. Erst ganz am Ende des 17. Jahrhunderts bezeichnete, wie man annimmt, der Deutsche Christoph Keller, ein Verfasser anspruchsloser Lehrbücher, in einem Werk zur allgemeinen Geschichte den gesamten, mehr als tausend Jahre umfassenden Zeitraum zwischen Völkerwanderung und Renaissance zum ersten Mal als »Mittelalter«. Diese Bedeutung gelangte über unbekannte Kanäle nach Frankreich und bürgerte sich zur Zeit von Guizot und Michelet endgültig in der europäischen und vor allem französischen Geschichtsschreibung ein.

Voltaire war sie noch unbekannt. »Endlich wollen Sie den Widerwillen überwinden, den Ihnen die *Moderne Geschichte seit dem Niedergang des römischen Reiches* einflößt«: So lautet bekanntlich der erste Satz des *Essai sur les moeurs.* Dennoch steht außer Zweifel, daß das Wort »Mittelalter« seinen Erfolg eben diesem *Essai* verdankt, der eine so starke Wirkung auf die nachfolgenden Generationen ausübte. Dasselbe gilt auch für den Begriff »Renaissance«, seinem unvermeidlichen Gegenstück, dessen Schicksal sich ungefähr zur selben Zeit entschied. Er gehörte zwar schon seit langem zum Wortschatz der Stilgeschichte, aber nur als Gattungsname, der einer Ergänzung bedurfte (»die Renaissance der Künste oder der Literatur, des 16. Jahrhunderts, unter Leo X. oder Franz I.«, wie man sagte). Erst mit Michelet wurde ihm die Ehre zuteil, auch ohne Zusatz als Chiffre für eine ganze Epoche stehen zu dürfen.* Der Grundgedanke ist aber in beiden Fällen derselbe. Den Rahmen bildeten die Schlachten, die Politik der Höfe, der Aufstieg oder Niedergang großer Dynastien. Kunst, Literatur und Wissenschaften hatten sich dahinter einzuordnen,

* A. d. H.: Etwa zur selben Zeit (1942/43) hielt Lucien Febvre eine Vorlesung am Collège de France zu diesem Thema: *Michelet et la Renaissance,* hg. v. Paule Braudel, Paris 1992. Dt.: *Michelet und die Renaissance.* Stuttgart 1995.

so gut es eben ging. Nun wurde diese Reihenfolge umgekehrt. Tonangebend für die Epochen der Menschheit wurden die erlesensten Äußerungen des menschlichen Geistes in ihren unterschiedlichen Entwicklungsstadien. Kein anderer Gedanke trägt so deutlich den Stempel Voltaires.

Diese Klassifizierungen hatten allerdings einen großen Fehler: Ihr Unterscheidungsmerkmal war immer zugleich ein Urteil. Doch sobald wir nicht mehr an das finstere Mittelalter glauben, sobald wir aufhören, ganze Jahrhunderte als eintönige, unfruchtbare Wüste zu beschreiben, die doch in den Bereichen der technischen Erfindungen, der Kunst, des Gefühlslebens und des religiösen Denkens so reichhaltig waren, die Europa den ersten Aufschwung seiner wirtschaftlichen Entwicklung brachten und uns schließlich unsere Vaterländer schenkten, gibt es keinen Grund mehr, unter Verzicht auf jegliche Glaubhaftigkeit das Gallien Chlodwigs mit dem Frankreich Philipps des Schönen, Alkuin mit Thomas von Aquin oder William Ockham, den Tierstil »barbarischer« Schmuckstücke mit den Statuen von Chartres, die engen Kleinstädte der Karolingerzeit mit den strahlenden Bürgerstädten Genua, Brügge oder Lübeck gleichzusetzen. Im Grunde genommen fristet das Mittelalter nur mehr im Schulunterricht ein bescheidenes Dasein, als zweifelhafte Bequemlichkeit der Lehrpläne, vor allem aber als Etikett für bestimmte wissenschaftliche Methoden, deren Anwendungsbereich durch die traditionellen Zeitangaben übrigens nur unzureichend eingegrenzt wird. Ein Mediävist ist jemand, der alte Schriften lesen, eine Urkunde kritisch überprüfen kann und Altfranzösisch versteht. Das ist allerhand, aber sicher nicht genug, um eine Wirklichkeitswissenschaft in ihrer Suche nach exakten Einteilungen zufriedenzustellen.

In das Durcheinander unserer chronologischen Einteilungen hat sich vor nicht allzu langer Zeit, wie ich glaube, eine Mode eingeschlichen, die sich um so schneller verbreitete, als sie völlig unsinnig ist: Wir zählen gern in Jahrhunderten.

Bekanntlich hatte das Wort *saeculum* lange Zeit nichts mit der genauen Zählung von Jahren zu tun, sondern enthielt ursprünglich mystische Anklänge: den Widerhall der Vierten Ekloge und des *Dies Irae*. Vielleicht waren diese Töne noch nicht ganz verklungen, als sich die Geschichtsschreibung, ohne sich um genaue Zahlen zu kümmern, selbstgefällig mit dem Jahrhundert von Perikles oder Ludwig XIV. aufhielt. Heute ist unsere Sprache ungleich stärker von der Mathematik geprägt, und wir benennen die Jahrhunderte nicht mehr nach ihren Helden. Wir numerieren sie brav durch, hundert Jahre um hundert Jahre, angefangen von einem für immer feststehenden Ausgangspunkt. Die Kunst des 13. Jahrhunderts, die Philosophie des 18. Jahrhunderts, das »stupide 19. Jahrhundert«: Diesen Gestalten, die die Maske der Arithmetik tragen, begegnen wir in unseren Büchern auf Schritt und Tritt. Wer von uns kann sich rühmen, ihrer Verführungskraft nie erlegen zu sein – praktisch, wie sie doch sind?

Leider gibt es kein historisches Gesetz, wonach die Jahreszahlen, mit denen die Jahrhunderte beginnen, auch die entscheidenden Wendepunkte der Menschheitsentwicklung markieren. Daraus ergeben sich merkwürdige Bedeutungsverschiebungen. »Bekanntlich beginnt das 18. Jahrhundert 1715 und endet 1789.« Diesen Satz las ich einmal in dem Referat eines Studenten. Gedankenlosigkeit oder Hintersinn? Ich weiß es nicht. Jedenfalls macht dieser Satz gewisse Ungereimtheiten des Sprachgebrauchs besonders deutlich. Und was das philosophische 18. Jahrhundert betrifft, so müßte man es eigentlich lange vor 1701 beginnen lassen: Die *Histoire des Oracles* erschien 1687 und der *Dictionnaire* von Bayle 1697. Schlimm daran ist, daß der

Name, wie immer, den Gedanken auf Abwege bringt, so daß diese falschen Etiketten uns letztlich auch über die Ware täuschen. Oft ist von einer »Renaissance des 12. Jahrhunderts« die Rede. Zweifellos eine große geistige Bewegung. Ordnet man sie jedoch unter dieser Rubrik ein, könnte man leicht vergessen, daß sie in Wirklichkeit schon 1060 begann, und wichtige Zusammenhänge gehen verloren. Mit einem Wort, wir tun so, als könnten wir reale Gegebenheiten einem willkürlich bestimmten, pendelartigen Rhythmus unterwerfen, der ihnen völlig fremd ist. Ein unmögliches Unterfangen. Es bekommt uns natürlich nicht gut, und wir haben nur ein weiteres Mal Verwirrung geschaffen. Wir müssen uns also nach etwas Besserem umsehen.

Solange man nur den zeitlichen Ablauf von Ketten verwandter Phänomene untersucht, ist das Problem relativ einfach. Die Perioden sind den Phänomenen selbst zu entnehmen. Aber eine Religionsgeschichte der Regierungszeit von Philipp August? Eine Wirtschaftsgeschichte der Regierungszeit von Ludwig XV.? Warum nicht auch ein »Tagebuch der Ereignisse in meinem Labor während der zweiten Präsidentschaft Grévy«, verfaßt von Louis Pasteur? Oder umgekehrt eine »Diplomatiegeschichte Europas von Newton bis Einstein«?

Es liegt auf der Hand, warum Einteilungen, die sich stets auf dieselbe Abfolge von Reichen, Königen oder politischen Regimen beziehen, so verführerisch sein konnten. Für sie sprach nicht nur das hohe Ansehen, das sich von alters her mit der Machtausübung verbindet, d. h., wie Machiavelli sagte, mit »jenen Taten, welche von dem Nimbus der Größe umgeben sind, der Regierungsgeschäften zukommt«. Eine Thronbesteigung oder eine Revolution sind zeitliche Fixpunkte, die sich auf das Jahr oder gar auf den Tag genau angeben lassen. Der Wissenschaftler liebt es ja, »haarscharf« zu datieren. Damit beruhigt er nicht nur sein Gewissen, sondern beschwichtigt auch seine instinktive Angst vor dem Ungefähren. Er möchte alles zu seinem Thema gelesen, alles nachgeschlagen haben. Um wieviel wohler würde er sich fühlen, wenn er im Archiv vor jedem Aktenbündel mit dem Kalender in der Hand entscheiden könnte: vorher, während, nachher!

Dennoch heißt es hier achtzugeben: Das präziseste Maß ist nicht unbedingt das, das sich der kleinsten Zeiteinheit bedient – sonst wäre ja nicht nur das Jahr dem Jahrzehnt, sondern auch die Sekunde dem Tag vorzuziehen. Echte Genauigkeit besteht darin, sich auf die Art des untersuchten Phänomens einzustellen. Jeder Typ von Phänomenen hat seine eigene Maßeinheit und sozusagen seine spezifische Dezimale. Veränderungen in der Gesellschaftsstruktur, in der Wirtschaft, in den Glaubensvorstellungen oder im mentalen Verhalten lassen sich nur mit fatalen Tricks in ein enges chronometrisches Schema zwängen. Wenn ich schreibe, daß mit den ersten massiven Getreideimporten aus Übersee und dem ersten großen Wachstumsschub der deutschen und amerikanischen Industrie zwischen etwa 1875 und 1885 ein tiefgreifender Wandel der westlichen Wirtschaft eintrat, gebe ich den einzigen ungefähren Zeitpunkt an, zu dem mich diese Art von Fakten berechtigt. Werde ich mir dagegen in den Kopf setzen, nach einem scheinbar genaueren Datum zu suchen und mich, weil er einem sofort einfällt, für den Frieden von Frankfurt entscheiden? Dann würde ich die Realität auf dem Altar eines falsch verstandenen Respekts vor der Zahl verraten.

Es ist auch *a priori* keineswegs ausgeschlossen, daß sich die natürlichen Phasen scheinbar völlig unterschiedlicher Phänomene decken. Stimmt es, daß zugleich mit dem Second Empire auch die französische Wirtschaft in eine neue Phase eintrat? Hatte Sombart recht, als er den Aufschwung des Kapitalismus mit dem protestantischen Geist in Zusammenhang brachte?* Trifft Thierry Maulniers Entdeckung zu, wonach die Demokratie nur der »politische Ausdruck« dieses Kapitalismus sei (der freilich nicht ganz derselbe sein dürfte)?** Wir haben kein Recht, solche Übereinstimmungen von vornherein zu leugnen, so zweifelhaft sie uns auch scheinen mögen. Sie werden aber gegebenenfalls nur unter der Bedingung sichtbar, daß sie nicht von Anfang an postuliert worden sind. Ganz ohne Zweifel stehen Flut und Ebbe in Zusammenhang mit der Mondumlaufzeit. Um das in Erfahrung zu bringen, mußten aber zunächst die Phasen des Meeres und die des Mondes jeweils gesondert untersucht werden. Handelt es sich aber im Gegenteil um die gesellschaftliche Entwicklung als Ganzes, deren aufeinanderfolgende Stadien beschrieben werden sollen, dann ergibt sich eher ein Problem der Akzentuierung. Hier können nur einige Richtungen angedeutet werden, in die sich eine solche Klassifizierung wohl bewegen müßte. Die Geschichtswissenschaft, vergessen wir es nicht, ist immer noch eine Wissenschaft in Arbeit.

Menschen, die ungefähr gleichzeitig in dasselbe soziale Klima hineingeboren wurden, unterliegen – natürlich vor allem während ihres Heranwachsens – durchaus ähnlichen Einflüssen. Die Erfahrung zeigt, daß sich ihr Verhalten von dem anderer, merklich älterer oder jüngerer Gruppen meist deutlich unterscheidet. Dies gilt selbst für ihre Konflikte, so unversöhnlich sie auch ausgetragen werden. Die Teilnehmer an einer leidenschaftlich geführten Auseinandersetzung ähneln einander, auch wenn sie auf verschiedenen Seiten stehen. Diese gemeinsame Prägung, die vom gleichen Alter herrührt, macht eine Generation aus.

* A. d. H.: Diese Bemerkung bezieht sich wohl eher auf Max Weber (*Die protestantische Ethik und der Geist des Kapitalismus*, 1904/05) denn auf Werner Sombart, der in seiner Theorie des modernen Kapitalismus die Rolle des Judentums und des spätmittelalterlichen Katholizismus betonte s. Nachwort d. Hg.

** A. d. H.: Vgl. Thierry Maulnier: *Mythes Socialistes*. Paris 1936, S. 173.

Eine Gesellschaft ist selten einheitlich. Sie setzt sich aus verschiedenen Milieus zusammen, deren Generationen sich nicht immer decken: Die Kräfte, die auf einen jungen Arbeiter einwirken, beeinflussen nicht unbedingt einen jungen Bauern mit derselben Intensität. Dazu kommt noch die Langsamkeit, mit der sich auch in durchaus kohärenten Gesellschaften gewisse Strömungen ausbreiten. »In der Provinz war man in meiner Jugend noch romantisch, während man es in Paris schon nicht mehr war«, sagte mir mein Vater, der 1848 in Straßburg geboren wurde. Oft reduzieren sich derartige Gegensätze, wie auch in diesem Fall, auf eine Phasenverschiebung. Wenn wir also von dieser oder jener französischen Generation sprechen, dann haben wir ein komplexes und manchmal durchaus widersprüchliches Bild vor uns, und es ist nur natürlich, daß wir die wirklich charakteristischen Elemente dieses Bildes herausgreifen.

Was die Aufeinanderfolge der Generationen betrifft, so sind sie trotz der pythagoräischen Träume mancher Autoren selbstverständlich alles andere als regelmäßig. Ihre zeitlichen Grenzen rücken mit dem mehr oder weniger schnellen Tempo der gesellschaftlichen Bewegung zusammen oder auseinander. Es gibt in der Geschichte lange und kurze Generationen. Die Punkte, an denen die Kurve ihre Richtung ändert, können nur durch Beobachtung festgestellt werden. Ich habe eine Schule besucht, in der das Jahr des Eintritts einen guten Anhaltspunkt bietet. Schon bald wurde mir klar, daß die vorangehenden Jahrgänge mir in vieler Hinsicht näher standen als die unmittelbar folgenden. Meine Freunde und ich waren die letzten Ausläufer einer Generation, die man wohl die Generation der Dreyfus-Affäre nennen kann. Meine spätere Lebenserfahrung hat diesen Eindruck nur bestätigt.

Schließlich ist es unvermeidlich, daß sich Generationen gegenseitig durchdringen. Denn die einzelnen Menschen reagieren auf dieselben Einflüsse nicht immer gleich. Schon heute läßt sich bei unseren Kindern in groben Zügen und je nach Alter die Kriegsgeneration von der Nachkriegsgeneration unterscheiden. Mit einem Vorbehalt allerdings: In dem Alter zwischen Kindheit und fast erwachsener Jugend ist die Empfänglichkeit für aktuelle Ereignisse je nach persönlichem Temperament sehr unterschiedlich. Frühreife Kinder werden noch echte »Kriegskinder« sein, die anderen gehören bereits der anderen Seite an.

Der Generationsbegriff ist also äußerst dehnbar, wie jeder Begriff, der Menschliches unverzerrt auszudrücken sucht. Er wird aber auch Tatsachen gerecht, die wir als sehr konkret empfinden. Schon seit langem wird er gleichsam instinktiv in Forschungsrichtungen verwendet, die sich von Natur aus mehr als alle anderen den alten Einteilungen nach Herrschafts- oder Regierungszeiten widersetzen, wie etwa der Geistesgeschichte oder der Kunstgeschichte. Vielleicht könnte er in zunehmendem Maß einer rationalen Analyse der wechselvollen Geschichte der Menschheit ihre erste Maßeinheit zu bieten.

Eine Generation überspannt aber nur einen relativ kurzen Zeitraum. Längere Perioden bezeichnen wir als Zivilisationen.

Das Wort hat sich, wie Lucien Febvre gezeigt hat, nur langsam von dem mit ihm verbundenen Werturteil gelöst.* Heute hat es seine Freiheit errungen. Wir akzeptieren sogar, daß es, wenn man so sagen kann, Zivilisationen von Nicht-Zivilisierten gibt. Wir haben erkannt, daß in jeder Gesellschaft, ganz gleich welcher, alles mit allem zusammenhängt und sich wechselseitig bestimmt: politische und soziale Struktur, Wirtschaft, Glaubensvorstellungen, elementarste ebenso wie subtilste Äußerungen der Mentalität. Dieser Komplex hat jeweils eine besondere Tonart.

---

* A. d. H.: Vgl. Lucien Febvre: *Zur Entwicklung des Wortes und der Vorstellungen von »civilisation«* (1930), in: ders., *Das Gewissen des Historikers*. Berlin 1988, S. 39–77.

Sie ist zweifellos schwer auszudrücken. Hüten wir uns vor allzu einfachen Etiketten. Die bequemen Wörter auf »-ismus« *(Typismus, Konventionalismus)* haben den von Karl Lamprecht in seiner *Deutschen Geschichte* durchaus scharfsinnig unternommenen Versuch einer entwicklungsorientierten Beschreibung scheitern lassen. Niemand wird aber leugnen, daß es zwischen den Kulturen Gegensätze gibt. Wer wollte die Existenz einer chinesischen Zivilisation bestreiten? Wer wollte bezweifeln, daß sie sich von der europäischen grundlegend unterscheidet? Dazu kommt, daß sich ein einstiger Grundton auch mehr oder weniger langsam oder plötzlich ändern kann. Ist diese Veränderung abgeschlossen, sagen wir, eine Zivilisation habe eine andere abgelöst: Die Gesellschaften des europäischen Frühmittelalters haben zwar vieles vom Römischen Reich übernommen, aber man stimmt wohl überein, daß es nicht mehr dieselbe Zivilisation war. Genausowenig, wie die westliche Zivilisation der Renaissance zum Beispiel mit der unseren gleichgesetzt werden kann. Es ist Aufgabe der Forschungspraxis, solche Unterscheidungen ständig zu verbessern und zu verfeinern.

Die Zeit der Menschen wird sich also stets der unerbittlichen Gleichförmigkeit und starren Unterteilung der Uhrzeit widersetzen. Sie braucht Maßeinheiten, die auf ihren veränderlichen Rhythmus abgestimmt sind und als Grenzen oft mit Randbereichen vorliebnehmen müssen, weil die Wirklichkeit es so will. Nur um den Preis einer solchen Elastizität darf die Geschichtswissenschaft hoffen, ihre Klassifikationen den, wie Bergson sie nannte, »Linien der Wirklichkeit« anzugleichen* – was ja das eigentliche Endziel jeder Wissenschaft ist.

---

* A. d. H.: Marc Bloch bezieht sich auf einen Brief Henri Bergsons v. 24. 12. 1935 (*Revue philosophique*, 66, 1941, S. 132).

# Fünftes Kapitel[a]

[a] Der gesamte Text dieses Kapitels liegt auf den fünf handschriftlichen Blättern V-1, V-2, V-3, V-4 und V-5 vor, die als Vorlage für die maschinenschriftliche Fassung dienten. Ihr Text ist mit dem hier wiedergegebenen identisch.

Der Positivismus hat vergeblich versucht, den Gedanken der Ursache aus der Wissenschaft auszumerzen. Jeder Physiker, jeder Biologe denkt, ob er will oder nicht, in den Kategorien »warum« und »weil«. Diesem allgemeinen Denkgesetz werden sich auch die Historiker nicht entziehen können. Die einen fügen wie Michelet alles zu einer großen »Bewegung des Lebens« zusammen, anstatt es logisch zu erklären, andere breiten ihre Apparatur aus Induktionen und Hypothesen vor uns aus. Der genetische Zusammenhang ist überall präsent. Auch wenn die Herstellung von Ursache-Wirkung-Zusammenhängen ein instinktives Bedürfnis unseres Verstandes ist, darf ihre Erforschung nicht dem Instinkt überlassen werden. Obwohl die Metaphysik der Kausalität hier außerhalb unseres Gesichtskreises liegt, erfordert die Verwendung von Kausalbeziehungen als Werkzeug historischer Erkenntnis zweifellos eine kritische Beurteilung.

Nehmen wir an, jemand geht auf einem Gebirgspfad. Er stolpert und stürzt in die Tiefe. Damit dieser Unfall geschehen kann, müssen viele Faktoren zusammenkommen. Zum Beispiel die Schwerkraft, ein starkes Gefälle, das selbst wiederum das Ergebnis einer langen geologischen Entwicklung ist, dann der Verlauf des Weges, der vielleicht ein Dorf mit seinen Sommerweiden verbindet. Man wäre also berechtigt zu sagen, daß es zu keinem Sturz gekommen wäre, wenn die Gesetze der Himmelsmechanik andere wären, wenn sich die Erde anders entwickelt hätte und wenn der sommerliche Almauftrieb nicht die Grundlage der alpinen Wirtschaft wäre. Fragt man aber nach der Ursache des Sturzes, so wird jeder antworten: ein falscher Schritt. Nicht, daß diese Voraussetzung für das Eintreten des Ereignisses notwendiger als alle anderen war. Viele andere waren es im gleichen Maße. Sie unterscheidet sich aber von den anderen durch mehrere auffällige Merkmale: Sie war die letzte, am wenigsten beständige und außergewöhnlichste in der allgemeinen Ordnung der Welt. Und schließlich wäre ihr Eintreten aufgrund dieser geringen Allgemeinheit wohl auch am leichtesten zu verhindern gewesen. Aus diesen Gründen scheint sie mit der Wirkung direkter verbunden zu sein, und wir können uns kaum des Eindrucks erwehren, sie hätte diese tatsächlich allein hervorgerufen. In der Sicht des gesunden Menschenverstandes, dem es, wenn es um Ursachen geht, immer schwer fällt, ohne einen gewissen Anthropomorphismus auszukommen, gleicht diese allerletzte, besondere und unerwartete Komponente ein wenig dem Künstler, der einem bereits fix und fertig vorbereiteten Material eine Form gibt.

Das historische Denken geht in seiner alltäglichen Praxis nicht anders vor. Die konstantesten und allgemeinsten Voraussetzungen werden einfach stillschweigend unterstellt. Welchem Militärhistoriker würde es einfallen, die Schwerkraft, die für die Flugbahnen der Granaten verantwortlich ist, oder die physiologische Beschaffenheit des menschlichen Körpers, ohne die die Geschosse keine tödlichen Verletzungen zufügen könnten, als eine der Ursachen eines Sieges zu betrachten? Voraussetzungen, die bereits etwas spezieller sind, aber noch eine gewisse Beständigkeit aufweisen, werden gemeinhin als »Vorbedingungen« bezeichnet. Die speziellste von ihnen, die im Bündel der Wirkkräfte sozusagen das differentielle Element ausmacht, wird vorzugsweise »Ursache« genannt. So sagt man etwa, die Inflation zur Zeit von Law sei die Ursache für den allgemeinen Preisanstieg gewesen. Die Existenz eines bereits einheitlichen und kohärenten französischen Wirtschaftsraumes war dagegen nur eine Vorbedingung. Denn den dadurch erleichterten Geldumlauf, der die Banknoten überall hin gelangen ließ und so den Preisanstieg möglich machte, gab es auch vor und nach der Inflation.

Niemand wird bezweifeln, daß diese Unterscheidung ein fruchtbares Forschungsprinzip enthält. Wozu sich[a] über Voraussetzungen verbreiten, die nahezu universell sind? Sie sind allzu vielen Phänomenen gemeinsam, als daß sie es verdienen würden, in der Genealogie eines von ihnen berücksichtigt zu werden. Ich weiß ja schon im vorhinein, daß es keinen Brand gäbe, wenn die Luft keinen Sauerstoff enthielte. Was mich aber interessiert und was es auch wert ist, untersucht zu werden, ist die Frage, warum das Feuer ausgebrochen ist.[b] [Die Gesetze der Flugbahnen gelten für die Niederlage ebenso wie für den Sieg. Sie erklären beides und sind daher zur spezifischen Erklärung des einen oder des anderen ungeeignet.]

Es wäre aber nicht ungefährlich, eine hierarchische Klassifizierung, die im Grunde genommen nur eine Bequemlichkeit des Denkens ist, zu etwas Absolutem zu erheben. Die Wirklichkeit bietet uns eine fast unbegrenzte Zahl von Kraftlinien an, die alle auf ein und dasselbe Phänomen zulaufen. Die Auswahl, die wir aus ihnen treffen, mag sich auf Kriterien stützen, die in der Praxis durchaus beachtenswert sind. Sie wird aber immer nur eine Auswahl sein. Einigermaßen willkürlich ist vor allem die Idee

---

a Die hier angezeigten Streichungen oder Hinzufügungen beziehen sich auf das handschriftliche Blatt V-2: ]endlos[

b Der Text des handschriftlichen Blattes geht ohne Absatz folgendermaßen weiter: »Die Gefahr liegt aber darin, eine bloße Bequemlichkeit des Denkens zu etwas Absolutem zu erheben«. In der Endfassung wurde daraus der Beginn eines neuen Absatzes: »Es wäre aber nicht ungefährlich …«

einer eigentlichen Ursache im Gegensatz zu bloßen »Vorbedingungen«. Sogar Simiand, der so viel Wert auf Genauigkeit legte und zunächst (vergeblich, wie ich glaube) strengere Definitionen erprobt hatte, scheint schließlich den ganz und gar relativen Charakter dieser Unterscheidung erkannt zu haben. »Eine Epidemie«, schreibt er, »wird für den Mediziner die Ausbreitung einer Mikrobe zur Ursache haben und als Vorbedingungen die durch den Pauperismus hervorgerufene mangelnde Sauberkeit und schlechte Gesundheit; für den Soziologen und den Philantropen werden hingegen der Pauperismus die Ursache und die biologischen Faktoren die Vorbedingung sein.« Damit wird die Unterordnung der Perspektive unter den Blickwinkel der Untersuchung offen eingestanden. Wir sollten zudem vorsichtig sein: Der Aberglaube der alleinigen Ursache ist in der Geschichtswissenschaft nur allzu oft eine versteckte Form der Suche nach dem Schuldigen, d. h. ein verkapptes Werturteil. »Wer ist schuld?« bzw. »Wem gebührt das Verdienst?«, fragt der Richter. Der Wissenschaftler begnügt sich dagegen mit der Frage »warum?« und nimmt in Kauf, daß die Antwort nicht einfach ist. Der Monismus der Ursache – gleich, ob Vorurteil des gesunden Menschenverstandes, logisches Postulat oder fixe Idee eines Untersuchungsrichters – wäre jedenfalls für die historische Erklärung nur hinderlich. Sie sucht vielmehr nach Reihen von Kausalketten und verzagt nicht, wenn sich diese, weil das Leben so ist, als äußerst vielfältig erweisen.

Historische Tatsachen sind wesentlich psychologische Tatsachen.[a] Ihre Voraussetzungen haben sie also normalerweise in

[a] Ein handschriftlicher Entwurf, paginiert V-3, beginnt mit dem Satz: »Historische Tatsachen sind wesentlich psychologische Tatsachen.« Der Text, der im großen und ganzen der Endfassung entspricht, reicht bis an die Mitte des

anderen psychologischen Tatsachen. Zwar stehen menschliche Schicksale in Zusammenhang mit der physischen Welt und unterliegen deren Einflüssen, aber auch dort, wo diese äußeren Kräfte am brutalsten einzugreifen scheinen, üben sie ihre Wirkung nur in der vom Menschen und seinem Geist vorgegebenen Richtung aus. Das Virus der Schwarzen Pest war die Hauptursache für die Entvölkerung Europas. Die Seuche konnte sich aber nur aufgrund gewisser sozialer und damit ihrem Wesen nach mentaler Bedingungen so rasch ausbreiten, und ihre sittlichen Auswirkungen lassen sich nur aus den besonderen Voraussetzungen kollektiver Gefühlsdispositionen erklären.[a]

Es gibt aber nicht nur eine Psychologie des klaren Bewußtseins. Bei der Lektüre gewisser historischer Bücher könnte man meinen, die Menschheit bestehe nur aus logisch denkenden Willensmenschen, denen die Gründe ihres Handelns nie verborgen bleiben. Angesichts des derzeitigen Stands der Erforschung des psychischen Lebens und seiner dunklen Tiefen ist dies ein weiterer Beweis dafür, wie schwer es den Wissenschaften seit jeher fällt, miteinander Schritt zu halten. Damit wird aber auch der – obwohl häufig aufgezeigte – Irrtum der alten Wirtschaftstheorie wiederholt, ja sogar noch verschlimmert. Ihr *homo oeconomicus* war nicht nur deshalb ein ungreifbares Phantom, weil davon ausgegangen wurde, er sei ausschließlich mit seinen Interessen beschäftigt; die größte Illusion bestand darin zu glauben, er habe eine klare Vorstellung von ihnen. »Nichts ist seltener als ein

---

Blattes. Die in der nächsten Fußnote angeführte Streichung bezieht sich auf dieses handschriftliche Blatt.

a ]Feststellungen dieser Art haben den geographischen Pseudodeterminismus erledigt. Ein und denselben Umständen des Klimas, der Bodenbeschaffenheit oder der Landschaft halten verschieden vorbereitete Fachleute völlig unterschiedliche Reaktionen entgegen. Die Wüste ist genausowenig notwendig »monotheistisch«, wie die Bewohner zerklüfteter Küsten aufgrund eines unabwendbaren Schicksals unbedingt Seefahrer sein müssen.[

Ziel«, sagte schon Napoleon. Wer wollte glauben, die gedrückte Stimmung, in der wir uns gegenwärtig befinden, habe nur den rational entscheidenden Menschen in uns erfaßt? Man würde das Problem der Ursachen in der Geschichtswissenschaft gründlich mißverstehen, wollte man es immer und überall auf ein Problem der Motive reduzieren.

Welch merkwürdiger Widerspruch in den unterschiedlichen Haltungen, die viele Historiker nacheinander einnehmen! Wenn es darum geht, sich zu vergewissern, ob die Tat eines Menschen wirklich stattgefunden hat, können sie ihre Nachforschungen gar nicht gewissenhaft genug anstellen. Beschäftigen sie sich aber mit deren Ursachen, geben sie sich mit bloßen Vermutungen zufrieden, die sich gewöhnlich auf eine jener küchenpsychologischen Sentenzen berufen, die genauso wahr sind wie ihr Gegenteil. Zwei philosophisch gebildete Kritiker, Georg Simmel in Deutschland und François Simiand in Frankreich, haben sich ein Vergnügen daraus gemacht, einige dieser *petitiones principii* zu entlarven. Die Hebertisten, schrieb ein deutscher Historiker*, vertrugen sich zunächst ausgezeichnet mit Robespierre, weil er sich all ihren Wünschen fügte; später gingen sie zu ihm auf Distanz, weil sie ihn für zu mächtig hielten. Damit werden, bemerkt Simmel sinngemäß, zwei Grundsätze stillschweigend vorausgesetzt: Eine Wohltat erzeugt Dankbarkeit, und man läßt sich nicht gerne beherrschen. Nun sind diese beiden Grundsätze nicht unbedingt falsch. Aber sie sind auch nicht unbedingt richtig. Denn könnte man nicht genauso glaubhaft die Meinung vertreten, daß eine allzu rasche Unterwerfung unter den Willen einer Partei bei dieser mehr Verachtung für eine solche Schwäche hervorriefe als Dankbarkeit? Und ist es andererseits noch nie vorgekom-

---

* A. d. H.: In seinen *Problemen der Geschichtsphilosophie* (1892) bezieht sich Georg Simmel auf Heinrich von Sybels *Geschichte der Revolutionszeit von 1789 bis 1800* (1853 ff.).

men, daß ein Diktator durch die Angst, die seine Macht einflößt, jeden Widerstand schon im Keim erstickt? Ein Scholastiker sagte von der Autorität, sie habe »eine Nase aus Wachs, die sich beliebig nach rechts oder links biegen läßt«. Dasselbe gilt für die angeblichen psychologischen Wahrheiten des gesunden Menschenverstandes.

Im Grunde genommen handelt es sich um denselben Irrtum wie den, der dem – heute ein für allemal erledigten – geographischen Pseudodeterminismus zugrundelag. Ganz gleich, ob es sich um ein Phänomen der physischen Welt oder um eine gesellschaftliche Tatsache handelt, die menschlichen Reaktionen laufen nicht mechanisch wie ein Uhrwerk ab, das sich stets in ein und dieselbe Richtung dreht. Die Wüste ist, was auch immer Renan darüber gesagt haben mag, nicht unbedingt »monotheistisch«, weil nicht alle ihre Bewohner sie gleich empfinden. Daß eine beschränkte Zahl an Wasserstellen überall zu geschlossenen und ihr Überfluß zu offenen ländlichen Siedlungsformen führt, träfe nur dann zu, wenn die Landbevölkerung unter allen Umständen hauptsächlich darauf bedacht wäre, in unmittelbarer Nähe von Quellen, Brunnen oder Tümpeln zu wohnen. In Wirklichkeit wohnen sie aus Gründen der Sicherheit und gegenseitigen Hilfe oder auch nur infolge des Herdentriebs selbst dort eng beieinander, wo jedes Stück Land seinen eigenen Brunnen hat. Umgekehrt läßt sich aber auch beobachten, daß ein jeder (wie etwa in gewissen Gegenden Sardiniens) sein Haus inmitten seines kleinen Grundstücks errichtet und als Preis für die Abgeschiedenheit, die ihm so sehr am Herzen liegt, lange Wege bis zur nächsten Wasserstelle in Kauf nimmt. Ist in der Natur nicht der Mensch die große Variable?

Aber täuschen wir uns nicht: Der Fehler liegt hier nicht in der Erklärung selbst, sondern einzig und allein in ihrem apriorischen Charakter. Obwohl die Beispiele dafür bisher nicht gerade häufig sind, mag es durchaus sein, daß es unter gegebenen gesellschaftlichen Bedingungen die Verteilung der Wasserressourcen ist, die vor allem anderen über die Siedlungsform entscheidet; sicher ist jedenfalls, daß sie nicht die unbedingt entscheidende Ursache ist. Es ist keineswegs ausgeschlossen, daß sich die Hebertisten tatsächlich von den Motiven leiten ließen, die ihnen der Historiker unterstellte. Sein Fehler bestand darin, diese Hypothese von vornherein als gesichert zu betrachten. Sie wäre zuerst zu beweisen gewesen. Und sobald dieser Beweis – den man weder von vornherein als gesichert betrachten noch als undurchführbar verwerfen darf – erbracht wäre, bliebe noch die Analyse weiter zu vertiefen und sich zu fragen, warum die Gruppe von allen denkbaren psychologischen Haltungen gerade diese eingenommen hat. Denn sobald sich eine Verstandes- oder Gefühlsreaktion nicht von selbst versteht, verlangt ihr Auftreten, daß man die Gründe herauszufinden versucht, die zu ihr geführt haben. Mit einem Wort, Ursachen dürfen in der Geschichtswissenschaft, wie auch überall sonst, nicht postuliert werden. Man muß sie suchen.

Peter Schöttler

# Marc Blochs Testament

*Veritatem dilexi.*
Ernest Renan, zitiert von Marc Bloch[1]

Marc Blochs *Apologie pour l'histoire ou Métier d'historien* ist ein klassischer Text der Geschichtswissenschaft. Mit einer sechsstelligen Auflage ist er weltweit das am meisten verkaufte ›Einführungsbuch‹ für Historiker, Lehrer oder Geschichtsinteressierte. Doch diese Popularität hängt nicht nur mit seiner anschaulichen Gliederung und Sprache zusammen. Vielmehr umgibt dieses Buch eine besondere Aura: Es ist der letzte große Text, an dem Bloch vor seiner Ermordung durch die Gestapo arbeitete, und er gibt eine Art Resümee jener Geschichtskonzeption, die der Autor – zusammen mit Lucien Febvre – begründete und die nach seinem

In den Anmerkungen verwendete Abkürzungen:

| | |
|---|---|
| M. B.: | Marc Bloch |
| AHES: | *Annales d'histoire économique et sociale* |
| AHS: | *Annales d'histoire sociale* |
| AESC: | *Annales. Economies. Sociétés. Civilisations* |
| CMB: | *Cahiers Marc Bloch* |

[1] Ernest Renan, *Discours et conférences*, Paris 1887, S. 215. Bloch schrieb sich dieses Zitat 1917 in sein Notizheft. Vgl. M. B., *Ecrits de guerre (1914–1918)*, hg. v. Etienne Bloch, Paris 1997, S. 165. Im Zweiten Weltkrieg wählte Bloch diese Sentenz als Grabspruch, wobei er sie in der dritten Person formulierte: *dilexit veritatem.* Siehe sein Testament v. 18. 3. 1941, in: M. B., *L'étrange défaite. Témoignage écrit en 1940* (zuerst: 1946) , Paris 1990, S. 211 f. Dt. Übers: *Die seltsame Niederlage: Frankreich 1940. Der Historiker als Zeuge*, Frankfurt/M. 1992, hier: S. 235.

Tod unter dem Namen ihrer gemeinsamen Zeitschrift *Annales* berühmt wurde. Kurzum, dieser Text ist Marc Blochs intellektuelles Testament.

Wie aber nähert man sich einem Testament? Noch dazu von einem Autor, der als »modern hero« (Natalie Zemon Davis)[2] allgemein bewundert wird? In der Tat ergeben sich aus der emblematischen Bedeutung des Buches besondere Schwierigkeiten, die es bei der Lektüre zu berücksichtigen gilt. Denn fast jeder Historiker hat heute seinen ›eigenen Marc Bloch‹ und projiziert seine Interpretation auf dessen Werke, einschließlich der *Apologie:* So treffen wir mal auf einen marxistischen, mal auf einen konservativen Bloch, auf einen jüdischen oder einen nationalistischen (anti-europäischen), neuerdings sogar auf einen ›postmodernen Bloch‹, der sich an Nietzsche orientiert haben soll.[3] All das hat natürlich eher mit der Ikone als mit dem realen Historiker zu tun und ließe sich durch eine Rückkehr zu dessen Schriften vielleicht korrigieren. Doch um diese überhaupt ›lesen‹ zu können, muß man sie historisieren. Das heißt, man muß ihren Kontext und ihre Entstehung berücksichtigen und die von Bloch vertretenen Thesen als wissenschaftliche Praxis nachvollziehen. Im Fall der *Apologie* kommt als weitere Schwierigkeit hinzu, daß man sich allererst vergewissern muß, was man eigentlich liest. Dieser Text ist nämlich kein vollständiges Buch, das der Autor in der vorliegenden Form veröffentlicht hätte. Vielmehr handelt es sich um ein unvollendetes Manuskript, an dem Bloch zwischen 1941 und 1943 arbeitete und das völlig ungeordnet und fragmentarisch überliefert wurde. Genaugenommen gibt es

---

2 Natalie Zemon Davis, A Modern Hero, in: *New York Review of Books*, 26. April 1990.

3 Diesen Vereinnahmungen stellen Vertreter der heutigen *Annales* gelegentlich eine weitere gegenüber, indem sie behaupten, ihre eigene Weiterentwicklung ginge »in direkter Linie« auf M. B. zurück. Solche Kontinuitätskonstruktionen sind schon aus methodischen Gründen fragwürdig.

gar keinen Text, sondern *Texte*, die später von fremder Hand zusammengefügt wurden. Obwohl das auf diese Weise entstandene Buch im fünften Kapitel abbricht, haben viele Leser diesen Konstrukt-Charakter übersehen oder verdrängt; andere dagegen sahen in diesem plötzlichen Schluß wieder nur einen ›heroischen‹ Übergang vom ›bloßen Denken‹ zum aktiven Handeln – so als ob der Autor an einem bestimmten Tag die Feder mit dem Gewehr vertauscht hätte. Auch das trug zur Mystifizierung bei. Bevor wir deshalb den Text der *Apologie*, wie er jetzt in einer neuen deutschen Übersetzung vorliegt, näher betrachten, müssen wir uns zunächst mit seiner Geschichte befassen: dem historischen Kontext des Projekts, der Genese des Manuskripts und den verschiedenen Editionen.

## Hintergründe und Entstehung

Marc Blochs *Apologie der Geschichtswissenschaft* ist alles andere als ein Gelegenheitstext. Es war kein Zufall, daß der Autor, der bis dahin eine Reihe grundlegender Beiträge zur Geschichte des Mittelalters und der Neuzeit publiziert hatte, seine Überlegungen zur Theorie und Methode der Geschichtswissenschaft in einem eigenen Buch präsentieren wollte. Der Gedanke war ihm schon häufig durch den Kopf gegangen. Er kannte die klassischen Methoden-Bücher, etwa von Ernst Bernheim, Paul Lacombe oder Charles Seignobos.[4] Als Student hatte er sie durchgearbeitet, als Hochschullehrer empfahl sie in seinen Hörern,

4 Vgl. Ernst Bernheim, *Lehrbuch der historischen Methode und der Geschichtsphilosophie* (zuerst: 1889), Leipzig ⁴1903; Paul Lacombe, *De l'histoire considérée comme science*, Paris 1894; Charles V. Langlois/Charles Seignobos, *Introduction aux études historiques*, Paris 1898 (Neudruck: 1992); Charles Seignobos, *La méthode historique appliquée aux sciences sociales*, Paris 1901.

und auch als Forscher griff er gelegentlich darauf zurück. Das darin propagierte Geschichts- und Wissenschaftsbild entsprach aber nicht ganz seinem eigenen Verständnis, wie er es in seinen Publikationen (Büchern, Aufsätzen, Rezensionen) immer wieder andeutete.[5] Schon Anfang der dreißiger Jahre – Bloch lehrte damals noch in Straßburg – plante er deshalb einen Sammelband mit methodologischen und historiographiegeschichtlichen Aufsätzen, dem er den Arbeitstitel gab: *Historiens à l'atelier* (Historiker in der Werkstatt). Doch dieses Buch, das eine *indirekte* Einführung in seine Art der Geschichtsschreibung und zugleich eine Antwort auf ähnliche Bände prominenter Kollegen geboten hätte[6], kam nicht zustande.[7] Dafür konzentrierte sich Bloch ab 1933 auf ein neues, großes Projekt, das er sehr schnell abschließen wollte, um seine Berufungschancen in Paris zu erhöhen: *La société féodale (Die Feudalgesellschaft).*[8]

Als dieses Buch im Herbst 1939 erschien – der zweite Teil folgte im Frühjahr 1940 –, war Bloch bereits Professor für Wirtschaftsgeschichte an der Sorbonne. Aber die Welt hatte sich verändert. Frankreich befand sich im Krieg, und als »ältester Haupt-

---

5 Zu Blochs intellektueller Biographie existiert eine umfangreiche Literatur. Die beste und zuverlässigste Einführung bietet derzeit: Massimo Mastrogregori, *Introduzione a Bloch*, Rom 2001 (mit ausführlicher Bibliographie). Vgl. auch Olivier Dumoulin, *Marc Bloch*, Paris 2000. Im deutschen Sprachraum siehe v. a. Ulrich Raulff, *Ein Historiker im 20. Jahrhundert: Marc Bloch*, Frankfurt/M. 1995 (trotz mancher problematischer Thesen noch immer eines der interessantesten Bücher über Bloch).

6 Vgl. etwa Louis Halphen, *L'histoire en France depuis cent ans*, Paris 1914; Henri Berr, *L'histoire traditionnelle et la synthèse historique*, Paris 1921; Henri Sée, *Science et philosophie de l'histoire*, Paris 1928; Henri Hauser, *Les débuts du capitalisme*, Paris 1931.

7 Erst Jahrzehnte später wurde ein vergleichbarer Sammelband von seinem Sohn publiziert: *Histoire et historiens*, hg. v. Etienne Bloch, Paris 1995; dt. Übers.: *Aus der Werkstatt des Historikers. Zur Theorie und Praxis der Geschichtswissenschaft*, hg. v. Peter Schöttler, Frankfurt/New York 2000.

8 Vgl. M. B., *Ecrire »La Société féodale«. Lettres à Henri Berr 1924–1943*, hg. v. Jacqueline Pluet-Despatin, Paris 1992, S. 68 ff.; dt. Übers: *Briefe an Henri Berr 1924–1943. Mein Buch »Die Feudalgesellschaft«*, Stuttgart 2001, S. 53 ff.

mann der französischen Armee« langweilte sich der Historiker in der elsässischen Etappe.[9] In dieser Situation des ›Sitzkrieges‹ fand er Zeit, sich – fern von Schreibtisch und Katheder – neue Projekte auszudenken. Dabei gefiel ihm der Gedanke, in seinen Mußestunden, nur wenige Kilometer von der deutschen Grenze entfernt, eine *Geschichte der französischen Gesellschaft im europäischen Rahmen* zu entwerfen; er wollte sie der Erinnerung an Henri Pirenne widmen, der als deutscher Gefangener im Ersten Weltkrieg den Mut hatte, eine *Geschichte Europas* zu verfassen.[10] Gleich als erstes schrieb Bloch eine Einleitung mit dem Titel: *Überlegungen für methodisch interessierte Leser.*[11] Seinem ältesten Sohn Etienne, den er stets im Verdacht hatte, herumzubummeln, statt zu arbeiten, berichtete er[12]:

> Ich schreibe ein wenig für mich: eine Einführung in die Methoden der Geschichtswissenschaft für eine Geschichte Frankreichs, die ich wohl niemals schreiben werde. Doch das ist nicht alles. Ich bin der

9 M. B., zit. nach Lucien Febvre, *Combats pour l'histoire*, Paris 1953, S. 403. Zu Blochs Biographie während des Krieges siehe bes. Carole Fink, *Marc Bloch. A Life in History*, Cambridge 1990, S. 205ff. Weniger ausführlich, aber mit zahlreichen Abbildungen und Dokumenten: Etienne Bloch, *Marc Bloch, 1886–1944. Une biographie impossible*, Limoges 1997 (zweisprachiges Buch: französisch/englisch), bes. S. 69ff.. Vgl. auch ders., Marc Bloch, eine unmögliche Biographie, in: Peter Schöttler (Hg.), *Marc Bloch – Historiker und Widerstandskämpfer*, Frankfurt/New York 1999, bes. S. 18ff.

10 Vgl. Henri Pirenne, *Histoire de l'Europe, des invasions au XVI*e siècle, Brüssel 1936 (posthum); dt. Übers. *Geschichte Europas*, Frankfurt/M. 1956. Dazu: Cinzio Violante, *La fine della »grande illusione«. Uno storico europeo tra guerra e dopoguerra, Henri Pirenne (1914–1923). Per una rilettura della »Histoire de l'Europe«*, Bologna 1997.

11 Das franz. Manuskript, *Réflexions pour le lecteur curieux de méthode*, wurde erst in den achtziger Jahren wiederentdeckt; dt. Übers. in: Schöttler, *Marc Bloch* (wie Anm. 9), S. 227–236.

12 M. B., Brief an Etienne Bloch [Ende September 1939], in: *Marc Bloch à Etienne Bloch. Lettres de la »drôle de guerre«*, hg. v. François Bédarida u. Denis Peschanski, Paris 1991 (Cahiers de l'Institut d'histoire du temps présent, Nr. 19), S. 42f.

> Auffassung, daß sich ein Historiker niemals langweilen kann; schon von Berufs wegen interessiert er sich für das Schauspiel der Welt. Henri Pirenne sagte einmal zu mir: »Wenn ich Antiquitätenhändler wäre, hätte ich nur Augen für die alten Sachen. Aber ich bin Historiker. Deshalb liebe ich das Leben.«

Dieselbe Pirenne-Anekdote hat Bloch noch mehrfach erzählt[13], zuletzt noch einmal wörtlich in der *Apologie* (S. 50).[14] Fast scheint es, als ob er schon in diesen ersten Wochen des Krieges, ohne es recht zu merken, mit der Arbeit an diesem ›Methoden-Buch‹ begonnen hätte.

Doch nun kam die ›Schlacht um Frankreich‹. Bloch diente inzwischen in der 1. Armee nahe der belgischen Grenze, wo er für die Treibstoffversorgung zuständig war. Dort erlebte er im Juni 1940 den Zusammenbruch und den Rückzug der bei Dünkirchen eingeschlossenen Truppen über die Kanalküste nach England. Sofort kehrte er nach Frankreich zurück, aber der Kampf war zu Ende. In Zivilkleidern entging er der Gefangenschaft und fuhr zu seiner Familie, die vor der einmarschierenden ›Wehrmacht‹ in ihr Landhaus bei Guéret geflohen war. Das lag im Departement Creuse, also südlich der Demarkationslinie, die künftig das besetzte vom unbesetzten Frankreich trennte. Gleich machte sich der Historiker wieder an die Arbeit. Aber er nahm sich nicht etwa seine alten Buchprojekte vor – wie die seit langem versprochene »Wirtschaftsgeschichte des Mittelalters«[15] –, sondern richtete seinen Blick auf die eben erlebte Katastrophe. Wie hatte es dazu kommen können? Obwohl er seinem neuen Manuskript den Ti-

---

13 Vgl. M. B., *Seltsame Niederlage* (wie Anm. 1), S. 42 u. 48; frz. S. 30 u. 36.

14 Im folgenden verweisen alle Seitenangaben im Text auf das vorliegende Buch.

15 Für dieses Projekt hatte er seit den zwanziger Jahren einen Vertrag. Vgl. M. B., *Ecrire »La Société féodale«* (wie Anm. 8), S. 41 ff.

tel gab *Témoignage écrit en 1940* (Zeugenbericht aus dem Jahr 1940), wollte er darin nicht bloß Erlebnisse schildern, sondern seine Erfahrungen wie ein soziologisches Experiment auswerten: »Es sind nicht meine Erinnerungen, die ich hier zu Papier bringe«, schreibt er gleich zu Anfang. »Die kleinen persönlichen Abenteuer eines Soldaten unter vielen zählen wenig in diesem Augenblick.«[16]

Tatsächlich gelingt Bloch in diesem Buch, das 1946 unter dem Titel *L'étrange défaite* (Die seltsame Niederlage) veröffentlicht werden sollte, das Kunststück, seine individuelle Perspektive ›von unten‹ mit einer objektivierenden Analyse der Gesamtsituation zu verbinden. Obwohl er nicht mit Kritik an der französischen Führung spart, ist sein Bericht durch die distanzierte Perspektive des Historikers geprägt, der nach tieferen Ursachen forscht. Seine These lautet: Die stolze Siegermacht von 1918 ist nicht nur militärisch zusammengebrochen, auch politisch und intellektuell habe Frankreich dem totalitären ›Blitz‹ kaum etwas entgegenzusetzen gehabt. Statt alle Energien des demokratischen Gemeinwesens zu mobilisieren, hätten die konservativen Eliten mehr oder weniger nach der Devise gelebt ›lieber Hitler als die Volksfront‹. Schon im Vorfeld hätten sie daher die Gefährlichkeit und Schnelligkeit der Nazi-Armeen unterschätzt. Und als die Katastrophe eintrat, fanden sich militärische Leitfiguren wie Marschall Pétain, um jeden weiteren Widerstand abzuwiegeln.

Blochs Analyse liefert das Material für eine Anklage, aber auch für eine radikale Selbstkritik. Sich selbst, seiner Generation und allen demokratischen Intellektuellen stellt er ein deprimierendes Zeugnis aus. Zwar hätten sie in den zwanziger und dreißiger Jahren gespürt, daß es in Deutschland »schüchterne Ansätze ei-

16 M. B., *Seltsame Niederlage* (wie Anm. 1), S. 41; frz. Ausg. S. 29.

nes guten Willens gab, durchaus friedliebende und liberale Kräfte, die unsere politischen Führer nur hätten fördern müssen«[17]; eine solche Politik sei jedoch nicht populär gewesen, und deshalb hätten sie, die aufgeklärten Intellektuellen, tatenlos zugesehen: »Wir trauten uns nicht, unsere Stimme in der Öffentlichkeit zu erheben, wagten nicht einmal, jene Rufer in der Wüste zu sein, die, wie immer die Sache ausgeht, wenigstens die Genugtuung empfinden können, ihre Überzeugung bekannt zu haben. Wir zogen es vor, uns in die furchtsame Beschaulichkeit unserer Werkstätten zurückzuziehen. Mögen die Nachgeborenen uns das Blut verzeihen, das an unseren Händen klebt!«[18]

Mit der *Seltsamen Niederlage* schrieb sich Marc Bloch seine Verzweiflung von der Seele. Später wurde daher auch dieser Text als Testament bezeichnet: als das *politische* Testament eines Gelehrten, der sich zwar gelegentlich mit seiner Unterschrift engagierte, aber nie einer Partei angehörte oder für ein demokratisches Amt kandidierte.[19] Marc Bloch war gewiß kein Konservativer – als Student sympathisierte er mit den Sozialisten um Jaurès –, aber welcher Partei er seine Stimme gab, blieb sogar seinen Kindern verborgen.[20] Das Jahr 1940 markiert deshalb eine Wende: Von nun an zog sich Bloch nie mehr vollständig aus dem Tagesge-

---

17 Ebenda, S. 227; frz. Ausg. S. 204.

18 Ebenda. Vgl. ähnlich bereits einen Brief an Febvre v. 8. Oktober 1939: »Wir haben in den Jahren 1919–1920 und danach viel zu viele Dummheiten durchgehen lassen, ohne ernsthaft dagegen zu protestieren. [...] Wir verkauften unsere Seele für unsere Ruhe, für unsere geistige Arbeit, für die Sorglosigkeit von Männern, die nach vier schrecklichen Jahren endlich wieder leben wollten. Das war falsch.« (AHS, 1945, S. 19f.).

19 Blochs Verhältnis zur Politik haben v.a. Raulff und Dumoulin untersucht (wie Anm. 5).

20 Vgl. Etienne Bloch, Marc Bloch. Souvenirs et réflexions d'un fils sur son père, in: Hartmut Atsma/André Burguière (Hg.), *Marc Bloch aujourd'hui. Histoire comparée et sciences sociales*, Paris 1990, S. 23–37, bes. S. 28: »Ich weiß nicht, was mein Vater politisch dachte. Ich glaube sagen zu können, daß er ein Mann der Linken war, aber er war vor allem ein Mann der Ordnung.«

schehen zurück. Ob als Hochschullehrer oder Autor, nie mehr tilgte er die aktuellen politischen Bezüge seiner Arbeit.[21] Das gilt auch für die *Apologie der Geschichtswissenschaft*, wo an zahlreichen Stellen auf die Niederlage, das Vichy-Regime oder den Nazismus angespielt wird (vgl. Register). Außerdem hielt er sich bereit, den Kampf gegen die deutschen Besatzer jederzeit wieder aufzunehmen. Hatte er im Sommer 1940 noch erwogen, mit seiner Familie in die USA zu emigrieren – die *New School of Social Research* in New York bot ihm einen Lehrstuhl an[22] –, so ließ er später diese Möglichkeit, sich in Sicherheit zu bringen, ganz bewußt verstreichen, um sich statt dessen der Résistance anzuschließen.[23] Da die Vichy-Regierung seiner Weiterverwendung an der nach Clermont-Ferrand verlegten Universität Straßburg und 1941 – auf seinen Wunsch hin – auch seiner Versetzung nach Montpellier zustimmte, wo das Klima der Gesundheit seiner Frau günstiger war, konnte er noch zwei Jahre lang seine Lehrtätigkeit fortsetzen und als Tarnung benutzen.[24] Manche Bibliotheks- oder Archivreise diente in Wahrheit ganz anderen

---

21 Zwar gibt es in vielen Texten aus den Vorkriegsjahren kleine politische Anspielungen, aber M. B. blieb stets sehr diskret, weil er jeden Eindruck von Parteilichkeit bzw. Werturteilen vermeiden wollte. Obwohl ein guter Kenner der deutschen Verhältnisse, verfaßte er z. B. vor dem Krieg – im Unterschied zu Febvre – keinen einzigen, noch so kurzen Text über den ›Nationalsozialismus‹. Vgl. Peter Schöttler, Rationalisierter Fanatismus, archaische Mentalitäten. Marc Bloch und Lucien Febvre als Kritiker des nationalsozialistischen Deutschland, in: *Werkstatt Geschichte*, 5, 1996, 14, S. 5–21.

22 Vgl. Peter M. Rutkoff/William B. Scott (Hg.), Letters to America: The correspondence of Marc Bloch, 1940–1941, in: *French Historical Studies*, 12, 1981, S. 277–303, sowie Fink (wie Anm. 9), S. 243 ff.

23 Vgl. Fink (wie Anm. 9), S. 293 ff., sowie ergänzend: Natalie Zemon Davis, Censorship, Silence and Resistance: The *Annales* during German Occupation in France, in: *Historical Reflections – Réflexions Historiques*, 24, 1998, S. 351–374.

24 Zu Blochs Lehrtätigkeit im Krieg vgl. Etienne Bloch, La carrière universitaire de Marc Bloch durant l'occupation, in: CMB, 2, 1995, S. 7–14; Léon Strauss, Marc Bloch à l'Université de Strasbourg repliée à Clermont-Ferrand (1940–1941), in: *Revue d'Alsace*, 122, 1996, S. 343–348.

Zwecken. Als jedoch die Deutschen auch die sogenannte ›freie Zone‹ besetzten, wurde Bloch vom Ministerium ›krankgeschrieben‹ und zog sich in sein Landhaus zurück. Von dort ging er im März 1943 nach Lyon, wo er unter verschiedenen Decknamen zu den führenden Köpfen der *Mouvements Unis de la Résistance* gehörte.[25] Ein Jahr später fiel er den Häschern Klaus Barbies in die Hände. Am 16. Juni, wenige Tage nach der Landung der Alliierten, wurde er zusammen mit 29 anderen Gefangenen auf einem Feld bei Saint-Didier-de-Formans von SD- und Gestapo-Beamten erschossen.[26]

Im Blick auf die *Apologie* läßt sich die *Seltsame Niederlage* noch anders lesen. Auch dieser ›politische Text‹ ist nämlich von methodologischen Anmerkungen durchzogen. Wie ein geschulter Soziologe oder Ethnologe legt Bloch schon auf den ersten Seiten seine Karten auf Tisch[27]:

> Ein Zeuge muß sich ausweisen können. Bevor ich also darlege, was ich gesehen habe, muß ich wohl sagen, mit welchen Augen ich es gesehen habe. Geschichte schreiben und lehren: das ist seit nahezu vierunddreißig Jahren mein Metier. Aufgrund dieses Berufs habe ich zahlreiche Dokumente verschiedenster Zeiten studiert, um nach bestem Wissen Wahres von Falschem zu unterscheiden; darüber hinaus hat er mich gelehrt, genau hinzuschauen und zu beobachten. Denn ich war stets der Meinung, daß die erste Pflicht eines Historikers darin besteht, sich »für das Leben« zu interessieren, wie mein Lehrer Pirenne zu sagen pflegte. Die besondere Aufmerksamkeit, die ich in meinen Arbeiten den Aspekten des Landlebens ge-

25 Vgl. die Erinnerungen von Alban Vistel, *La nuit sans ombre. Histoire des mouvements unis de la résistance, leur rôle dans la libération du Sud-Est*, Paris 1970, S. 393 ff.

26 Zu den genauen Umständen und ihrer späteren Mythisierung vgl. E. Bloch, *Eine unmögliche Biographie* (wie Anm. 9), S. 21 ff.

27 M. B., *Seltsame Niederlage* (wie Anm. 1), S. 41 f.; frz. Ausg. S. 30.

> widmet habe, hat mich davon überzeugt, daß es unmöglich ist, die Vergangenheit zu verstehen, ohne sich mit der Gegenwart zu beschäftigen; der Historiker, der das Land erforscht, bedarf guter Augen, um die Formen der Felder zu erkennen, ebensosehr wie der Fähigkeit, alte Folianten zu entziffern. Eben diese Gewohnheiten des kritischen Blicks, der Beobachtung und der – wie ich hoffe – Redlichkeit habe ich auf die Erforschung jener tragischen Ereignisse anzuwenden versucht, die ich als handelnde Person – wenn auch nur in sehr bescheidener Funktion – miterlebt habe.

Dieser besondere Blick und die professionelle Verantwortung des Historikers gehören zu den ständig wiederkehrenden Themen des Buches. Bloch berichtet zum Beispiel, wie ihn ein junger Absolvent der Militärakademie in der Stunde der Niederlage fragt, ob nicht die Geschichtsschreibung das Land »betrogen« und damit zum Debakel beigetragen habe. Der Historiker war irritiert. In der Tat habe der herkömmliche Unterricht in Militärgeschichte völlig versagt, weil er in simplen Analogien dachte und den rasanten Wandel der Technik unterschätzte. Wahre Geschichtswissenschaft sei ganz etwas anderes[28]:

> Die Geschichte ist ihrem Wesen nach eine Wissenschaft der Veränderung. Sie weiß und sie lehrt, daß zwei Ereignisse sich niemals auf identische Weise wiederholen, da die Bedingungen niemals exakt koinzidieren. Natürlich erkennt sie in der menschlichen Evolution bestimmte, wenn nicht permanente, so doch dauerhafte Elemente an. Damit aber bestätigt sie zugleich die praktisch unendliche Vielfalt ihrer Kombinationen. Gewiß belegt sie, wenn nicht im einzelnen, so doch in den großen Entwicklungslinien bestimmte Wiederholungen von einer Zivilisation zur anderen. Folglich konstatiert sie,

[28] Ebenda, frz. Ausg., S. 150f.; dt. Übers., S. 167f. (Übers. leicht modifiziert).

daß die Rahmenbedingungen in beiden Fällen ähnlich waren. Sie kann versuchen, die Zukunft zu ergründen, und ich halte es nicht für unmöglich, daß ihr dies gelingt. Mitnichten aber besagen ihre Lehren, daß die Vergangenheit von neuem beginnt, daß das, was gestern war, morgen sein wird. Sie untersucht vielmehr, wie und wodurch sich das Gestern vom Vorgestern unterschied, und findet in dieser Annäherung das Mittel, das ihr zu prognostizieren erlaubt, in welcher Weise das Morgen wiederum vom Gestern abweichen wird. Die Linien, deren Verlauf ihr die Tatsachen der Vergangenheit diktieren und die sie auf ihren Forschungsblättern einzeichnet, sind niemals Geraden; sie sieht dort nur Kurven, und diese Kurven sucht sie durch Extrapolation ins zeitlich Ungewisse hinein zu verlängern. Daß es die Natur ihres Gegenstandes nicht zuläßt, die Elemente des Realen beliebig zu modifizieren, wie es die experimentellen Disziplinen tun können, spielt kaum eine Rolle. Um die Beziehungen zu erforschen, welche die spontanen Variationen der Faktoren mit denjenigen der Phänomene verbinden, braucht sie nur zwei Instrumente: die Beobachtung und die Analyse. Dadurch dringt sie zu den Ursachen der Dinge und und ihren Veränderungen vor. Sie ist, mit einem Wort, eine authentische Erfahrungswissenschaft insofern, als es ihr die Untersuchung der Realitäten, die sie durch eine Leistung des Erkennens und Vergleichens in ihre Bestandteile zerlegen kann, immer wieder ermöglicht, die Wechselbeziehungen von Ursache und Wirkung aufzudecken. Der Physiker sagt nicht: »Der Sauerstoff ist ein Gas, denn wir haben ihn bei uns nie anders als in dieser Form gesehen.« Er sagt vielmehr: »Unter ganz bestimmten Temperatur- und Druckverhältnissen, die bei uns die häufigsten sind, stellt sich der Sauerstoff in einem gasförmigen Aggregatzustand dar.« Desgleichen weiß der Historiker ganz genau, daß zwei aufeinanderfolgende Kriege nie derselbe Krieg sein werden, sofern sich in der Zwischenzeit die soziale Struktur, die Techniken und die Mentalität verändert haben.

So formulierte Marc Bloch also schon im Sommer 1940 eine vehemente »Verteidigung« (Apologie) seines Berufs. Auch wenn er mit dem Buch, dem er später diesen Titel gab, *Apologie pour l'histoire*, vermutlich erst Anfang 1941 begann, kann man davon ausgehen, daß er sich schon vorher monatelang mit dem Thema beschäftigte und einzelne Gedanken und Formulierungen notierte. Die oben erwähnte Anekdote vom jungen Offizier, der über die Geschichtsschreibung klagt, findet sich jedenfalls auf mehreren Zetteln, die nach Etienne Bloch zu den frühesten Notizen der *Apologie pour l'histoire* gehören (APOL 1993, S. 280 f.).[29] Überhaupt enthält der Blochsche Nachlaß, dessen verschlungene Geschichte eines Tages geschrieben werden sollte[30] – bis hin zu den nach Moskau gelangten Archivkästen, die 1994 zurückkehrten[31] –, sehr viel Material, aus dem sich – in Verbindung mit den erhaltenen Briefwechseln – die Genese des Projekts in etwa rekonstruieren läßt:

- das erwähnte Fragment *Réflexions pour le lecteur curieux de méthode* vom September 1939[32];
- ein weiteres Fragment *Réflexions sur l'histoire* vom Juni 1940 (APOL 1993, S. 60–62);
- das Manuskript einer Vorlesung *Comment et pourquoi travaille un historien?* (Wie und warum ein Historiker arbeitet), die Bloch im Oktober 1940 an der nach Clermont-Ferrand ver-

---

29 Hier und im folgenden verweist die Abkürzung APOL + Jahreszahl auf frühere Ausgaben der *Apologie pour l'histoire*, die weiter unten im Anhang genauer nachgewiesen sind.

30 Heute befindet der Nachlaß zu großen Teilen in den Archives Nationales in Paris (Serie AB XIX). Interessierten Forschern steht ein detailliertes Verzeichnis zur Verfügung.

31 Vgl. Etienne Bloch, Les papiers de Marc Bloch à Moscou, in: CMB, 1, 1994, S. 55–57.

32 Vgl. oben Anm. 11.

legten Universität Straßburg hielt[33], wobei dieser Vorlesungstitel wenig später als erster Untertitel des geplanten Buches auftaucht (APOL 1997, S. 40)[34];

- und schließlich ein rotes Notizheft mit der Aufschrift *MEA* aus den Jahren 1940–1943[35]; darin ist unter dem Datum »XII 40«, also Dezember 1940, zum ersten Mal von dem neuen Projekt die Rede: »Zu schreibende Bücher: [...] 1. *Apologie pour l'histoire*« (APOL 1993, S. 39).[36]

## TEXTGESCHICHTE UND EDITIONSGESCHICHTE

In den letzten Jahren ist dieses Material vor allem von Etienne Bloch und Massimo Mastrogregori sorgfältig untersucht worden. Ihre Forschungen haben ergeben, daß Marc Bloch vermutlich im Frühjahr 1941 mit der Niederschrift begann. Die Widmung an Febvre, datiert vom 10. Mai 1941 (S. 3–4), dürfte in dieser Phase entstanden sein. Doch, wie Etienne Bloch betont, war sein Vater damals arg mitgenommen: Am 27. April starb seine von ihm sehr geliebte Mutter (daraufhin widmete er ihr das Buch); außerdem hatte er Streit mit Febvre (dazu weiter unten); ferner galt es, den Umzug der Familie (6 Kinder!) von Clermont nach Montpellier zu organisieren, und schließlich war er bei schlechter Gesundheit – von der unerfreulichen politischen Lage ganz

33 Privatarchiv Etienne Bloch. Dieser Text soll demnächst in CMB veröffentlicht werden.

34 Siehe die im Anhang übersetzte Rohgliederung der *Apologie*.

35 Eine genaue Beschreibung gibt Massimo Mastrogregori: Due *carnets* inediti di Marc Bloch (1917–1943): Quelques notes de lecture e MEA, in: *Rivista Storica Italiana*, 110, 1998, S. 1005–1044.

36 Vgl. auch Etienne Bloch, Souvenirs (wie Anm. 20), S. 35. M. B. erwähnt in dieser Notiz vier weitere Projekte: eine Studie über das mittelalterliche »erste deutsche Reich«, eine Geschichte des französischen Geldes, eine Geschichte der Bevölkerung der USA und – »meinen Kriminalroman«.

zu schweigen. Daher wurde ein Großteil des Buches wohl erst in den Sommermonaten des folgenden Jahres geschrieben. Zu diesem Zeitpunkt konnte Bloch wieder auf einen Teil seiner Unterlagen zurückgreifen, der ihm aus Paris nachgeschickt worden war. Er vermißte zwar seine Bibliothek, aber wenigstens hatte er jetzt wieder seine eigenen Veröffentlichungen zur Hand, die er in drei Bücher mit der Aufschrift *Mea* hatte binden lassen. Vor allem aus seinen methodologischen Aufsätzen übernahm er viele Beispiele und ganze Passagen in das Manuskript der *Apologie.*[37] Die dritte und letzte Arbeitsphase lag im Herbst und Winter 1942/43. Bloch mußte damals Montpellier verlassen und fand erneut Zuflucht in seinem Landhaus »Fougères«. Dort arbeitete er an seinen beiden Manuskripten – der *Apologie* und der *Seltsamen Niederlage* –, bevor er nach Lyon aufbrach.

Zum eigentlichen Schreibprozeß muß man wissen, daß Bloch die Angewohnheit hatte, seine Texte mit der Hand zu schreiben.[38] Anschließend tippte seine Frau Simonne die Manuskripte ab, wobei sie mehrere Durchschläge machte. Aus diesen Typoskripten mit eingeschobenen Blättern entstanden nach handschriftlichen Korrekturen und zahllosen Umstellungen weitere Fassungen, die möglicherweise erneut abgetippt wurden. Schließlich fertigte Frau Bloch ein nahezu endgültiges Typoskript an, von dem es – zumindest im Fall der *Apologie* – einen Durchschlag gab.

Marc Bloch war ein äußerst systematischer Arbeiter, der seine Manuskripte und Notizen stets peinlich geordnet hatte. Man erinnere sich an den vielsagenden Satz aus der *Seltsamen Niederlage*:

---

37 Vgl. dazu die in dem Band *Werkstatt des Historikers* (wie Anm. 7) versammelten Texte. Aufgrund der Annotation von Etienne Bloch ergibt sich dort jeweils, welche Passagen in der *Apologie* verwendet wurden.

38 Das folgende nach Etienne Bloch, Une nouvelle édition de l'*Apologie pour l'histoire ou Métier d'historien*, in: APOL 1993, S. 35 ff.

»Ich gestehe, daß ich Schlamperei im Umgang mit den Dingen nicht sonderlich schätze; sie überträgt sich leicht auf die Intelligenz.«[39] Folglich könnte man meinen, daß es selbst bei einem unvollendeten Buch wie der *Apologie* – es bricht im 5. Kapitel ab – relativ leicht gewesen sein müßte, eine Fassung letzter Hand zu finden und sie dann zu publizieren. Unter normalen Umständen wäre dies wohl der Fall gewesen. Doch die abenteuerliche Überlieferungsgeschichte erinnert eher an die mancher mittelalterlicher Handschriften, mit denen sich ihr Autor einst beschäftigt hatte.[40] In den ersten Monaten nach der Befreiung wurde das verwaiste Landhaus bei Guéret von französischen Widerstandskämpfern okkupiert und verwüstet. Aus diesem Chaos wurde das Manuskript geborgen, in chaotischem Zustand. Schon damals fehlten vermutlich einige Blätter. Anfang 1945 übergab Blochs ältester Sohn Etienne, damals 23 Jahre alt, der selbst im *maquis* und in der französischen Armee gekämpft hatte, einen Großteil des Konvoluts an Febvre, der als intellektueller Nachlaßverwalter seines Vaters fungierte. Allerdings behielt Etienne Bloch zwei frühere Textfassungen zurück, weil er sie für bloße Abschriften oder für weniger wichtig hielt.

So begann die Editionsgeschichte der *Apologie* unter ungünstigen Voraussetzungen. Das war aber nicht gleich evident, im Gegenteil. Denn bald nach der Befreiung gewannen Febvre und die *Annales*-Historiker großen wissenschaftlichen und hochschulpolitischen Einfluß. Dieser beruhte zum einen auf dem intellektuellen Potential der Gruppe und materialisierte sich 1947 in der Gründung einer eigenen Hochschule, der sogenannten ›6. Sektion‹ der *Ecole Pratique des Hautes Etudes*.[41] Zum anderen

39 M. B., *Seltsame Niederlage* (wie Anm. 1), S. 104; frz. Ausg. S. 89.

40 Etienne Bloch, Une nouvelle édition (wie Anm. 38), S. 33ff.

41 Vgl. Lutz Raphael, *Die Erben von Bloch und Febvre. »Annales«-Geschichtsschreibung und »nouvelle histoire« in Frankreich 1945–1980*, Stuttgart 1994, S. 150ff. Seit 1975 heißt diese Hochschule: *Ecole des Hautes Etudes en Sciences Sociales.*

profitierten Febvre und die *Annales* von dem hohen Ansehen, das sich mit dem Namen Marc Blochs künftig verband. Gaullisten und Kommunisten verehrten ihn gleichermaßen als Märtyrer. Um dieses Erbe zu nutzen, lag es nahe, die Erinnerung an Bloch wachzuhalten und möglichst viele seiner nachgelassenen Schriften zu publizieren. Bereits 1945 widmeten ihm die *Annales* zwei Sonderhefte, die sowohl Beiträge über den ermordeten Historiker als auch Texte aus seiner Feder enthielten, und zwar unter dem bezeichnenden Titel *Reliquiae.* Gleichzeitig erwähnte Febvre die beiden Buchmanuskripte *L'étrange défaite* und *Apologie pour l'histoire*, die demnächst publiziert würden.[42] Vor allem aber veröffentlichte er Auszüge aus der Korrespondenz, die er während des Krieges mit Bloch geführt hatte. Drei dieser Briefe betrafen das Projekt der *Apologie*, darunter Blochs Ankündigung, das Buch seiner verstorbenen Mutter sowie Febvre widmen zu wollen.[43] Aus heutiger Perspektive ist es außerdem bemerkenswert, daß Febvre sehr ausführlich über den Streit berichtete, der zwischen Bloch und ihm über die Forsetzung der *Annales* unter deutscher Besatzungsherrschaft stattgefunden hatte.[44]

Da dieser Konflikt neuerdings von einigen Kommentatoren als ein Verrat Febvres an Bloch interpretiert wird[45] und damit auch ein Schatten auf die von Febvre kontrollierten Bloch-Editionen fällt, sei kurz skizziert, worum es ging[46]: Seit Anfang 1939 erschienen die *Annales* nicht mehr im Verlag A. Colin, sondern im Selbst-

42 AHS, 1945, S. 33. Febvre nennt die Bücher hier allerdings *Témoignage* und *Metier d'historien.*

43 Ebenda, S. 31 f.

44 Ebenda, S. 21–25.

45 Vgl. Daniel Lindenberg, *Les années souterraines 1937–1947*, Paris 1990; Philippe Burrin, *La France à l'heure allemande*, Paris 1995.

46 Vgl. dazu ausführlicher: Schöttler, Rationalisierter Fanatismus (wie Anm. 21), sowie Davis (wie Anm. 23). Nach der Publikation des 3. Bandes der Korrespondenz Bloch–Febvre im Jahr 2004, der den Zeitraum 1938–1944 umfaßt, wird sich die Debatte wohl versachlichen.

verlag der Herausgeber; beide waren beim Handelsgericht als Eigentümer registriert, Bloch führte das Konto. Nach Nazi-Maßstäben waren die *Annales* damit ein ›jüdisches Unternehmen‹. Während es zunächst keine Probleme gab, weil nur bereits gedruckte Hefte ausgeliefert wurden, stellte sich 1941 die Frage, ob und wie die Zeitschrift weitergeführt werden sollte. Bloch plädierte für eine Einstellung, da weder in Paris noch in der ›unbesetzten Zone‹ eine legale Fortsetzung möglich sei. Febvre dagegen, der in Paris lebte und lehrte, wollte die *Annales* als Organ des intellektuellen Frankreich unbedingt erhalten. Deshalb forderte er von Bloch, seinen Namen der Form halber zurückziehen. Bloch lehnte dies zunächst heftig ab, gab aber schließlich nach. Von da an erschienen die *Annales* ohne Herausgebernamen, denn auch Febvre nahm den seinen vom Titelblatt und setzte ihn lediglich ins Impressum, wo er als »verantwortlicher Herausgeber« firmierte; man konnte sich also hinzudenken: Es gibt noch einen weiteren. Nach zwei Heften änderten die *Annales* außerdem ihren Titel in *Mélanges d'histoire sociale,* und als unregelmäßig erscheinende Sammelbände entgingen sie der Pressezensur.[47]

Daß dieser Streit zwischen Bloch und Febvre äußerst schmerzhaft war, ist unbestritten. Doch ihre ohnehin konfliktreiche Freundschaft überlebte auch diese Belastung.[48] Am Ende akzeptierte Bloch, der wahrlich kein Anpasser war, die von Febvre durchgesetzte Strategie und schrieb bis zu seiner Verhaftung unter dem relativ leicht zu durchschauenden Pseudonym »M. Fou-

47 Aufgrund einer Vereinbarung zwischen Verlegern und Besatzungsmacht gab es für Bücher und Sammelbände keine deutsche Vorzensur; die Verleger nahmen die Zensur gleichsam in die eigene Hand. Vgl. ausführlich: Pascal Fouché, *L'édition française sous l'Occupation, 1940–1944*, Paris 1987.

48 Vgl. etwa ihren Streit um die Ausrichtung der *Annales* in den Jahren 1936/37. Dazu Dumoulin (wie Anm. 5) sowie meine Einleitung in: Lucie Varga, *Zeitenwende. Mentalitätshistorische Studien 1936–1939*, hg. v. Peter Schöttler, Frankfurt/M. 1991.

gères« weiterhin für die Zeitschrift. Neben Febvre blieb er der am häufigsten gedruckte Autor. Als er im August 1942 das erste Heft der *Mélanges* in Händen hielt, schrieb er geradezu erleichtert nach Paris: »Ich denke, alle Welt wird verstehen. Sollten zufällig ein paar Dummköpfe die Augen verschließen, so verzichte ich darauf, sie ihnen zu öffnen.«[49]

Natürlich kann heute niemand sagen, wie sich das Verhältnis der beiden *Annales*-Herausgeber entwickelt hätte, wäre Bloch seinen Verfolgern entgangen.[50] Und es fällt auch nicht leicht, aus Febvres Notizen und Korrespondenzen herauszulesen, wie er nach der Befreiung mit der Einsamkeit des Überlebenden fertig wurde. Doch daß er sich ernsthaft um das Erbe des ermordeten Freundes bemühte, läßt sich kaum bestreiten: von den erwähnten Sonderheften der *Annales* über die Gründung einer *Association Marc Bloch* zur Förderung der Humanwissenschaften bis hin zur Publikation der nachgelassenen Schriften.

Dies gilt zumal für die *Apologie*.[51] Allerdings mußte Febvre schnell feststellen, daß deren Text nicht nur ein Fragment war, sondern daß es keine gesicherte Fassung der abgeschlossenen Kapitel gab. Folglich versuchte er, aus den ihm vorliegenden Unterlagen eine einigermaßen lesbare Druckvorlage herzustellen. Er selbst berichtet darüber im Nachwort zur ersten Ausgabe, die im Frühjahr 1949 erschien:

> Um diese Druckfassung zu erstellen, lagen mir drei dicke Mappen vor, die alle eine mehr oder weniger vollständige Fassung des zu

49 AHS, 1945, S. 24 (Brief v. 17. 8. 1942).

50 Einige Überlegungen dazu in: E. Bloch, Marc Bloch, eine unmögliche Biographie (wie Anm. 9), S. 29 ff.

51 Wie ein Brief von Febvre an Etienne Bloch belegt (7. März 1945), war er sich durchaus bewußt, daß Kritiker ihm vorwerfen würden, »Marc Bloch zu benutzen«, um die *Annales* zu propagieren (zit. von E. Bloch, Il manoscritto interrotto, in: *Belfagor*, 53, 1998, S. 728).

> publizierenden Textes enthielten. Diese Fassungen bestehen zu großen Teilen aus maschinenbeschriebenen Blättern; darin sind Manuskriptseiten von der Hand Marc Blochs eingefügt, meist auf der Rückseite einer früheren Fassung, die von ihm durchgestrichen wurde. Meine Aufgabe als Herausgeber bestand im wesentlichen darin, aus diesen drei Fassungen einen Basistext zusammenzustellen, der alles, was Marc Bloch geschrieben hat, umfaßt und alle von ihm auf den Typoskripten vorgenommenen Korrekturen berücksichtigt. Dem Text von Bloch wurde nichts hinzugefügt, es wurde auch nichts verbessert, nicht einmal in der äußeren Form. Das vorliegende Heft [Buch] bietet lediglich diesen vollständigen und unveränderten Text. (APOL 1949, S. 107; vgl. APOL d1992, S. 183f.)

Das klingt nach einer pragmatischen Lösung, zumal es unter den damaligen Umständen – es herrschte ja nicht nur Geld-, sondern auch Papiermangel – undenkbar war, dem kleinen Text eine historisch-kritische Ausgabe zu widmen. Im Grunde handelte Febvre wie er es von Manuskripten für die *Annales* gewohnt und wie es zwischen ihm und Bloch auch immer üblich gewesen war: Kleine redaktionelle Änderungen, Umstellungen oder Zwischentitel galten unter ihnen nicht als Eingriffe in den Text. So ging die *Apologie* also hinaus, wurde in viele Sprachen übersetzt und tat ihre Wirkung.

Erst vier Jahrzehnte später entdeckten zwei junge Forscher – der Italiener Massimo Mastrogregori und die Holländerin Marleen Wessel –, daß Febvres Edition erhebliche Mängel hatte. Alles begann mit einer Akte, die damals in der *Maison des Sciences de l'homme* in Paris aufbewahrt wurde und den Titel trug: »Dossier Marc Bloch«. Hinzu kam die Lektüre des Blochschen Nachlasses, den Etienne Bloch zu großen Teilen in den *Archives Nationales* deponiert hatte. Plötzlich wurde deutlich, daß Febvre (a) nicht alle Manuskripte kannte, (b) bei der Zusammenstellung der Druckfassung Veränderungen und Interpolationen vorgenommen hatte (z. B. Zwischentitel) und (c) daß bei der materiellen Herstellung der Druckvorlage eine Reihe von schlimmen Fehlern passiert war (Seitenauslassungen, Verwechslungen usw.). Kurzum, die ›Originalfassung‹ der *Apologie*, auf der alle späteren Auflagen und Übersetzungen basierten, konnte nicht länger als autoritativer Text gelten, sondern bedurfte dringend einer Überprüfung und Korrektur.

Nachdem zuerst Mastrogregori das Fachpublikum über die neue Forschungslage informiert[52] und Wessel ihrer holländischen *Apologie*-Übersetzung einen veränderten Text zugrunde gelegt hatte[53], bereitete Etienne Bloch eine völlig neue Ausgabe vor, die 1993 erschien. Gestützt auf seine einzigartigen Kenntnisse der väterlichen Manuskripte, wollte er das gesamte Material neu ordnen und möglichst komplett – als Dossier – publizieren. Auch wenn es nach fünfzig Jahren kaum mehr möglich war, die ursprüngliche Ordnung der mehrfach durcheinandergewirbelten Handschriften und Abschriften wiederherzustellen, gelang es ihm, einen Text zu konstruieren, der dem Endzustand von 1943 in etwa entsprechen dürfte. Alle Passagen, die sich von früheren Fassungen unterscheiden, sind darin durch Klammern markiert; Streichungen oder Ergänzungen werden in Fußnoten vermerkt. (Nicht gekennzeichnet sind allerdings – leider – die Veränderungen gegenüber der Edition von 1949.) Darüber hinaus enthält diese *édition critique* eine Reihe ergänzender Materialien (Gliederungsentwürfe, Notizen zu den verschiedenen Fassungen usw.) sowie einen frühen Entwurf der ersten Kapitel, der

52 Massimo Mastrogregori, Nota sul testo dell' »Apologie pour l'histoire« di Marc Bloch, in: *Rivista di storia della storiografia moderna*, 7, 1986 [gedr. 1987], S. 5–32. Vgl. auch ders., *Il manoscritto interrotto di Marc Bloch*, Pisa/Rom 1995.

53 M. B., *Pleidooi voor de geschiedenis of Geschiedenis als ambacht*, Nijmegen 1989. Vorwort von Marleen Wessel, Nachwort von Massimo Mastrogregori.

sich an einigen Stellen von der sogenannten *rédaction définitive* unterscheidet (APOL 1993, S. 215ff.).

Mit dieser Ausgabe wurde eine neue, zuverlässige Textgrundlage geschaffen. Doch die Adressaten dieses etwas umständlich zu benutzenden Buches waren vornehmlich Spezialisten. Diese wiederum wandten ein, daß sich aus dem Anspruch einer *édition critique* eine noch genauere, nämlich philologisch-kritische Edition aller Manuskripte hätte ergeben müssen.[54] Sicher wird es eines Tages dazu kommen, wobei die neuen Reproduktionstechniken auch neue Möglichkeiten einer gleichsam ›genetischen‹ Textpräsentation anbieten.[55] Was die Edition von 1993 angeht, so gelangte ihre Botschaft jedenfalls kaum zu den vielen tausend Studenten, Historikern oder Geschichtsinteressierten, die seit Jahrzehnten die *Apologie* zu ihrem Lieblingsbuch gemacht haben. Deshalb lag es nahe, daß eine gekürzte Studienausgabe erschien, die die von Etienne Bloch annotierte *rédaction définitive* enthielt. Das übrige Material sowie Etienne Blochs editorische Einleitung wurden weggelassen. Auf dieser Studienausgabe von 1997 – die leider gegenüber der Edition von 1993 neu paginiert wurde, was bei Zitatnachweisen Verwirrung stiften kann – basiert die vorliegende deutsche Neuübersetzung.

## Die deutsche Neuausgabe

Was hat sich nun gegenüber der älteren Ausgabe tatsächlich verändert? (1) der Titel, *Apologie der Geschichtswissenschaft* statt *Apologie der Geschichte*, (2) der Text und (3) die Übersetzung.

---

54 Vgl. etwa die Rezension von Massimo Mastrogregori, in: *Belfagor*, 53, 1998, S. 377–380. Etienne Bloch hat darauf in derselben Zeitschrift geantwortet (vgl. Anm. 51).

55 Wie schwerdatierbare Textfragmente ediert werden können, zeigen z. B. die kürzlich vorgelegten Wittgenstein-Ausgaben.

***Ein neuer Titel***

Dieses Buch ist kein Einführungsbuch, jedenfalls nicht im üblichen Sinne. Nichts deutet darauf hin, daß Bloch die Absicht hatte, seine theoretischen Ausführungen mit pädagogischen Empfehlungen zu verbinden oder gar das *Werkzeug des Historikers*[56] auszubreiten. Ausgangspunkt ist vielmehr eine Verteidigung der Geschichte gegen ihre Verächter, wobei vor allem Paul Valéry gemeint ist, auf den Bloch mehrfach anspielt (vgl. S. 75, 174). Noch heftiger als Nietzsche hatte der berühmte Schriftsteller die Historie als Mystifikation denunziert und behauptet: »Die Geschichtsschreibung rechtfertigt alles, was man möchte.«[57] Schon Febvre hatte mit einer ganzen Vorlesung darauf geantwortet.[58] Doch in der Situation der Niederlage dachte Bloch auch an neue Kritiker der Historie, wie den schon zitierten Offizier, der sich von ›der Geschichte‹ betrogen fühlte. Gegenüber traditionellen Geschichtserzählungen, konservativer Salonhistorie oder gehobenem Journalismus wollte er in seinem Buch, das er als »Gegengift« bezeichnete (S. 3), endlich einmal das Selbstverständnis der modernen Geschichtswissenschaft skizzieren – »auf welche Weise und warum ein Historiker seinem Handwerk nachgeht« (S. 14). Der Obertitel *Apologie pour l'histoire* bezog sich also nicht auf die Geschichte ›als solche‹ *(res gestae)*, sondern auf deren intellektuelle Aufarbeitung *(historia rerum gestarum)*. Für beide Ebenen gibt es im Französischen nur ein Wort, *histoire*, woraus sich häufig Mißverständnisse ergeben. Aber Neudefinitionen oder

56 Vgl. dafür z. B. Ahasver von Brand, *Das Werkzeug des Historikers. Eine Einführung in die historischen Hilfswissenschaften*, Stuttgart 1958.

57 Paul Valéry, *Regards sur le monde actuel et autres essais* (zuerst: 1931), Paris 1963, S. 40.

58 Lucien Febvre, *L'histoire dans la vie contemporaine*, Vorlesung am Collège de France, 1936 (Archives Nationales, Paris, Nachlaß Febvre). Febvre meinte, Valéry kenne nur Geschichtenerzähler und habe noch nie das Buch eines echten Historikers gelesen (vgl. auch AESC, 2, 1947, S. 222).

auch Begriffsbildungen wie *histoire-science* (Henri Berr) haben sich bis heute nicht durchsetzen können. Schon aus diesem Grund war der frühere deutsche Titel zumindest irreführend und bedurfte der Korrektur.[59]

Doch was ist mit dem zweiten Titel, den man heute wie einen Untertitel liest? Wie erwähnt, lautete er ursprünglich: *Comment et pourquoi travaille un historien.*[60] So ergänzten sich gleichsam ein programmatischer und ein pädagogischer Titel. Dann aber wählte Bloch: *Métier d'historien.* Obwohl beide Formulierungen dieselbe Thematik berühren, nämlich die handwerklichen Aspekte historischer Arbeit – wobei im Hintergrund noch ein Aufsatz des großen Pirenne zu erwähnen ist, der den Titel trug: *Le travail de l'historien* (Die Arbeit des Historikers)[61] –, verschieben sich die Akzente: von der Pädagogik zum Handwerk und zum Beruf. Marc Bloch liebte diese neue Formulierung sehr. »Nachmittags arbeite ich meist an meinem Buch«, schrieb er im September 1942 seinem Sohn Etienne: »*Métier d'historien* scheint mir ein besserer Titel als *Apologie pour l'histoire.* Was meinst Du?«[62] Offenbar überlegte er, ihn zum einzigen Titel zu machen.[63] Auch Febvre sprach stets nur vom *Métier d'historien.*

Blochs Bedenken gegen die Formulierung »Apologie pour l'histoire« hatten vor allem politische Gründe. Denn im Sommer 1942 erschien ein kleines Buch, das einen zum Verwechseln ähn-

---

59 Noch heute verwechseln viele Übersetzer bei dem Wort *histoire* Realhistorie und Geschichtswissenschaft. Dann wird z. B. aus *l'homme sujet de l'histoire* (der Mensch als Gegenstand bzw. Thema der Geschichtswissenschaft) ein quasi-hegelianisches »Subjekt-Objekt der Geschichte« (Lucien Febvre, *Das Gewissen des Historikers,* Berlin 1988, S. 129).

60 Vgl. die w. u. übersetzte erste Gliederung.

61 Henri Pirenne, Le travail de l'historien, in: *Le Flambeau,* 1931.

62 Brief an E. Bloch v. 13. 9. 1942, in: *Lettres de la »drôle de guerre«* (wie Anm. 12), S. 101.

63 Vgl. Etienne Bloch, Marc Bloch, eine unmögliche Biographie (wie Anm. 9), S. 30.

lichen Titel trug: *Pétition pour l'histoire* (Petition für Geschichtswissenschaft). Sein Verfasser war Anatole de Monzie, ein ehemaliger Erziehungsminister, den Febvre und Bloch recht gut kannten. 1932 hatte er Febvre zum Direktor der *Encyclopédie Française* berufen. Für Bloch repräsentierte er genau jenen Typus opportunistischer Politik, den er in den *Seltsamen Niederlage* kritisiert hatte. Und ausgerechnet dieser Mann veröffentlichte jetzt eine Art Parallel-Apologie! Auch de Monzie kritisierte die Thesen von Valéry, forderte mehr historisches Bewußtsein, mehr Geschichtswissenschaft usw., und wie selbstverständlich berief er sich auf die ihm bekannten Historiker – ein Febvre-Zitat diente als Motto, und nicht weniger als zweimal zitierte er Marc Bloch.[64] Das war um so unangenehmer, als der ehemalige Minister eine reichlich zweideutige politische Haltung einnahm, die den Historiker so sehr aufbrachte, daß er ihn wenig später in einer Résistance-Zeitschrift als Kollaborateur attackierte.[65]

*Métier d'historien* war dagegen als Titel völlig unbelastet. Es klang bescheidener und bezeichnete, worum es ging. Nicht zufällig wurde in der englischen und amerikanischen Ausgabe der Obertitel einfach weggelassen: *The Historian's Craft* (1953). War *craft* aber die angemessene Übersetzung für *métier*? Und müßte es im Deutschen dann nicht auch heißen: *Apologie der Geschichtswissenschaft oder Das Handwerk des Historikers*? Bei der Neuübersetzung war diese Frage nicht zu umgehen.

Zweifellos stehen die artisanalen Aspekte der Geschichtsforschung bei Bloch im Vordergrund. Er will die Historiker bei der Arbeit zeigen, und alle erkenntnistheoretischen Überlegungen werden auf diese professionelle Praxis bezogen. Aber es geht nicht nur um Forschungstechniken und ein paar allgemeine Prin-

64 Anatole de Monzie, *Pétition pour l'histoire*, Paris 1942, S. 7, 105, 108.

65 M. B., Die wahre Zeit der Richter (zuerst 1943), in: *Seltsame Niederlage* (wie Anm. 1), S. 245–251; frz. Ausg. S. 234–239.

zipien; auch die besondere Verantwortung des Historikers wird thematisiert sowie schließlich der »Zauber«, den die Geschichtsforschung auf bestimmte Menschen ausübt (S. 9). Im Deutschen werden diese Aspekte aber eher mit *Beruf* als mit *Handwerk* umschrieben, weil im *Beruf* noch die *Berufung* steckt[66], die *vocation*, von der auch Bloch in der Einleitung spricht: »Wer kein ausgemachter Dummkopf ist, findet alle Wissenschaften interessant. Jeder Gelehrte findet aber wohl nur eine, deren Ausübung ihm auch Spaß macht. Sie zu entdecken und sich ihr zu widmen ist genau das, was man Berufung nennt« (S. 8). Für ihn stand also außer Frage, daß ein Historiker nicht nur klug, fleißig und geschickt sein, sondern sich auch zu seiner Wissenschaft auf gleichsam libidinöse Weise hingezogen fühlen muß, weil er ihr nur dann die entsprechenden Opfer an Zeit, Geld usw. bringen wird. Deshalb rät er allen von einer professionellen Geschichtsarbeit ab, »die anderswo ein besseres Tätigkeitsfeld finden können« (S. 11). Das ist natürlich diplomatisch formuliert. Als sein eigener Sohn einmal den Wunsch äußerte, Historiker zu werden, wurde er deutlicher[67]:

> Der Beruf des Historikers – also eines Menschen, der forscht, entdeckt und rekonstruiert – ist ein schöner Beruf. Es wäre mir eine Freude, wenn Du ihn ergreifen würdest. Aber es ist auch ein schwerer Beruf (und dessen Vorbereitung meines Erachtens äußerst mangelhaft organisiert ist; das ist jedoch eine andere Frage, über die wir jetzt nicht zu reden brauchen). Um richtig ausgeübt zu werden, erfordert er sehr viel Arbeit, sehr viele verschiedene Kenntnisse und eine echte intellektuelle Kraft: Neugier, Phantasie,

---

66 Zur Geschichte des deutschen Begriffs vgl. Werner Conze, Art. »Beruf«, in: *Geschichtliche Grundbegriffe*, hg. v. Otto Brunner, Werner Conze, Reinhart Koselleck, Bd. 1, Stuttgart 1972, S. 490–507.

67 Brief an E. Bloch, 25. 4. 1940, in: *Lettres de la »drôle de guerre«* (wie Anm. 12), S. 84 f.

> geordnetes Denken sowie schließlich auch die Fähigkeit, die Gedanken und Gefühle der Menschen klar und genau auszudrücken. Abgesehen von der geistigen Neugier, die niemand Dir bestreiten wird, besitzt Du das alles?

Selbst wenn im Deutschen die Gefahr besteht, daß das Wort *Beruf* allzusehr nach Luther und Max Weber klingt – vgl. dessen *Wissenschaft als Beruf* (1920), ein Text, den Bloch nicht kannte und der auch eine andere Perspektive einnimmt –, spricht am Ende doch vieles dafür, im Titel nicht bloß von *Handwerk* zu sprechen. Wer, wie Bloch, von der »poetischen« und künstlerischen Dimension einer Wissenschaft spricht (S. 10, 31) – dem »Fingerspitzengefühl der Wörter« –, wird kaum annehmen, daß sich diese ohne eine gewisse ›Begabung‹ oder ›Berufung‹ erlernen läßt.

***Ein neuer Text***

Die vorliegende deutsche Ausgabe, die auf dem von Etienne Bloch edierten Text beruht, unterscheidet sich von der alten in mehrfacher Hinsicht: Sie ist insgesamt vollständiger und daher auch etwas umfangreicher. Doch sie ist vor allem genauer. Alle kleinen Änderungen, die Febvre vornahm, sind getilgt. Das reicht von einem eingeschobenen Absatz (APOL 1949, S. X; APOL d1992, S. 24 f.), der jetzt wieder zur Fußnote wird (nun: S. 17), oder einer von Febvre formulierten Zwischenüberschrift (»Die Gegenwart durch die Vergangenheit verstehen«; APOL d1992, S. 53) (nun: S. 46) über die symptomatische Weglassung des Adjektivs »allemand«[68] (nun: S. 195) bis zu den *points de sus-*

68 Es war in der Tat aus dem Satz: »Unnötig zu erwähnen, daß diese spanischen, französischen, englischen oder deutschen Hegemonien natürlich diplomatischer und militärischer Natur sind« (S. 195), seit 1949 verschwunden (APOL 1949, S. 90; entsprechend auch: APOL d1992, S. 161). Febvre hatte außerdem deutsch geschriebene Wörter wie etwa »Stilkritik« (APOL 1949, S. 61) übersetzt. Waren das Zugeständnisse an den Zeitgeist?

*pension*, mit denen das Buch 1949 endete (APOL 1949, S. 103; APOL d1992, S. 178) (nun: S. 214). Auch spätere Fehler oder Verfälschungen wurden korrigiert: So wurde z. B. die Widmung an Marc Blochs Mutter, die sich noch bei Febvre findet (APOL 1949, S. V), aber in späteren Ausgaben verschwunden ist (APOL 1974) – und dementsprechend auch in der deutschen Übersetzung fehlte (APOL d1974 und ff.) –, wiederhergestellt. Das sind aber geradezu Kleinigkeiten im Vergleich zu drei längeren Passagen, die den Text inhaltlich bzw. argumentationslogisch tatsächlich verändern:

- (S. 35, 6. Zeile, bis S. 36, 9. Z): Nachdem früher ominöse »Exegeten« von einer embryogenetischen Obsession gequält wurden (APOL 1949, S. 6; APOL d1992, S. 45), woran sich ein Barrès-Zitat anschloß, erweist sich nun, daß Bloch diese Obsession ideengeschichtlich etwas genauer herleitete, nämlich aus der Geschichtsphilosophie des 19. Jahrhunderts und dem biologischen Evolutionismus. Dem stellte er in einem eigenen Absatz den katholischen Ursprungsgötzen gegenüber. Erst danach gelangte er zu Barrès, Maurras usw.
- (S. 143, 7. Z., bis S. 144, 8. Z.): Diese Seite über Wahrscheinlichkeit und Statistik war in Febvres Manuskript vorhanden, fehlte aber in der Druckfassung (APOL 1949, S. 62; APOL d1992, S. 124).
- (S. 193, 1 Z., bis S. 194, 6. Z.): Hier gilt das gleiche (APOL 1949, S. 90; APOL d1992, S. 160). Da dieses ›vergessene Blatt‹ mitten im Satz beginnt und ein paar Zeilen weiter ein neues Unterkapitel mit der Nummer »4« einsetzt, kam es zu einer schlimmen Entstellung. Die Schlußthese des Unterkapitels »3« über die »Nomenklatur« fiel völlig weg, und der neue Abschnitt über die chronologischen Einteilungen begann ohne Überleitung in einem verdrehten Satz.

Soweit die wichtigsten Änderungen und Neuerungen.[69] Darüber hinaus hat sich Etienne Bloch bemüht, durch eckige Klammern oder Fußnoten alle Verschiebungen oder Änderungen, die schon der Autor selbst vornahm, jeweils zu kennzeichnen. Das verlangsamt vielleicht die Lektüre, erinnert aber auch jene Leser, die sich für die historisch-philologischen Details nicht interessieren, an den fragmentarischen und an einigen Stellen sogar ›konstruierten‹ Charakter des Textes.

### *Eine neue Übersetzung*

Da die französische Vorlage sich grundlegend von der alten Ausgabe unterschied, war an eine bloße Überarbeitung der früheren deutschen Übersetzung von Siegfried Furtenbach und Friedrich J. Lucas nicht zu denken. Auch eine Korrektur der zahllosen kleinen Irrtümer (aus Maine wurde Le Mans, aus Ludwig XV. Ludwig XIV. usw.) reichte nicht aus. Denn während die alte Ausgabe, die bezeichnerweise zuerst in einer geschichtsdidaktischen Reihe erschienen war (APOL d1974), den Text noch gleichsam naiv präsentierte, mußte es jetzt – fast dreißig Jahre später – darauf ankommen, Blochs Sprache und Argumentationsweise möglichst angemessen zu übertragen. Das aber bedeutete, daß man die Begriffe und Thesen des Historikers ungleich ernster nahm, als dies seinerzeit der Fall war. Wenn Bloch z. B. von »comportement mental« spricht (APOL 1993, S. 151), kann sich die Übersetzung nicht länger mit einer vagen »Geistigkeit« zufriedengeben (APOL d1992, S. 200), sondern muß von »mentalem Verhalten« sprechen (S. 200). Allerdings klingen die Wörter ›Mentalität‹ und ›mental‹ inzwischen auch im Deutschen weniger exotisch als noch zu Beginn siebzi-

69 Einen weiteren kleinen Einschub gibt es auf S. 182, Z. 7–15 (entspricht: APOL d1992, S. 153).

ger Jahre.[70] Auch in vielen anderen Passagen wurden Blochs Begrifflichkeit und sein theoretischer Ansatz – zweifellos ohne böse Absicht – gleichsam wegübersetzt. An einer Stelle beschreibt er z. B. das Vorgehen eines Zeithistorikers. In der alten Übersetzung heißt es:

> Befasse ich mich mit dem aktuellen Zeitgeschehen, werde ich die öffentliche Meinung zu den großen Tagesproblemen zu erkunden suchen. Ich stelle Fragen, notiere, vergleiche und zähle die Antworten. Doch was vermitteln mir diese viel anderes als den mehr oder minder linkischen Ausdruck dessen, was meine Gesprächspartner zu denken glauben oder mir als ihre Gedanken präsentieren möchten? Dabei sind diese Gegenstand meiner Erfahrung (APOL d1992, S. 64).

Hier die neue Übersetzung:

> Wenn ich die Gegenwart erkunden und die öffentliche Meinung zu den großen aktuellen Problemen einholen will, stelle ich Fragen, mache mir Notizen, kollationiere und zähle die Antworten. Aber was können sie mir bieten außer den mehr oder weniger ungeschickt formulierten Vorstellungen, die sich meine Gesprächspartner von dem gebildet haben, was sie zu denken glauben oder mir mitzuteilen bereit sind? Sie sind die Versuchspersonen meines Experiments (S. 58–59) – *ils sont les sujets de mon expérience* (APOL 1997, S. 68).

Die Neuübersetzung versucht also, nicht nur sprachlich eleganter zu sein – das ist selbstverständlich –, sondern die Blochschen

70 Neuerdings hat man sogar den Eindruck, daß der Begriff der Mentalität in der deutschen Geschichtswissenschaft inflationär gebraucht wird. Deshalb sollte man den Klassikern der Mentalitätengeschichte, wie Bloch oder Febvre, den Begriff aber nicht nehmen.

Thesen möglichst genau wiederzugeben, auch wenn sie manchmal überraschen oder unserem gegenwärtigen ›Zeitgeist‹ widersprechen, wie etwa diese Vorstellung von ›Subjekten‹ als Versuchspersonen der Zeitgeschichte.

### *Marc Blochs besonderer Stil*

So unterstreicht diese neue Übersetzung einen Schreibstil und auch einen Denkstil, die für Bloch typisch waren. Es ist ein gleichermaßen lakonisches und ironisches Schreiben, äußerst konzentriert und transparent, aber trotzdem mit überraschenden Einschüben oder Bildern, die auf Subtexte verweisen und immer neue Interpretationen ermöglichen. Auch ein strenger Rationalist hat eben ein Unbewußtes, und, wie wir sahen, bekannte sich Bloch ganz ausdrücklich zur Poesie in der Wissenschaft.

Ohne daß ich dies hier im einzelnen ausführen kann, möchte ich dazu eine These äußern: Obwohl Blochs Stil zweifellos durch seine Herkunft und akademische Ausbildung geprägt ist und insofern etwas sehr ›Französisches‹ hat, unterscheidet er sich im Lauf der Jahre immer mehr vom Stil seiner Kollegen. Das gilt sogar für Lucien Febvre. Dessen exuberanter Schreibstil[71] war an Michelet geschult; er liebte lange, komplizierte Satzkonstruktionen, die sich plötzlich mit extrem kurzen Sätzen – oft ohne Verbum – abwechselten. Diese äußerst lebendige Prosa wurde mit den Jahren immer grandioser, fast bis zur Karikatur. Bloch dagegen orientierte sich – um einen anderen Vergleich zu bemühen – an Fustel de Coulanges, dem großen Althistoriker und Mediävisten, der ein Lehrer Durkheims war.[72] Gegenüber Michelet, den Bloch ebenfalls schätzte, verkörperte Fustel die intellektuel-

---

71 Vgl. mein Nachwort zu: Lucien Febvre, *Martin Luther*, Frankfurt/New York 1996, S. 279–335, hier: 289 ff.

72 Vgl. François Hartog, *Le XIX^e^ siècle et l'histoire. Le cas Fustel de Coulanges*, Paris 1988.

le Strenge: Kein Satz ohne Argument, keinerlei metaphorische Spielereien, möglichst keine Emotionen. Ähnlich wie Ranke meinte Fustel, von der eigenen Person »abstrahieren« zu können, doch anders als Ranke betrachtete er die Geschichte als eine konstruierende Wissenschaft. Dieselbe Perspektive und dieselbe Strenge findet man auch bei Marc Bloch.[73] Während Febvre in seinen Darstellungen farbige Schilderungen liebte, entwickelte Bloch eine eigene Rhetorik der unpersönlichen, ironischen Darstellung und des indirekten, sarkastischen Kommentars.[74] Aber im Unterschied zu Fustel bewegte sich Bloch nicht nur in einem französischen Horizont. Er kannte Europa. Er hatte es bereist und sprach oder las die meisten europäischen Sprachen. Er hatte in Deutschland studiert[75] und in England geforscht, publiziert und Vorträge gehalten.[76] Als der Zweite Weltkrieg begann, plante er gerade wieder einen längeren Aufenthalt in Cambridge.[77] Daß er sich auf den britischen Inseln

---

73 Vgl. seinen Aufsatz über Fustel, in dem er indirekt auch sein eigenes Historikerideal skizziert: M. B., Fustel de Coulanges als Historiker der französischen Ursprünge (1930), in: M. B., *Aus der Werkstatt* (wie Anm. 7), S. 265–273.

74 Zwei beliebige Beispiele aus der *Apologie*: »Sicher ist jedenfalls, daß die blinde Unterwerfung unter einen etwas verstaubten Kodex literarischer Konventionen, das Festhalten an einer stereotypen Psychologie und der Furor des Pittoresken ihre Bedeutung im Universum der Lügner nicht so bald verlieren werden« (S. 112). Oder: »Von allen Arten der Lüge ist die Unaufrichtigkeit sich selbst gegenüber beileibe nicht die am wenigsten häufige« (S. 113).

75 Zu Einzelheiten vgl. meinen Aufsatz: Marc Bloch und Deutschland, in: Schöttler, *Marc Bloch* (wie Anm. 9).

76 Blochs Anglophilie und seine zahlreichen Englandreisen sind bislang kaum untersucht. Vgl. Hinweise in: Maxine Berg, *A Woman in History. Eileen Power 1889–1940*, Cambridge 1996, S. 210ff. Siehe auch Blochs 1940/41 gehaltene Vorlesung über England, die zuerst 1954 im *Bulletin de la Faculté des Lettres de l'Université de Strasbourg* erschienen ist und jetzt von François Bédarida neu ediert wurde (CMB, Heft 6/7, im Druck). Dazu auch: Giuseppe Gouthier, Marc Bloch e la Gran Bretagna, in: *Quaderni medievali*, 42, 1996, S. 106–128.

77 Vgl. M. M. Postan, Marc Bloch: An Obituary Note, in: *Economic History Review*, 14, 1944/45, S. 162.

und unter englischen Kollegen besonders wohl fühlte, scheint mir denn auch kein Zufall. Obwohl er einmal von sich sagte, daß er »nicht sonderlich britisch« aussähe[78], kam ihm die ›englische Art‹ – dies klingt heute leider wie ein Klischee – besonders entgegen: emotionale Zurückhaltung, *understatement*, Ironie usw., gepaart mit Sachlichkeit und kritischer Rationalität.[79] Wollte man Blochs eigentümlichen Stil mit einem Etikett versehen, könnte man ihn daher vielleicht als *englischen* bezeichnen.[80]

## Die »Apologie« als Historik

Nach dieser historischen Situierung können wir mit der eigentlichen Lektüre beginnen. Aus naheliegenden Gründen kann sie nur einige Punkte herausgreifen. So geht es im folgenden weder um ein Themenpanorama noch um einen Schnellkommentar zu jedem Kapitel. Statt dessen möchte ich mich auf die Frage konzentrieren, welches Theorie- und Wissenschaftsverständnis Marc Bloch vertrat.[81]

---

78 Als er sich 1934 mit dem deutschen, ins Exil getriebenen Historiker Richard Koebner am Eingang des British Museum verabreden wollte, schrieb er ihm: »Es dürfte Ihnen nicht schwer fallen, einen grauhaarigen Herrn zu erkennen, der nicht sehr groß ist, eine Hornbrille trägt und nicht sonderlich britisch aussieht« (Brief v. 25. 1. 1934, in: CMB, 5, 1997, S. 82).

79 M. B. war ein begeisterter Leser von Agatha Christie und Dorothy Sayers – und letztere bekanntlich eine Mediävistin, die Krimis schrieb, in denen ein Historiker die Hauptrolle spielt. Blochs eigener Roman mit dem Arbeitstitel *Un meurtre de province* hätte sich vermutlich an diesenVorbildern orientiert.

80 Ein Beispiel aus der *Apologie*: Auf S. 87 berichtet Bloch von einem »Wissenschaftler, den ich aus gewissen Gründen gut kenne« und der ihm »erzählt« habe usw. In Wahrheit berichtet er natürlich von sich selbst. Auch in früheren Texten gibt es viele Passagen dieser Art. Vgl. die Hinweise in meinem Nachwort zu M. B., *Aus der Werkstatt des Historikers* (wie Anm. 7), S. 333 ff.

81 Im folgenden kann es sich schon aus Gründen des Umfangs nur um eine Skizze handeln. Sie setzt ganz bewußt den Akzent auf Aspekte, die in der

Schon auf den ersten Seiten wird deutlich, daß es in diesem Buch nicht nur um die Praxis der Historie, sondern auch um deren »Legitimität« (S. 5) und um das theoretische Selbstverständnis von Historikern geht. Wie begreifen sie ihren Beruf *indem* sie ihn praktizieren? Im Deutschen gibt es für diese Art von Reflexionen das schöne alte Wort *Historik*.[82] Was für eine Historik hat Bloch also formuliert?

Verglichen mit den erwähnten Lehrbüchern von Bernheim oder Langlois & Seignobos – oder gar mit der *Historik* von Droysen, die Bloch aber offensichtlich nicht kannte[83] – entwickelt er keine systematische Theorie der Grundlagen seines Faches. Ihm geht es weder um geschichtsphilosophische Prolegomena noch um ein System von Regeln, das man ›lernen‹ und ›anwenden‹ könnte. Keine »abstrakte Methodologie, *à l'allemande*«, lautete einer der Leitsätze der *Annales*.[84] Vielmehr beschreibt er aus der

*Apologie* häufig überlesen werden. Zu Blochs Wissenschaftsbegriff siehe ergänzend auch mein Nachwort in: M. B., *Werkstatt des Historikers* (wie Anm. 7), S. 346 ff.

82 Zur Geschichte der Historik als Subdisziplin der Historie vgl. grundlegend: Horst Werner Blanke, *Historiographiegeschichte als Historik*, Stuttgart-Bad Cannstatt 1991. Im Französischen wird das Substantiv *historique* nur selten verwandt.

83 Johann Gustav Droysens Vorlesungen über *Historik* wurden erst 1937 ediert. Bis dahin kannte man nur einen komprimierten *Grundriß der Historik* (1868, mehrfach wiederaufgelegt), von dem es sogar eine (schlechte) frz. Übersetzung gab. M. B. erwähnt dieses Büchlein an keiner Stelle. Allerdings muß man wissen, daß Droysen in zwei Büchern, die Bloch nachweislich kannte, äußerst negativ vorgestellt wurde: bei Langlois & Seignobos (wie Anm. 4) sowie in der Darstellung der deutschen Historie durch den Schweizer Antoine Guilland, *L'Allemagne nouvelle et ses historiens*, Paris 1899, wo es heißt: »Wer einmal sehen möchte, wie abstrus die Prosa eines Deutschen sein kann, dem empfehle ich das kleine Werk von Droysen, *Grundriß der Historik*, ein chinesisches Spiel in deutschem Kauderwelsch« (S. 191). Offenbar ist M. B. dieser Empfehlung nicht gefolgt; er kannte hinreichend die deutsche Gelehrtenprosa.

84 Daran erinnerte Lucien Febvre noch in seinem allerletzten, posthum veröffentlichten Aufsatz, der M. B. gewidmet war: Une nouvelle contribution de Marc Bloch à l'histoire rurale de la France, AESC, 11, 1956, S. 501.

Perspektive eines erfahrenen Praktikers, was Historiker tun, wenn sie auf der Höhe ihrer Wissenschaft arbeiten. Er bietet einen Einblick in die »Werkstatt des Historikers«, führt einige Forschungsobjekte vor, einige Arbeitsinstrumente, einige Handgriffe. Das macht dieses Buch für Anfänger so attraktiv. Und dennoch erhebt es theoretische Ansprüche und hat »programmatischen Charakter« (S. 20).

Seine Besonderheit wird bereits deutlich, wenn man sich die Gliederung der einzelnen Kapitel sowie die verschiedenen Gliederungsentwürfe näher anschaut (siehe Anhang). Zwar enthält der erste Entwurf, der wohl im Winter 1940/41 entstand, einige Formulierungen, die später beibehalten werden, doch ein Wort verschwindet: die »Faktenjagd«. Auch der Dreischritt Erkenntnis/Faktenjagd/Interpretation wird später als zu simpel aufgegeben. Dabei handelt es sich um das zentrale Thema der meisten konventionellen Geschichtseinführungen, von Langlois & Seignobos bis Louis Halphen, also jenem anderen Sorbonne-Mediävisten (und ewigen Konkurrenten von Bloch), der während des Krieges und unter ähnlichen Bedingungen ebenfalls ein Methodenbuch verfaßte.[85] Dagegen wird aus der sogenannten »Zwischen-Gliederung«, die Bloch 1942 entwarf, deutlich, wohin seine Überlegungen gingen. Dieses ausführlichste Konzept ist heute um so wertvoller, als es nicht nur die Thesen einzelner Kapitel stichworthaft auf den Punkt bringt, sondern auch jene

85 Louis Halphen, *Introduction à l'histoire*, Paris 1948. Hier zum Vergleich die von Halphen gewählte Gliederung: 1. Notwendigkeit der Geschichtswissenschaft, 2. Gegenstand der Geschichtswissenschaft, 3. Wert der historischen Zeugnisse, 4. Kritik der Zeugnisse und Etablierung der Fakten, 5. Zusammenstellung der Fakten, 6. Darstellung der Fakten, 7. Die »Lehren der Geschichte«. Febvre widmete diesem Büchlein übrigens eine vernichtende Kritik; vgl. ders., *Combats pour l'histoire* (wie Anm. 9), S. 114–118. Gegen den Faktenkult des Autors setzte er die These, der auch Bloch nicht widersprochen hätte: »Alle Wissenschaften konstruieren *(fabriquent)* leur objet« (S. 116).

Kapitel genauer skizziert, die der Verfasser nicht mehr ausführen konnte.[86] Der dritte Gliederungsentwurf, auf 1943 datierbar, entspricht dann weitgehend der sogenannten *rédaction définitive*.[87]

Je mehr sich Marc Bloch in sein Projekt vertiefte, so der Eindruck, entfernte er sich von möglichen ›Vorbildern‹, wählte er Perspektiven, die neu und ungewöhnlich waren. Hätte er sein Buch – im Krieg oder danach – zu Ende schreiben können, wäre dies wohl noch evidenter geworden. Nur so ist auch Febvres Hinweis zu verstehen, daß die unausgeführten Kapitel – und zumal das Kapitel über die Prognose – vielleicht »zu den orginellsten gehört« hätten: »Während ich seine [Blochs] Auffassungen über die in Kapitel [VI][88] aufgeworfenen Fragen [das Problem der Erklärung] sehr genau kenne – denn es sind auch die meinen –, haben wir meines Wissens nie über das Problem der Voraussage gesprochen, daß Bloch mit sehr viel Gespür und Originalität am Ende seines Buches behandeln wollte – und das vielleicht sein eigenster Beitrag innerhalb des Ganzen geworden wäre« (APOL 1949, S. 106 f.; vgl. APOL d1992, S. 183).

Mag sein, daß diese Formulierung ein wenig gönnerhaft klingt, denn Febvre scheint anzudeuten, daß die anderen, also die ausgeführten Kapitel weniger originell seien und er, Febvre, sie womöglich genauso hätten schreiben können. Allerdings sollte man auch Blochs Vorbemerkung nicht vergessen, worin er ihre Gemeinsamkeiten hervorhebt: »Mehr als eine der Ideen,

---

86 Febvre zitierte in seiner Ausgabe diesen letzten, nicht mehr ausgeführten Teil (APOL 1949, S. 106; vgl. auch: APOL d1992, S. 183).

87 Daher leuchtet auch die These von M. Mastrogregori nicht ein, daß es eine vorläufige ›Endfassung‹ niemals gegeben habe; das gesamte Material sei also gleichsam chronologisch ›gleichberechtigt‹ (vgl. oben Anm. 54).

88 Febvre spricht an dieser Stelle von »Kapitel VII«, doch das scheint mir ein Schreib- oder Druckfehler zu sein. Denn aus dem Zusammenhang ergibt sich, daß er zunächst das geplante Kap. VI über die »Erklärung« meint und erst im zweiten Teil des Satzes über Kap. VII (»Voraussagen«) spricht.

die ich vertreten möchte, verdanke ich bestimmt Ihnen. Von vielen anderen könnte ich nicht mit Gewißheit sagen, ob sie von Ihnen, von mir oder von uns beiden stammen. Sie werden mir, hoffe ich, oft beipflichten. Gelegentlich werden Sie mich tadeln. Und all dies wird uns noch mehr verbinden« (S. 4). Auf jeden Fall unterstreicht Febvre, daß Blochs Gliederungsentwurf ernst zu nehmen ist und u. a. das geplante Prognose-Kapitel nicht einfach als Spleen beiseite geschoben werden kann. Im Gegenteil, wie schon die oben zitierte Passage aus der *Seltsamen Niederlage* belegt, vertrat Bloch ganz ausdrücklich die These, daß die Geschichtswissenschaft unter gewissen Voraussetzungen durch Extrapolation »die Zukunft ergründen« könne – oder mit einer seiner typischen Formulierungen: »Ich halte es nicht für unmöglich, daß ihr dies gelingt.«[89] Folglich wäre es auch ein Mißverständnis, würde man Blochs Ausführungen über Zufall und Wahrscheinlichkeit *in den vorhandenen Kapiteln* der *Apologie* (vgl. bes. S. 138–147) als einen bloßen Possibilismus – eine Art ›weiche‹ Wahrscheinlichkeit – interpretieren, der sich womöglich geschichtsphilosophisch aufheben ließe.[90] Obwohl Bloch betont, daß die Historiker den »Königsweg der [mathematischen] Wahrscheinlichkeitstheorie« allenfalls »kreuzen« (S. 138), war er fest davon überzeugt, daß mathematische bzw. statistische Modelle auch für seine Wissenschaft immer wichtiger würden.

Heute wird diese Thematik aus der *Apologie* – die aber nicht vom Himmel fiel und auch keine kurzfristige Marotte war, sondern sich schon vor dem Krieg in vielen Texten abzeichnete[91] und sowohl in den *Überlegungen für methodisch interessierte Leser* als

---

89 M. B., *Seltsame Niederlage* (wie Anm. 1), S. 167.

90 Vgl. Rickerts Kritik an Spengler: »Manche lassen sich ›Karten legen‹. Andere wenden sich an die ›Geschichtsphilosophie‹« (*Die Grenzen der naturwissenschaftlichen Begriffsbildung*, Tübingen 1921, S. 355).

91 Vgl. bes. seinen Text: »Wozu Geschichtswissenschaft?« von 1937, dt. in: *Werkstatt des Historikers* (wie Anm. 7), S. 44–62.

auch in der *Seltsamen Niederlage* weitergeführt wurde – gerne verdrängt. Sie paßt nicht mehr in eine Zeit, in der die meisten Historiker die quantifizierende Geschichtsforschung der fünfziger und sechziger Jahre des 20. Jahrhunderts für eine Verirrung halten und dazu neigen, den Teufel des ›Objektivismus‹ mit dem Beelzebub des ›Subjektivismus‹ auszutreiben. Dabei gibt es, wenn man genauer hinschaut, viele Verbindungslinien zwischen der Blochschen Konzeption und den Nachkriegs-*Annales* von Fernand Braudel und Ernest Labrousse.[92] Blochs Seitenhiebe gegen eine »Wissenschaft im Leerlauf« oder gegen die »Überheblichkeit des Werkzeugs, das sich für einen Selbstzweck hält« (S. 98), hätten allerdings auch als Warnung vor den Exzessen der ›Cliometrie‹ gelesen werden können.

### *Positive Sozialwissenschaft*

Noch viele andere Thesen oder Themen in der *Apologie* mögen heute fremd wirken, weil sie dem epistemologischen Zeitgeist widersprechen. Aber gerade deshalb sollte man sie unterstreichen und nicht etwa einebnen. Dies gilt besonders für Blochs emphatischen Begriff von *Wissenschaft*, der heute – etwa bei Vertretern einer sublimierten neokantianischen Wissenschaftstheorie – als ›naiv‹ gelten dürfte.[93] Doch Bloch hatte ein unerschütterliches Vertrauen in die Wissenschaft, und auch die Geschichte, obgleich sie noch »in den Kinderschuhen« steckte (S. 15), war für ihn eine Erklärungswissenschaft.[94] Deshalb muß sie sich dem Vergleich

---

92 Zu den wenigen, die stets darauf hingewiesen haben, gehörte der verstorbene Bernard Lepetit. Vgl. seine jetzt u. d. T. *Carnets de croquis* gesammelten Aufsätze (Paris 1999).

93 Vgl. etwa die Kritik am ›metaphysischen Realismus‹ der meisten Historiker bei Uwe Barrelmeyer: *Geschichtliche Wirklichkeit als Problem. Untersuchungen zu geschichtstheoretischen Begründungen historischen Wissens bei Johann Gustav Droysen, Georg Simmel und Max Weber*, Münster 1997.

94 Vgl. zum folgenden auch mein Nachwort zu: M. B., *Werkstatt des Historikers* (wie Anm. 7), S. 346 ff.

mit den anderen Disziplinen stellen, auch den Naturwissenschaften. Wenn es um die Wissenschaftlichkeit der Geschichte geht, bezieht sich Bloch immer auf dieses Vorbild. Um die methodische oder analytische Plausibilität seiner Ausführungen zu unterstreichen – oder umgekehrt die Fragwürdigkeit einer bestimmten These zu signalisieren –, greift er nicht etwa auf literarische Beispiele, sondern auf Einsichten oder Exempla aus der Geschichte der Astronomie, Geologie, Biologie, Chemie usw. zurück. Auch die immer wiederkehrenden mathematisch-statistischen Metaphern – »Affektivitätskoeffizient«, »Widerstandskoeffizient« usw. – sprechen eine eindeutige Sprache. Dahinter steht, obwohl der Autor gelegentlich davor warnt, die Analogie »zu überziehen« (S. 159), eine weitreichende These, die zugleich eine weltanschauliche Überzeugung formuliert. Für Bloch, den man in dieser Hinsicht als Spinozist bezeichnen kann, gibt es zwischen historischen und natürlichen Phänomenen nur »graduelle Unterschiede«.[95] Folglich ist die Historie keine ›Geisteswissenschaft‹ im Diltheyschen Sinne[96], sondern eine positive Sozialwissenschaft in der Durkheimschen Tradition. Es war daher nur konsequent, daß die *Annales* für dieses Fächerensemble eine eigene Fakultät jenseits der philosophischen forderten.[97]

### *Werturteile*

Aus Blochs Wissenschaftsverständnis ergeben sich mehrere Konsequenzen. Die vielleicht wichtigste betrifft seine ständige Kritik

95 M. B., *Werkstatt des Historikers* (wie Anm. 7), S. 55.

96 Dies meint Gérard Noiriel, Le statut de l'histoire dans l'*Apologie pour l'histoire*, in: CMB, 5, 1997, S. 7–21, hier: S. 11. Dagegen bereits: Bronislaw Geremek, Marc Bloch, historien et résistant, in: AESC, 41, 1986, S. 1091–1105, hier: S. 1103; Carlo Ginzburg, Mentalität und Ereignis. Über die Methode bei Marc Bloch, in: ders., *Spurensicherungen. Über verborgene Geschichte, Kunst und soziales Gedächtnis*, Berlin 1983, S. 97–113, hier: S. 100.

97 AHES, 1937, S. 491.

an historischen Werturteilen. Schon 1922 forderte er in seiner Besprechung der *Weltgeschichte* von H. G. Wells: »Der Gelehrte versucht, seinen Gegenstand kennenzulernen und zu verstehen, ohne ein Urteil zu fällen.«[98] Das unterscheidet ihn vom Politiker, vom Staatsbürger, ja sogar vom Arzt: »Für den Arzt«, schrieb er, »gibt es gute und böse Bazillen, für den Biologen dagegen nur verschiedene Arten. Sollte der Historiker heute [...] die Hoffnung nähren, daß seine Forschungen eines Tages von Nutzen sind, dann nur unter der Bedingung, daß er – wie die Physiker, die durch die theoretische Erforschung der Elektrizität in Wirklichkeit das Telefon erfanden – entschlossen die Augen vor der Praxis verschließt, um Wissenschaft zu betreiben. Denn Wissenschaft kennt keine Emotionen.«[99] Sogar im Zweiten Weltkrieg hat Bloch diesen »Stoizismus«[100] nie ganz aufgegeben. Als er seinen Studenten 1940 erklären wollte, *Wie und warum ein Historiker arbeitet*, verwendete er dieselbe Metaphorik[101]:

> Die Geschichte ist eine Form wissenschaftlicher Erkenntnis. Daher hat sie keine Werturteile zu fällen, die – aufgrund ihrer Oberflächlichkeit – in den Bereich des Handelns gehören. Ihre Devise entspricht der von Spinoza [...]: *Sedulo curavi humanas actiones non ridere, non lugere neque detestari, sed intelligere.* Der handelnde Mensch kann aus der Geschichte praktische Lehren ziehen – und in der Zivilgesellschaft ist jeder Historiker notwendigerweise ein handelnder Mensch. Aber dies geschieht so, wie ein Arzt Nutzen aus der

98 M. B., *Werkstatt des Historikers* (wie Anm. 7), S. 283.
99 Ebenda, S. 283.
100 Ebenda, S. 310
101 M. B., *Comment et pourquoi travaille un historien?* (wie Anm. 33). Übersetzung des Spinoza-Zitats: »Ich war bestrebt, die menschlichen Handlungen nicht zu verlachen, nicht zu beklagen oder zu verwünschen, sondern zu verstehen.« M. B. notierte sich diese Passage aus dem *Tractatus politicus* bereits in den dreißiger Jahren.

> Biologie zieht. Für den Biologen gibt es keine guten oder schlechten Bazillen. Für den Arzt dagegen wohl. Beide Stadien – Wissenschaft und Technik – sind klar voneinander geschieden.

Liest man die *Apologie* auf diesem Hintergrund, so erscheinen die langen Passagen über das »Urteilen« und »Verstehen« (S. 155 ff.) in einem anderen Licht. Bloch geht es eben nicht um ein hermeneutisches ›Verstehen‹ des ›Anderen‹, um ein Hineinversetzen in andere ›Subjekte‹, wie dies heute – wieder auf dem Hintergrund einer gegenläufigen, ›subjektorientierten‹ Tendenz in den Humanwissenschaften[102] – schnell herausgelesen wird. Der berühmte Satz: »Bis in unser Handeln hinein urteilen wir viel zu viel« (S. 160), ist kein Appell zur allgemeinen Versöhnung. Vielmehr ein Plädoyer gegen die Unsitte vieler Historiker, ihr Thema von vornherein parteilich zu behandeln. Von der römischen Inquisition über die Religionskriege bis ins 20. Jahrhundert – die gesamte Geschichte wird in Gut und Böse unterteilt, eine »Manie« (S. 37), die Bloch mit dem von ihm kritisierten »Ursprungsgötzen« in Verbindung bringt (S. 34 ff.). Und wenn er nun ausruft: »Anhänger von Robespierre, Gegner von Robespierre, wir flehen euch an: Sagt uns bitte nur, wer Robespierre wirklich war!« (S. 157), so wußte jeder französische Leser, der die heftigen Stellvertreterkämpfe zwischen den ›Erben‹ Dantons (Liberale und Gemäßigte) und den ›Erben‹ des ›Unbestechlichen‹ (Kommunisten und Sozialisten) nur allzugut kannte, worauf er hinauswollte – und er weiß es noch heute.[103]

---

[102] Vgl. François Dosse, *L'empire du sens. L'humanisation des sciences humaines*, Paris 1995.

[103] Vgl. u. a. Steven L. Kaplan, *Adieu 89*, Paris 1993.

### *Nomenklatur*

Noch eine andere Konsequenz dieses Wissenschaftsbegriffs wirkt heute etwas utopisch: Blochs absolute Gewißheit, daß eine rationale Verständigung unter Wissenschaftlern trotz aller mentalen Unterschiede möglich sei. Und zwar sowohl im eigenen Land als auch international. »Jede Wissenschaft«, so erklärte er nach dem Ersten Weltkrieg, »ganz gleich, ob Natur- oder Humanwissenschaft, trägt dazu bei, die Menschen einander näherzubringen, da die wissenschaftliche Wahrheit allgemein ist.«[104] In diesem Sinne setzte er sich zeit seines Lebens für eine Zusammenarbeit aller Zunftgenossen ein, von der Reform des internationalen Kongreßwesens bis hin zu simplen arbeitstechnischen Verbesserungen (Fernleihe, systematischer Tausch von Sonderdrucken usw.).[105] Doch eine der für ihn wichtigsten Forderungen wird in der Regel übersehen, nämlich die nach einer einheitlichen wissenschaftlichen Terminologie, wie er sie 1928 auf dem internationalen Historikerkongreß in Oslo formulierte.[106] In der *Apologie* steht diese Thematik im Mittelpunkt eines Kapitels, das den ungewöhnlichen Titel trägt: *Die Nomenklatur* (S. 173–193).

Bloch plädiert darin für eine »geeignete Sprache«, die »in der Lage ist, die Konturen der Phänomene präzise nachzuzeichnen, und trotzdem geschmeidig genug ist, um sich ständig neuen Entdeckungen anzupassen« (S. 174). Doch woher nehmen? Etwa aus dem Sprachreservoir der Gegenwart, dem kein Historiker sich verweigern kann? Dann läuft er allerdings Gefahr, diese moderne Sprache seinen ›Quellen‹ überzustülpen und sich folglich

---

104 M. B., *Werkstatt des Historikers* (wie Anm. 7), S. 285.

105 Ebenda, S. 85 ff. u. 156.

106 Im Rahmen seines berühmten Vortrags »Für eine vergleichende Geschichte der europäischen Gesellschaften«; dt. in: *Werkstatt des Historikers* (wie Anm. 7), S. 122–159, bes. S. 158 f.

bei der Lektüre zu täuschen. Um das zu vermeiden, haben viele Gelehrte versucht, möglichst nah an den Texten zu bleiben, vielleicht sogar ›in‹ deren Sprache zu denken. Genaugenommen ist das aber unmöglich, also nur eine weitere Täuschung. Außerdem beruht es auf der Fiktion, daß die Sprache gleichsam ›still gestanden‹ hätte. In Wirklichkeit haben sich die Wörter und die Dinge ununterbrochen verändert, wobei Bloch noch unterstreicht, daß diese Veränderungen nie völlig synchron verliefen. So kann die ›Sprache der Zeit‹ dem Historiker zwar Hinweise liefern – als »ein Zeugnis besonderer Art« (S. 184) –, aber er kann sie nicht als fertigen Maßstab betrachten, sondern muß sie ständig neu kontextualisieren. Darin liegt die methodologische Bedeutung der »historischen Semantik«, für die sich Marc Bloch an dieser Stelle einsetzt (S. 185).

Diese retrospektive Verfeinerung des historisch vorhandenen Vokabulars reicht zum wissenschaftlichen Verständnis bzw. zur Erklärung historischer Phänomene aber nicht aus. Dazu ist eine Fachsprache nötig, die Bloch als »Nomenklatur« bezeichnet. Sie liefert z. B. die »Klassifizierungsrahmen« (S. 186), also die theoretischen Begriffe, mit deren Hilfe der Historiker seine Analysen konzipiert. Auch diese Begriffe haben eine Geschichte, eine alltägliche oder gar eine philosophische. Ihre unklare Herkunft stellt aber kein unüberwindbares Hindernis dar, solange man sich ihrer früheren und ihrer Nebenbedeutungen bewußt ist. Wieder vergleicht Bloch die Situation des Historikers mit der eines Naturwissenschaftlers: »Wer sollte Anstoß daran nehmen, daß der Physiker das Objekt seiner kühnsten Spaltungen [...] weiterhin als ›Atom‹, das heißt ›Unteilbares‹ bezeichnet?« (S. 187). Weit gefährlicher seien die »emotionsgeladenen Obertöne«, die einigen Begriffen anhaften und zu Verwirrung führen. Als Beispiel nennt er die unzähligen Mißverständnisse, die sich aus der Verwechslung oder Vermengung der Begriffe *régime féodal* und *régime seigneurial* ergeben haben. Auch Begriffe wie »Revolution«, »Kapitalismus«, »Kommunismus« usw. werden immer wieder mißverständlich verwendet, sei es, daß sie auf Epochen angewandt werden, für die sie nicht taugen (z. B. die Antike), sei es, daß sie politischen Propagandazwecken dienen – und hier verweist er auf die aktuelle Tarnung des Staatsstreichs von 1940 als ›nationale Revolution‹ (S. 188).

Interessanterweise macht sich Bloch an dieser Stelle kaum erkenntnistheoretische Gedanken (vgl. aber vorne, S. 167: »als Einheit existiert diese Landschaft nur in meinem Bewußtsein« usw.). Doch seine Terminologie (»klassifizieren«, »Klassifizierungsrahmen«, »Verbindungen« usw.) signalisiert, daß er die von Durkheim entwickelte Konzeption sozialwissenschaftlicher Erkenntnis stillschweigend übernimmt.[107] Man darf in diesem Zusammenhang nicht vergessen, daß sich Bloch nie als Philosoph oder Theoretiker verstanden hat, obwohl sein Interesse an solcher Literatur dieser Selbstbeschränkung gelegentlich zu widersprechen scheint. In der Einleitung zur *Apologie* hat er dies noch einmal ausdrücklich betont (S. 20 f.). Wenn er also über die Begriffssprache des Historikers nachdenkt, befaßt er sich nicht mit der ebenso klassischen wie heiklen Frage nach der Möglichkeit objektiver historischer Erkenntnis, sondern rückt ein scheinbar banales, quasi-handwerkliches Problem in den Vordergrund, eben die zunehmende Vereinheitlichung der Nomenklatur. Auch hier beruft er sich auf das Vorbild der Naturwissenschaften. Außerdem erwähnt er das von Berr lancierte Projekt eines *Vocabulaire historique*, an dem er selbst mitarbeite-

---

[107] Zu Blochs Durkheim-Rezeption vgl. Bertrand Müller, Marc Bloch und die Sozialwissenschaften, in: Schöttler, *Marc Bloch* (wie Anm. 9), S. 72–101; R. Colbert Rhodes, Emile Durkheim and the theoretical thought of Marc Bloch, in: *Theory and Society*, 5, 1978, S. 45–73; John E. Craig, Die Durkheim-Schule und die *Annales*, in: Wolf Lepenies (Hg.), *Geschichte der Soziologie*, Bd. 3, Frankfurt/M. 1981, S. 298–322.

te.[108] Bekanntlich ist dieses Lexikon nie erschienen. Ähnliche Unternehmen, wie die – von Bloch nicht erwähnte – *Neue Enzyklopädie* von Otto Neurath kamen über Anfänge nicht hinaus.[109] Daß Bloch aber sogar während des Krieges über dieses Thema publizierte[110] und ihm schließlich in der *Apologie* einen solchen Stellenwert einräumte, unterstreicht nur, wie sehr er von der Bedeutung und auch von der Realisierbarkeit seiner Vorschläge überzeugt war:

> Der Tag wird kommen, an dem eine Reihe von Vereinbarungen eine Festlegung und allmähliche Verfeinerung der Nomenklatur möglich machen wird. Aber auch dann noch wird die Eigeninitiative des Forscher ihre Berechtigung behalten. Indem er seine Analyse vertieft, überarbeitet er zugleich seine Sprache. Entscheidend ist, daß wir Teamgeist entwickeln. Der Historiker sollte aufhören, bereits eingeführte Begriffe mit ständig neuen Bedeutungen zu versehen (im Zweifelsfall sollte er lieber eine Neuschöpfung wagen) oder durchaus bewährte Termini aus einer Laune heraus zu verwerfen. Er sollte präzise definieren und stets danach trachten, daß sein Wortschatz allen von Nutzen ist. Der Turmbau zu Babel mag einem ironischen Schöpfer ein amüsantes Schauspiel geboten haben. Für die Wissenschaft wäre er ein schlechtes Vorbild (S. 193).

---

108 Vgl. Margherita Platania (Hg.), *Les mots de l'histoire. Le vocabulaire historique du Centre international de synthèse*, Neapel 2000. Zu den Theoriedebatten im Umkreis von Berr siehe Enrico Castelli Gattinara, *Les inquiétudes de la raison. Epistémologie et histoire en France dans l'entre-deux-guerres*, Paris 1998, S. 141 ff.

109 Vgl. Joachim Schulte/Brian McGuinness (Hg.), *Einheitswissenschaft*, Frankfurt/Main 1992, S. 200 ff. Mehrere Aufsätze von Neurath und anderen Mitgliedern des Wiener Kreises erschienen in Berrs *Revue de Synthèse*, könnten von Bloch also gelesen worden sein. Vgl. Castelli (wie Anm. 108), S. 192 ff.

110 Vgl. M. B., *La terre et le paysan*, hg. v. Etienne Bloch, Paris 1999, S. 383 u. 393 (zwei Rezensionen von 1942).

### *Marc Bloch, ein Positivist?*

Auch wenn wir die angerissenen Themen nicht weiter ausdifferenzieren können, bleibt als vorläufiges Resümee, daß Bloch in einigen seiner programmatischen Aussagen über Status und Perspektiven der Geschichtswissenschaft eine Position einnahm, die man theoriegeschichtlich eigentlich nur als ›positivistisch‹ bezeichnen kann. Sein emphatischer Wissenschaftsbegriff, der sich am Modell der Naturwissenschaften orientiert, sein Vertrauen in die Erkennbarkeit sozialer und historischer Phänomene, die er gleichsam als Realexperimente betrachtet, seine Erwartung, daß die Historie eines Tages prognostische Fähigkeiten besitzen wird, und schließlich auch sein Projekt einer einheitlichen Wissenschaftsterminologie lassen keine andere Deutung zu. Auch wenn man sofort die Frage anschließt, was für eine *Art* von ›Positivismus‹ dies war, bleibt der Befund zunächst irritierend. Denn alles, was nur entfernt als ›positivistisch‹ gilt, löst in weiten Kreisen der Sozial- und Kulturwissenschaften heftige Abwehrreaktionen hervor.[111]

Dabei ist dieser Befund auf dem Hintergrund von Blochs intellektueller Sozialisation gar nicht so überraschend. Ohne erneut seine Biographie aufzurollen, sei daran erinnert, daß sich Bloch als Student im Umkreis der Durkheim-Schule bewegte und mit mehreren Mitarbeitern der *Année sociologique,* wie Georges Davy, Marcel Granet, Louis Gernet u. a., persönlich befreundet und intellektuell eng verbunden war.[112] Während seiner Straßburger Jahre stand er in regelmäßigem Austausch mit Maurice Halbwachs und Charles Blondel. Auch Henri Berr, in

---

[111] Vgl. grundlegend: Hans-Joachim Dahms, *Positivismusstreit. Die Auseinandersetzungen der Frankfurter Schule mit dem logischen Positivismus, dem amerikanischen Pragmatismus und dem kritischen Rationalismus,* Frankfurt/M. 1998.

[112] Vgl ausführlich: Müller, Marc Bloch und die Sozialwissenschaften (wie Anm. 107), Susan W. Friedman, *Marc Bloch, Sociology and Geography,* Cambridge 1996, S. 74ff.

dessen Zeitschrift der junge Bloch seine ersten Aufsätze publizierte und für dessen Buchreihe er die *Feudalgesellschaft* verfaßte, stand in der positivistischen Tradition.[113] Und schließlich Lucien Febvre: Auch er war durch die Durkheim-Schule geprägt, durch seinen Philosophie-Lehrer Lucien Lévy-Bruhl, durch Henri Berr usw. Trotz mancher Differenzen im Detail zogen Bloch und Febvre in dieser Hinsicht an einem Strang: Gemeinsam lehnten sie jede ›Metaphysik‹ und jede ›Geschichtsphilosophie‹ ab, und gemeinsam traten sie für eine neue, ›wissenschaftliche‹ Geschichtsschreibung ein. Sobald man genauer hinschaut, waren ihre theoretischen Referenzen nahezu die gleichen.

Dazu ein kleines Gedankenexperiment. In hohem Alter machte Febvre einmal den Versuch, seine »intellektuellen Affinitäten«, von prägenden Schullektüren bis zu den wichtigsten Lehrern und Weggefährten, in einem Tableau zu fixieren.[114] An erster Stelle standen für ihn Bayle und Diderot, dann folgten Renan, Cournot, Michelet und Pirenne, schließlich kamen Vidal de la Blache, Meillet, Berr, die Durkheim-Schule usw. Würde man nun – rein hypothetisch – für Bloch einen ähnlichen ›Stammbaum‹ skizzieren, müßte man zwar einige Namen zusätzlich aufnehmen (an erster Stelle natürlich Spinoza! [S. 95]), doch es ergäben sich auch viele Überschneidungen *(hier kursiviert)*:

[113] So findet sich auf dem Titel eines Buches von Berr als programmatisches Motto ein Zitat von Henry Buckle (*L'histoire traditionnelle et la synthèse historique*, Paris 1921).

[114] Eine Abbildung dieser Zeichnung in: Lucien Febvre, *De la »Revue de synthèse« aux »Annales«. Lettres à Henri Berr 1911–1954*, hg. v. Jacqueline Pluet-Despatin u. Gilles Candar, Paris 1997, S. 624.

### Marc Blochs intellektueller Stammbaum[115] Vorbilder, Väter, Freunde

Spinoza – *Bayle* – Montesquieu
*Cournot – Renan*
*Michelet* – Fustel de Coulanges – Maitland
*Vidal de la Blache*
*Henri Pirenne*
Gustave Bloch [Vater von M. B.] – Christian Pfister – Ferdinand Lot
*Emile Mâle*
*Henri Berr und die Revue de Synthèse*
*Emile Durkheim und die Année sociologique*
*Antoine Meillet*
*Marcel Mauss* – Maurice Halbwachs – *François Simiand – Charles Blondel*
Louis Bloch [Bruder von M. B.]
Paul Etard – Georges Davy – Louis Gernet – Marcel Granet
Georges Lefebvre
*Lucien Febvre und die Annales*

#### *Zwei Positivismen*

Kehren wir jetzt noch einmal zum Etikett des ›Positivismus‹ zurück. In der historiographischen Literatur wurde es bisher nie auf Bloch oder die *Annales* bezogen, sondern blieb stets für deren Gegner reserviert.[116] Als *histoire positiviste* wurde geradezu stereotyp die an den Universitäten dominante Historie bezeichnet,

[115] Dieses Tableau basiert wohlgemerkt auf keinem Einzeldokument und kann sich auch auf keine Statistik berufen. Es wurde vom Verf. lediglich auf der Basis einer extensiven Bloch-Lektüre zusammengestellt. Es ist zweifellos unvollständig. Doch alle erwähnten Namen tauchen bei Bloch besonders häufig oder besonders positiv auf.

[116] Einige Leser von Bloch haben dessen Nähe zum ›Positivismus‹ durchaus vermerkt. Bes. scharfsinnig etwa: Geremek (wie Anm. 96).

gegen die sich Bloch und Febvre erst durchsetzen mußten.[117] Vor allem die Autoren des schon erwähnten Lehrbuchs *Introduction aux études historiques*[118], Langlois & Seignobos, wurden als ›Positivisten‹ apostrophiert: 1903 in einer großen Kontroverse von François Simiand[119], dann von Henri Berr, der den Begriff der »*histoire historisante*« prägte (vgl. S. 17)[120], und schließlich von den Gründern der *Annales*.

Die Lektüre der *Apologie* scheint diese Frontstellung zu bestätigen: Auch wenn sich Bloch vor seinem ehemaligen Geschichtslehrer Seignobos verneigt (S. 5) – aber dasselbe gilt auch für Durkheim (S. 16) –, spart er nicht mit Kritik, und fast jedesmal wenn von »Positivismus«, »Empirismus«, »Routine« usw. die Rede ist, sind Langlois & Seignobos nicht weit, auch wenn sie aus Freundlichkeit nicht immer genannt werden (siehe z. B. S. 15). Doch an mindestens zwei Stellen stoßen wir auf Formulierungen, die als Indizien dafür gelten können, daß jenes ominöse Etikett vielleicht doch noch etwas *anderes* bedeuten könnte: Auf S. 31 spricht Bloch vom »unausgegorenen Positivismus« des späten 19. Jahrhunderts und auf S. 164 sogar von einem »mißverstandenen Positivismus«. Er schreibt:

> Keine Wissenschaft kommt ohne Abstraktion aus. Übrigens auch nicht ohne Phantasie. [... Aber es] ist bezeichnend, daß genau die-

[117] Vgl. Olivier Dumoulin, Art. »Positivisme«, in: André Burguière (Hg.), *Dictionnaire des sciences historiques*, Paris 1986, S. 536f., sowie ders., Comment on inventa les positivistes, in: *L'histoire entre épistémologie et demande sociale*, Versailles 1994, S. 79–90. Dumoulins These, dieses Etikett sei lediglich zugeschrieben worden, steht allerdings in Widerspruch zum Bericht bei Henri-Irénée Marrou, *De la connaissance historique* (zuerst 1954), Paris 1981, S. 19f.

[118] Vgl. Anm. 4.

[119] Vgl. seinen klassischen, auch von Bloch in der *Apologie* zitierten Aufsatz von 1903: Historische Methode und Sozialwissenschaft, dt. in: *Alles Gewordene hat Geschichte. Die Schule der Annales in ihren Texten 1919–1992*, hg. v. Matthias Middell u. Steffen Sammler, Leipzig 1994, S. 168–232.

[120] Vgl. Henri Berr, *L'histoire traditionnelle* (wie Anm. 6), S. 17ff.

> selben, die auf erstere verzichten wollen, im allgemeinen auch keine besonders gute Meinung von letzterer haben. In beiden Fällen handelt es sich um denselben mißverstandenen Positivismus. Die Humanwissenschaften sind darin keine Ausnahme. François Simiand sprach sich einst – zu Recht empört – gegen die ›nominalistischen Scherze‹ aus, deren ›seltsames Privileg‹ man ihnen vorbehalten wollte (S. 164).

Könnte es sein, daß es für Bloch neben dem kritisierten ›Positivismus‹ auch noch einen *nicht*-mißverstandenen gab? Im übrigen dürfte er auch als Nicht-Philosoph kaum vergessen haben, daß einige der von ihm ständig zitierten Theoretiker (z. B. Renan und Cournot) üblicherweise als ›Positivisten‹ bezeichnet wurden. Auch die Durkheim-Schule sah auf diese Tradition, die Montesquieu zu ihren Ahnen zählte, nicht gerade herab. So drängt sich der Eindruck auf, daß hier *zwei verschiedene Positivismen* im Streit liegen. Vielleicht sollte man diesem Hin- und Herschieben eines diskriminierenden Etiketts jetzt ein Ende zu bereiten, indem man künftig – ähnlich wie in der neueren Historismus-Forschung zwischen einem Historismus à la Troeltsch und einem Historismus à la Meinecke unterschieden wird[121] – zwei Ansätze unterscheidet: 1. eine Geschichtswissenschaft, die sich – wie vorsichtig auch immer – am Vorbild der experimentellen Natur- und Sozialwissenschaften orientiert, kausale Erklärungen anstrebt und strukturelle Analysen unternimmt (von der Wirtschaftsgeschichte bis zur Mentalitätengeschichte, ja zur Biographik); und 2. eine Geschichtswissenschaft, die im Gegenteil solche Erklärungsversuche für spekulativ und vermessen hält und sich statt dessen auf die Ermittlung ›der Fakten‹ konzen-

[121] Vgl. Otto Gerhard Oexle/Jörn Rüsen (Hg.), *Historismus in den Kulturwissenschaften. Geschichtskonzepte, historische Einschätzungen, Grundlagenprobleme,* Köln 1996.

triert, ja beschränkt, wobei sie ›Ereignisse‹ aller Art (politische, biographische usw.) als Tatsachen schlechthin – als absolute Evidenzen – betrachtet. Pointiert formuliert, könnte man die eine Variante als *konstruktivistischen Positivismus*, die andere als *Faktenpositivismus* bezeichnen. Im Alltag der Wissenschaft mögen sie sich beide manchmal begegnen, doch kompatibel sind sie nicht. Als Bloch 1929 ein Buch von Langlois zu besprechen hatte, markierte er diese Unvereinbarkeit[122]:

> Die von Herrn Langlois vertretene Methode läuft darauf hinaus, den Anteil des Historikers an der Arbeit der Historie vollständig zu leugnen oder auf die Rolle eines Konservators in einem Museum zu reduzieren, der nur die Gegenstände in den Vitrinen klassifiziert und mit Etiketten versieht. Ich dagegen glaube, daß die Rekonstruktion der Vergangenheit und ihre immanente Erklärung sehr viel weitergehende Fähigkeiten in bezug auf Logik und Intuition erfordern, und ich würde sogar hinzufügen: an Phantasie. Rekonstruktion und Phantasie, diese Wörter werden manchen vielleicht erschrecken; denn sie scheinen anzudeuten, daß wir ›zwischen Wirklichkeit… und Publikum… eine individuelle Sichtweise schieben‹, was Herr Langlois zu verabscheuen behauptet. Doch ich antworte darauf, daß jede Wissenschaft – die sogenannten ›exakten‹ Wissenschaften ebenso wie die anderen – rekonstruieren will, und daß die wichtigste Eigenschaft des Gelehrten die Phantasie ist – allerdings eine Phantasie ganz eigener Art. Ebenso wie eine Sammlung anatomischer Teile noch keine Biologie darstellt, läßt sich auch die Geschichtswissenschaft nicht auf eine Sammlung von Texten reduzieren.

122 M. B., Quelques contributions à l'histoire religieuse du moyen âge, in: *Revue de synthèse historique*, 47, 1929, S. 96f.

## Die »Apologie« in der Diskussion

Seit ihrem ersten Erscheinen hat die *Apologie pour l'histoire* eine weite Verbreitung gefunden. Sie wurde von professionellen Historikern ebenso wie von Geschichtsstudenten gelesen, zitiert und kommentiert. Lange Zeit stand diese Rezeption allerdings im Zeichen und auch im Schatten der *Annales*, die in den Jahren nach 1945 zum ersten Mal als ›Schule‹ wahrgenommen und international entdeckt wurden.[123] Die *Apologie* diente in diesem Rahmen vornehmlich als Steinbruch für schöne Zitate. Als origineller geschichtstheoretischer Beitrag wurde sie dagegen kaum wahrgenommen. In vielen Büchern zur ›Historik‹ wurde sie nicht einmal erwähnt.[124] Einer der Gründe dürfte sein, daß Leser, die eine philosophische Begründung geschichtswissenschaftlicher Erkenntnis erwarteten, von Blochs pragmatischem Ansatz enttäuscht wurden. Geradezu typisch ist die Reaktion von Raymond Aron: Der Autor, so erklärt er, sei für ihn »der größte Historiker des 20. Jahrhunderts«, aber sein *Métier d'historien* sei leider nur das »Buch eines Handwerkers«, »eines genialen Handwerkers zwar, aber ohne jedes philosophische Bewußtsein«. Folglich verdiente es keinen theoretischen Kommentar.[125]

---

123 Vgl. Peter Burke, *Offene Geschichte. Die Schule der »Annales«*, Berlin 1991, sowie Raphael (wie Anm. 41). Zur *Annales*-Rezeption in Deutschland vgl. meinen Beitrag in: Middell/Sammler (wie Anm. 119).

124 In dem oben zit. Buch von Marrou (Anm. 117), das lange Zeit prägend war, wird die *Apologie* nur einmal und völlig unspezifisch zitiert. Diese Nichtwahrnehmung gilt natürlich erst recht für die deutsche Fachliteratur. Welcher deutsche Historiker, der sich in den letzten dreißig Jahren theoretisch äußerte, zitierte schon Marc Bloch? Noch vor wenigen Jahren konnte eine dreibändige *Historik* erscheinen, die seinen Namen nicht zu kennen scheint. An all das ist um so mehr zu erinnern, als Bloch heute in aller Munde ist. Sogar der damalige hessische Ministerpräsident Hans Eichel zitierte ihn mehrfach in seiner Eröffnungsrede auf dem Frankfurter Historikertag 1998.

125 Raymond Aron, *Leçons sur l'histoire*, hg. v. Sylvie Mesure, Paris 1989, S. 30.

Seit einigen Jahren ist dies anders. Aus einem bloßen Klassiker ist ein Referenztext geworden, der vielfach diskutiert und ›angeeignet‹ wird.[126] Damit rückt die *Apologie* in den Kontext fachinterner oder fächerübergreifender Theoriedebatten – etwa über den Charakter und die Rolle der wiederentdeckten Kulturwissenschaften –, was nicht ohne Probleme ist. Denn nun bekommt die Interpretation einen neuen ›Einsatz‹, dem mit wissenschaftsgeschichtlichen Argumenten kaum noch beizukommen ist. Als das intellektuelle Testament des »Heiligen Marc Bloch«, wie ihn der Althistoriker Marcel Detienne sarkastisch titulierte[127], wird das Buch jetzt von allen Seiten vereinnahmt und völlig gegensätzlich gelesen.

Einer der Streitpunkte ist etwa, ob Bloch in der *Apologie* seine früheren Auffassungen lediglich zusammenfaßte und noch einmal auf den Punkt brachte – oder ob er in diesem letzten großen Text eine neue Perspektive andeutete, die tendenziell über das Paradigma der *Annales* hinausweisen würde. So vertrat der amerikanische Historiker Bryce Lyon schon vor einigen Jahren die These, daß sich Bloch in der *Seltsamen Niederlage* und in der *Apologie* vom ursprünglichen Ansatz der *Annales* entfernt habe; hätte er den Krieg überlebt, wäre er mit der späteren Zeitschrift ins Gericht gegangen.[128] Diese *virtual history* ist nicht nur methodisch fragwürdig, sie widerspricht auch allen vorhandenen Informationen. Dennoch ist die Frage nach der konzeptionellen Kontinuität oder Diskontinuität im Blochschen Denken legitim. Schon in den sechziger Jahren wies Carlo Ginzburg darauf hin, daß es zwischen den Texten *vor* und *nach* dem Ersten Weltkrieg

126 Zum Beleg sei auf das Internet verwiesen. Jede Suchmaschine liefert viele hundert Webseiten zu Marc Bloch und den *Annales*, darunter auch eine Reihe von Texten oder Veranstaltungen zur *Apologie*.

127 Marcel Detienne, *Comparer l'incomparable*, Paris 2000, S. 29ff.

128 Bryce Lyon, Marc Bloch: did he repudiate *Annales* History?, in: *Journal of Medieval History*, 11, 1985, S. 181–191.

einige Unterschiede gibt.[129] Und obwohl Bloch in der *Apologie* teilweise die gleichen Beispiele anführte, die er schon 1914 als Gymnasiallehrer vortrug, habe sich sein Selbstverständnis als Historiker zunehmend gewandelt[130]:

> Der Bloch der *Apologie* ist sich der Besonderheit des Historikerberufes nun positiv bewußt – und wenn er den Vergleich zwischen der Geschichtsforschung und den Naturwissenschaften wiederaufnimmt, geschieht es in einem völlig neuen Zusammenhang. Nach der Einsteinschen Mechanik und der Quantenphysik ist das Bild der Wissenschaft – behauptete er – viel weniger starr als das, was Durkheim und die positivistischen Historiker am Ende des 19. Jahrhunderts hatten: die Naturwissenschaften haben das Gewisse durch das unendlich Wahrscheinliche ersetzt.

Diese Lektüre hat viele Nachfolger gefunden. Sie akzentuiert mit Recht die Veränderungen im Blochschen Denken und betont seine zunehmende Skepsis gegenüber der Durkheimschen Orthodoxie. Die Frage ist allerdings, wie weit diese Kritik tatsächlich ging und ob sich Bloch von seinen bisherigen theoretischen Referenzen vollständig verabschieden wollte. Bezeichnenderweise spricht Ginzburg von »Durkheim und den positivistischen Historikern« in einem einzigen Atemzug. Auf diese Weise verdeckt er genau jene Spannung, die der *Apologie* ihre diskursive Dynamik verleiht.

Gegenüber Blochs früheren programmatischen Äußerungen enthält dieses Buch in der Tat wichtige Nuancierungen. Sie betreffen sowohl sein Verhältnis zur Durkheimschen Soziologie als auch zur dominanten Form historischer Forschung. So berech-

---

129 Ginzburg (wie Anm. 96), S. 100 ff.

130 Ebenda, S. 103.

tigt die harsche Kritik der Soziologen am Empirismus von Langlois & Seignobos gewesen sei (vgl. bes. S. 164), das geistige Klima habe sich seit der Jahrhundertwende gewandelt (»notre atmosphère mentale n'est plus la même«), und daher müßten jetzt auch die Historiker und Soziologen ihr Wissenschaftsverständnis überdenken. Als Vorbild nennt er – kaum überraschend – die Naturwissenschaften:

> Die kinetische Theorie der Gase, die Einsteinsche Mechanik und die Quantentheorie haben das Bild, das man sich noch gestern von der Wissenschaft machte, grundlegend verändert. Sie haben nicht ihre Bedeutung geschmälert, sondern sie flexibler gemacht. In vielerlei Hinsicht haben sie die Gewißheit durch das unendlich Wahrscheinliche ersetzt und das exakt Meßbare durch den Begriff der ewigen Relativität des Meßvorganges. [...] Aus diesen Gründen sind wir heute viel eher bereit zuzugeben, daß eine Erkenntnis auch dann als wissenschaftlich gelten kann, wenn sie sich nicht aus euklidischen Ableitungen oder unveränderlichen Gesetzen der Wiederholung ergibt. Es fällt uns viel leichter, Gewißheit und universelle Gültigkeit als etwas Graduelles zu betrachten. Wir fühlen uns nicht mehr verpflichtet, allen Gegenständen des Wissens ein einförmiges, von den Naturwissenschaften übernommenes Denkmodell überzustülpen, da dieses Schema sogar dort nicht mehr allgemein angewandt wird. Wir wissen noch nicht recht, was die Wissenschaften vom Menschen eines Tages sein werden. Wir wissen nur, daß es sie [...] auch dann geben wird, wenn sie weder auf ihre Eigenart verzichten, noch sich ihrer schämen (S. 18f.).

Wie ist diese außergewöhnliche Passage, auf die auch Ginzburg anspielt, zu verstehen? Handelt es sich tatsächlich um eine Abkehr von Blochs früherer Wissenschaftskonzeption, von der wir sahen, daß sie einem szientifischen Modell der Sozialwissenschaften verpflichtet war? Wäre dies der Fall, müßte sich dieselbe Abkehr auch überall sonst im Text belegen lassen. Doch es stellt sich heraus, daß Bloch bis in die Formulierungen hinein an seinem ›früheren‹ experimentellen, kritisch-rationalistischen Wissenschaftsverständnis festhält. Auch seine ›Hausgötter‹ (Cournot, Renan, Fustel usw.) bleiben dieselben. Sogar Simiand, der als die Inkarnation der Durkheimschen Epistemologie gilt, ist einer der am häufigsten (und positiv) zitierten Autoren. Insofern läßt sich Blochs Position auch nicht als eine Art ›dritter Weg‹ beschreiben, der ihn *zwischen* dem ›Positivismus I‹ der Durkheim-Schule und dem ›Positivismus II‹ der traditionellen Sorbonne-Historiker hindurch- und hinwegführen würde. Beide Positivismen bilden ohnehin keine ›Parallelen‹, und Bloch situiert sich nicht ›in der Mitte‹.[131] Die Distanz, die zwischen ihm und Simiand und zwischen ihm und Seignobos liegt, ist keineswegs dieselbe. Auch wenn neuerdings einige französische Historiker, die Seignobos gerade wiederentdecken[132], die These vertreten, daß sich der Autor der *Apologie* auf seinen alten Lehrer zubewegt hätte, zeigt der Text ganz eindeutig, daß sich Bloch mit den Soziologen weit besser verstand als mit den ›Faktenpositivisten‹.

Dennoch hat sich in diesem Buch etwas ereignet. Nicht nur der Ton der Auseinandersetzung ist weniger polemisch – obwohl sich Bloch ohnehin weniger exponierte als Febvre –, auch die methodologischen Thesen werden vorsichtiger, nuancierter formuliert. Das wichtigste Wort, das Bloch in verschiedenen Varianten immer wieder in die Feder fließt, heißt: »*souplesse*« bzw. »*assouplissement*«, Flexibilität, Geschmeidigkeit (S. 16, 19 usw.). Nicht nur die Naturwissenschaften, auch die Sozialwissenschaftler und Historiker

[131] So jedoch Noiriel (wie Anm. 96), S. 10.

[132] Vgl. etwa Antoine Prost, Seignobos revisité, in: *Vingtième Siècle*, 43, 1994, S. 101–117.

müßten »flexibler« werden, beweglicher, phantasievoller, offener, kurzum: noch viel *experimenteller* als in der Vergangenheit! Darin besteht die entscheidende Wendung des Buches: Marc Bloch plädiert keineswegs für eine Rückkehr zur ›guten alten‹ Geschichtsschreibung *vor* der soziologischen Revolution. Ganz im Gegenteil: Er kritisiert einmal mehr ihre methodische Selbstzufriedenheit und intellektuelle Ängstlichkeit. Doch er wendet sich auch gegen die Versuchungen einer allzu formalen Soziologie, die bei der historischen Ursachensuche dazu neigt, menschliche Phänomene nach dem Modell des »Uhrwerks« zu erklären, also eine Verkettung von Faktoren zu behaupten, ohne die *realen* Verkettungen jemals erforscht zu haben (S. 213 f.).

Gegen den Faktenpositivismus und die akademische Routine, aber auch gegen den soziologischen Theorizismus setzt Marc Bloch – gleichsam in epistemologischen Bescheidenheit, denn er ist ja nur ein »Handwerker« und kein »Mathematiker« (S. 21) – sein Programm: eine »erweiterte und vertiefte Geschichtswissenschaft« (S. 19), *une histoire à la fois élargie et poussée en profondeur.* Ohne auf das Instrumentarium der historischen Gelehrsamkeit oder auf die Theorieangebote der anderen Humanwissenschaften zu verzichten, soll sie sich auf ihre Eigenart besinnen – die Geschichte der Menschen zu erforschen:

> Einer Wissenschaft der Vielfalt ist der zur Abstraktion neigende Singular weniger angemessen als der Plural, der grammatikalische Modus der Relativität. Hinter den Charakteristiken einer Landschaft, hinter Werkzeugen oder Maschinen, hinter scheinbar völlig unpersönlichen Schriftstücken und hinter Institutionen, die sich von ihren Gründern scheinbar völlig losgelöst haben, stehen Menschen, und sie versucht die Geschichtswissenschaft zu verstehen. Der, dem dies nicht gelingt, wird nie mehr sein als ein Hilfsarbeiter der Gelehrsamkeit. Dagegen gleicht der gute Historiker dem Men-

schenfresser im Märchen. Seine Beute weiß er dort, wo er Menschenfleisch wittert (S. 30).

## Anhang

***Die verschiedenen Ausgaben der »Apologie pour l'histoire«***

- 1. Ausgabe: Paris, Armand Colin, 1949 (»Cahiers des Annales«, Heft 3), 111 S. Nachwort von Lucien Febvre »Comment se présentaient les manuscrits de *Métier d'historien*« (S. 105–107). Mehrere Nachauflagen. Hier abgekürzt: APOL 1949
- 2. Ausg.: Paris, Armand Colin, 1974 (Reihe »U prisme«), 167 S. Vorwort von Georges Duby (S. 5–15), Nachwort von Lucien Febvre wie in der 1. Ausg. (S. 161–164). Hier abgekürzt: APOL 1974
- 3. Ausg.: Paris, Armand Colin, 1993, 291 S. Vorwort von Jacques Le Goff (S. 7–32), Einführung von Etienne Bloch, »Une nouvelle édition d'*Apologie pour l'histoire ou Métier d'historien*« (S. 33–62). (Von dieser sog. »kritischen« Ausgabe existieren bislang eine spanische und eine italienische Übersetzung.) Hier abgekürzt: APOL 1993
- 4. Ausg.: Paris, Armand Colin, 1997 (Reihe »Références Histoire«), 159 S. Vorwort von Jacques Le Goff wie in der 3. Ausg. (S. 7–30); Notiz »à l'usage du lecteur« [von Etienne Bloch] (S. 31). (Basiert auf der 3. Ausg., allerdings wurden die editorische Einführung von Etienne Bloch und eine frühe Fassung des Blochschen Manuskripts weggelassen). Hier abgekürzt: APOL 1997

***Deutsche Ausgaben***

- 1. Ausgabe, basierend auf der 1. frz. Ausgabe: *Apologie der Geschichte oder der Beruf des Historikers*, Stuttgart, Ernst Klett Verlag, 1974, 192 S. (Reihe »Anmerkungen und Argumente zur historischen und politischen Bildung«, Bd. 9); deutsche Ausgabe hg. u. mit einer »Einleitung für den deutschen Leser« von Friedrich J. Lucas (S. 7–23). Übersetzung: Siegfried Furtenbach, revidiert durch Friedrich J. Lucas. Hier abgekürzt: APOL d1974
- 2. Ausg.: dasselbe, Stuttgart, Ernst Klett Verlag, 1980, 211 S. (in veränderter Ausstattung, ohne Reihentitel). Hier abgekürzt: APOL d1980
- 3. Ausg.: dasselbe, München, Deutschen Taschenbuch Verlag, 1985, 155 S. (*ohne* die Einleitung von Friedrich J. Lucas). Hier abgekürzt: APOL d1985
- 4. Ausg.: dasselbe, Stuttgart, Klett-Cotta, 1992, 188 S. (mit einer *gekürzten* Fassung der Einleitung von Friedrich J. Lucas aus der 1. dt. Ausg. [S. 9–19]). Hier abgekürzt: APOL d1992
- 5. Ausg., basierend auf der 4. frz. Ausgabe: *Apologie der Geschichtswissenschaft oder Der Beruf des Historikers*, Stuttgart, Klett-Cotta, 2002; Vorwort von Jacques Le Goff, Nachwort von Peter Schöttler; Übersetzung: Wolfram Bayer.

## Drei Gliederungsentwürfe

### (1) Frühe Gliederung

**Apologie der Geschichtswissenschaft**
**oder**
**Wie und warum ein Historiker arbeitet**

I. Historische Erkenntnis
   1. Geschichtswissenschaft als Erkenntnis des Menschen in der Gesellschaft.
   2. Gegenwart und Vergangenheit, Geschichte als Wissenschaft der Veränderung.
   3. Untrennbarkeit von Faktenjagd und Interpretation.

II. Faktenjagd
   1. Das Wesen historischer Wahrnehmung: die Zeugnisse.
   2. Kritik der Zeugnisse.
   3. Allgemeine Lehren aus der Kritik der Zeugnisse.

III. Interpretation
   1. Was ist eine Erklärung in der Geschichtswissenschaft?
   2. Rolle des Vergleichs.
   3. Möglichkeiten der Voraussage.

   *Anhang*: Über den Unterricht der Geschichte.

Quelle: APOL 1997, S. 41–42 (Übersetzung: P. Sch.)

## (2) Ausführliche Zwischen-Gliederung

**Apologie der Geschichtswissenschaft
oder
Der Beruf des Historikers**

I. *Die historische Erkenntnis: Vergangenheit und Gegenwart*

1. Inwiefern braucht die Geschichtswissenschaft eine Definition?
2. Ist die Geschichte eine »Wissenschaft der Vergangenheit«? Erster Punkt: sie kann gar nicht die Wissenschaft der gesamten Vergangenheit sein. Gegenstand der Geschichtswissenschaft ist der Mensch. Daher sind sprachliche Probleme stets besonders heikel.
3. Zweiter Punkt: Kann man Vergangenheit und Gegenwart überhaupt unterscheiden? Es gibt keine Gegenwart.
4. Aber es gibt eine entfernte und eine nahe Vergangenheit. Können sie Gegenstand zweier unterschiedlicher Erkenntnistypen sein? Neuartigkeit dieser Auffassung. Worauf sie sich zu gründen versucht. Es gibt zwei Probleme: (a) unterscheiden sich die Erkenntnismittel? (b) enthält die »Gegenwart« ihre eigene Erklärung? Zunächst beschäftigen wir uns mit dem zweiten Problem.
5. Irrtümer der Positivisten: erster Irrtum, die Obsession des Ursprungs.
6. Zweiter Irrtum der Positivisten: die »Lehren der Geschichte«. Dieser Irrtum hat sich auf das Handeln ausgewirkt und erklärt die These vom irreführenden Charakter der Geschichtsschreibung. Aber sie richtet sich gegen das Wesen der Geschichtswissenschaft selbst. Diese ist: (a) Wissenschaft von der Zeit, folglich der Veränderung; (b) Sammlung von Erfahrungen, nicht von Präzedenzfällen.

7. Dritter Fehler der Positivisten: die Geschichte der Vergangenheit kann auf die Kenntnis der Gegenwart verzichten. Regressive Methode.
8. Reaktion. Illusion, daß nur das Nahe das Nahe erklären kann. Absurdität dieser Vorstellung. Die Erkenntnis der Vergangenheit dient zwar nicht allein der Erklärung der »Gegenwart«. Aber sie ist ein Erklärungselement der Gegenwart.

*II. Die historische Beobachtung*

1. Ist die historische Beobachtung, sofern sie sich auf die Vergangenheit bezieht, eine indirekte Beobachtung? Wie diese Vorstellung aus einer bestimmten Geschichtsauffassung entstanden ist. Allgemeiner kann man sagen, daß sie eine Spurenbeobachtung ist.
2. Worin unterscheidet sich die historische Beobachtung von der in den meisten Naturwissenschaften? Allein in der Unmöglichkeit: (1) das Phänomen hervorzurufen, (2) es zu wiederholen. Aber es kann zu Kritik kommen (Affäre Kammerer[133]).
3. Worin unterscheidet sich die Beobachtung der menschlichen Vergangenheit von der Beobachtung der menschlichen Gegenwart? (a) Bei individuellen Menschen gibt es gewisse Möglichkeiten, das Phänomen hervorzurufen und zu wiederholen: Unterschied, in dieser Hinsicht, zwischen Psychologie und Geschichtswissenschaft. (b) Bei Menschen in Gesellschaft gibt es zwar keine Möglichkeit, etwas hervorzurufen oder zu wiederholen, aber der Zeuge läßt sich wenigstens stärker lenken. Der Anteil der Spurenbeobachtung bleibt trotzdem erheblich.

133 Paul Kammerer (1880–1926), österreichischer Vererbungsbiologe, der seine Experimente fälschte (vgl. APOL 1993, S. 243).

4. Verschiedene Arten historischer Zeugnisse: absichtliche und unabsichtliche Zeugnisse. Wachsender Anteil der zweiten Art.
5. Historische Kritik. Der »untersuchende« Zweifel. Geburt des kritischen Geistes.
6. Verschiedene Arten der Kritik. Klassische Unterteilungen. Unterscheidung zwischen dem Begriff der Authentizität und dem der Wahrheit.
7. Historisches Zeugnis und »Psychologie« der Aussage. (Beispiel eines schlechten Zeugen: Bernhard von Clairvaux). Die Mythomanen. Begrenzter Wert.
8. Die wahre Begründung der historischen Quellenkritik: Theorie der Wahrscheinlichkeit und der Koinzidenz. Beispiel: Stilkritik. Resultate: makro und mikro.
9. Historische Arbeit als Erziehung zu kritischem Denken (Richard Simon und die Ritualverbrechen). Falschmeldungen im Krieg.
10. Das Problem des Maßstabs. Die Statistik. Grundlagenkritik. Eigentliche statistische Kritik. Aberglauben der Durchschnittswerte.

*III. Die historische Analyse*

1. *Ta eonta legein, Wie es geschehen ist.* Irrtum solcher Formulierungen. Zwei Bedeutungen: (1) Unparteilichkeit, (2) Wahrheit.
2. Notwendigkeit der Analyse (Beispiele). Sie widersetzt sich nicht der Rekonstruktion eines Ereignisses oder eines Menschen. Aber auch dort gibt es eine Wahl.
3. Elemente der Analyse: nominalistische Irrtümer; Irrtum der »Theorie« (politische Ökonomie).
4. Praktische Anwendung: Zerstörung des Repertoriums und der historischen Arbeit.
5. Wie arbeitet der Historiker in der Praxis? Der Fragebogen.

6. Wie entstehen Probleme? Überraschung – Erfahrung.
7. Leitende Hypothese. Überprüfung früherer Hypothesen. Liebe zum Risiko.

IV. *Die Zeit und die Geschichte*

1. Einzigartigkeit der historischen Tatsache. Simiands Irrtümer.
2. Datierung der historischen Tatsache, Anachronismus. Erziehung durch Geschichte und Sinn für Unterschiede. Geschichte als schlechte Lehrmeisterin.
3. Veränderungen. Erziehung durch Geschichte und Sinn für Veränderungen (Sinn für Zeit: wirtschaftlicher Liberalismus).
4. Einteilungen der historischen Zeit. Dynastien und Regentschaften. Ären. Jahrhunderte. Generationen. Begriff der Färbung einer Epoche.

V. *Die historische Erfahrung*

1. Veränderungen. Begriff der wichtigen Tatsache.
2. Erfahrung und Experiment. Das Experiment kann von vielen Ursachen ausgehen, die historische Erfahrung allein von der Wirkung (Menschenkenntnis, Militärgeschichte).
3. Vergleichende Methode.

VI. *Die Erklärung in der Geschichtswissenschaft*

*Als Einleitung*: die Generation der Skeptiker (und Wissenschaftsgläubigen).

1. Begriff der Ursache. Unterscheidung zwischen Ursache und Motiv. (Das Unbewußte.) Romantik und Spontaneität.
2. Begriff des »Zufalls«.
3. Das Problem des Individuums und seines »differentiellen« Wertes (daneben auch die dokumentierbaren Epochen ohne Individuen). Ist die Geschichte nur eine Wis-

senschaft der Menschen »in Gesellschaft«? Massengeschichte und Eliten.

4. Das Problem der »determinierenden« Tatsachen.

*VII. Das Problem der Voraussage*

1. Voraussagen, ihre mentale Notwendigkeit.
2. Übliche Irrtümer von Voraussagen: Wirtschaftskonjunktur, Militärgeschichte.
3. Antinomie bei Voraussagen in menschlichen Dingen: eine Voraussage, die sich durch Voraussage zerstört; Rolle der Bewußtwerdung.
4. Kurzfristige Voraussagen.
5. Regelmäßigkeiten.
6. Hoffnungen und Ungewißheiten.

*Am Schluß*: Die Rolle der Geschichtswissenschaft in der Gesellschaft und im Unterricht.

*Anhang*: Über den Unterricht der Geschichte.

Quelle: APOL 1997, S. 42–45 (Übersetzung: P. Sch.)

## (3) Späte Gliederung

[*Aus einem Brief an Lucien Febvre vom 2. März 1943:*]

Hier die grobe Gliederung (vorläufige Überschriften!):

*Einleitung* (relativ lang, Stellungnahme)

*I. Die Geschichte, die Menschen und die Zeit*

1. Die Auswahl des Historikers.
2. Die Geschichte und die Menschen.
3. Die historische Zeit.
4. Der Götze »Ursprung«.
5. »Vergangenheit« und »Gegenwart«.

*II. Die historische Beobachtung*

1. Allgemeine Merkmale der historischen Beobachtung.
2. Die Zeugnisse.

*III. Die Kritik*

1. Entwurf einer Geschichte der kritischen Methode.
2. Der Lüge und dem Irrtum auf der Spur.
3. Versuch einer Logik der kritischen Methode (gute Ausführungen und [*unleserliches Wort*] über »Wahrscheinlichkeitsrechnung« in der historischen Kritik).

*IV. Die historische Analyse*

1. Urteilen oder Verstehen?
2. Von der Vielfalt menschlicher Phänomene zur Einheit des Bewußtseins.
3. Die Nomenklatur.

Soweit bin ich gerade. Jetzt fehlt noch ein Abschnitt über die chronologischen Einteilungen. Danach kommen (mit noch zu bestimmenden Kapitelaufteilungen) die historische Erfahrung, das Problem der Ursachen und der Voraussage sowie ein Schlußkapitel (darin wohl »erfahrungsgemäß« ein heikler und durchaus undurkheimianischer Abschnitt über das Ereignis).

Quelle: APOL 1993, S. 46–47 (Übersetzung: P. Sch.)

# Register

*Das Vorwort und das Nachwort sind in diesem Register nicht berücksichtigt.*

*Aischylos* 147
*Alembert, Jean d'* 97
*Alkuin* 197
*Andreas, Willy* 100
Archäologie 61 f., 129
*Aristoteles* 26, 111
*Arnauld, Antoine* 135
Assyrisches Reich 61 f., 131
Aufklärung 40
*Augustus* 132

*Babeuf, François Noël* 186
*Bacon, Francis* 137
*Bainville, Jacques* 99
*Barrès, Maurice* 36
*Bayle, Pierre* 15, 95, 117, 198
*Bergson, Henri* 204
*Bernard, Claude* 96
*Bernhard von Clairvaux* 114
*Berr, Henri* 17, 192
*Bonald, Louis de* 49
*Borel, Emile* 144
*Bossuet, Jacques Bénigne* 36, 94
*Bouguereau, Adolphe William* 135
*Boulainvilliers, Henri de* 186

*Calvin, Johannes (Jean)* 48
*Caron, Pierre* 60
*Cäsar, Julius* 32, 103, 117
*Cato der Ältere* 175
*Cézanne, Paul* 135
*Chasles, Michel* 109 f.
*Chatterton, Thomas* 108
*Chlodwig (Clovis)* 101, 144, 197
Christentum 6 f., 36 ff., 149
Code Civil 46 f.
*Comte, Auguste* 16
*Cournot, Antoine Augustin* 7, 67, 147

*Delehaye, Hippolyte* 136
*Descartes, René* 96
*Diez, Friedrich* 128
*Dombasle, Mathieu de* 176
Dreyfus-Affäre 104, 201 f.
*Du Pin, Ellies* 95
*Dumas, Alexandre* 9
*Durkheim, Emile* 16, 25

*Einhard* 132
*Einstein, Albert* 136, 199

Entwicklung, Evolution 35, 40, 48f., 158, 162f.
*Erasmus von Rotterdam* 173, 184
Erfahrung, Experiment 50, 59, 63, 65, 121, 139, 150, 155
Etymologie 38, 187, 204

*Febvre, Lucien* 3f., 148, 170
*Fermat, Pierre* 144
Feudalgesellschaft 39, 186ff., 191, 195
*Fleury, Claude* 97
*Florianus* 169
*Florus* 71
*Focillon, Henri* 171
*Fontenelle, Bernard de* 191
*France, Anatole* 17f.
Französische Revolution 60, 82ff., 158, 168, 184, 188
*Friedrich I. Barbarossa* 107
*Froissart, Jean* 69
*Fustel de Coulanges, Numa-Denis* 15, 30, 51, 53, 99, 171f., 185

*Galilei, Galileo* 110
Gedächtnis, Erinnerung 6ff., 66, 81, 84f., 115, 138, 194
Generation(en) 16, 35, 45–48, 95f., 107f., 121, 131, 136, 150, 157, 170, 201ff.
Gerüchte 113, 120–124, 148f.
Geschichtswissenschaft 5–19, 37 (Legitimität), 27–31 (Gegenstandsbereich)
*Gide, André* 10, 107
*Goethe, Johann Wolfgang* 41
*Gregor VII.* 158
*Grévy, Jules* 199
*Guizot, François* 196

*Heinrich IV.* 158
*Hekataios von Milet* 26
*Herodot* 44, 69f., 92, 155
*Hitler, Adolf* 139
*Holbein d.J., Hans* 173
Humanwissenschaften 19, 34f., 159, 164, 166f., 175, 189, 192
*Humboldt, Alexander von* 98
*Hume, David* 49

*Ignatius von Loyola* 48, 137, 145

*Joffre, Joseph* 69
*Johannes Colombini* 137, 145
*Joly, Maurice* 139

Kapitalismus 186ff., 190f., 200f.
*Karl der Große* 104, 106, 132
Kausalität 28f., 34, 207–214
*Keller, Christoph* 196
*Kelvin, Lord (William Thomson)* 26
*Keynes, John Maynard* 191f.
*Klemens IX.* 137
*Klemens XIV.* 137
Kontingenz 118, 137f., 140–145, 147, 150

*Lachmann, Karl* 142
*Lamprecht, Karl* 204
*Langevin, Paul* 26
*Langlois, Charles Victor* 5, 46
*Laplace, Pierre Simon* 144, 170
*Lavisse, Ernest* 194
*Law, John* 209
*Le Bras, Gabriel* 184

*Lea, Henry Charles* 132
*Leibniz, Gottfried Wilhelm* 9, 45, 191
*Lenormant, François* 107
*Lenôtre, Gustave* 168
Linguistik 78, 140f., 146, 185, 192
*Livius* 71, 132
Lokalgeschichte 81ff., 86f.
*Ludwig VII.* 128
*Ludwig IX. der Heilige* 177
*Ludwig XIV.* 191, 198
*Ludwig XV.* 199
*Luther, Martin* 32, 48, 158, 173

*Mabillon, Jean* 93, 95f., 112, 125, 147
*Machiavelli, Niccolò* 49, 199
*Maitland, Frederic William* 51f.
*Malebranche, Nicolas* 11
*Marbot, Jean Baptiste* 125f., 131f.
*Marie-Antoinette*103
*Marx, Karl* 186
*Maulnier, Thierry* 201
*Maurras, Charles* 36, 99
*Meillet, Antoine* 128
Mentalität 38, 45, 47, 50, 68, 72, 106, 118, 120f., 166, 170, 203, 211
*Mérimée, Prosper* 108
Methode (historische) 14f., 62f., 73f., 77f., 86, 93f., 95, 97, 102f., 134, 148, 151, 167
*Michelet, Jules* 30, 45, 49, 51, 72, 171f., 196, 207
Milieu 35, 38, 48, 118, 202
Mittelalter 28f., 72, 91ff., 108f., 123, 127, 132, 136f., 142, 145f., 165, 169, 173, 177f., 181f., 189f., 195ff.
*Molinier, Emile* 80
*Montaigne, Michel de* 93f., 148, 157
*Montesquieu, Charles de* 41, 186

*Napoleon Bonaparte* 65f., 126, 128, 139, 212
Napoleonische Kriege 57, 65, 125f., 128
Naturwissenschaften 16–19, 35, 146, 167
*Newton, Isaac* 109, 199
*Niebuhr, Barthold Georg* 71

*Ockham, William* 197
Ökonomie 42, 44, 133f., 162, 191f.

*Pais, Ettore* 137
*Papebrock, Daniel* 93, 95, 112
*Paré, Ambroise* 120
*Pascal, Blaise* 36, 68, 109f., 135f., 156, 168
*Pasteur, Louis* 199
*Péguy, Charles* 20
*Pelet, Jean Jacques* 131
*Perikles* 198
Periodisierung 193–204
*Philipp II. August* 199
*Philipp IV. der Schöne* 191, 197
Philosophie 18, 20, 37. 94, 96f., 195, 198, 212
*Pirenne, Henri* 13, 50ff., 99
*Plechanow, Georgij Walentinowitsch* 99
*Polybios* 132

*Pompeius* 117
*Pomponazzi, Pietro Giovanni* 149
Positivismus 11, 31, 164, 207
Psychologie 65, 114, 117, 119, 127, 130f., 151, 160, 171, 210–214

Quellenkritik 93–97, 99, 101ff., 105ff., 124–138, 140ff., 144, 147–151
*Quintilian* 111

*Rabelais, François* 149, 168, 195
*Ranke, Leopold von* 155
Rechtsgeschichte 164
Renaissance 148f., 172, 196
*Renan, Ernest* 34, 80, 99, 213
Revolution von 1848 116ff.
*Richelieu, Armand Jean du Plessis, Herzog v.* 157
*Robespierre, Maximilien* 157, 212
*Rollin, Charles* 71
Romantik 18, 35, 109
Römisches Reich 32, 86, 161, 177
*Ronsard, Pierre* 195

*Sainte-Beuve, Charles-Augustin* 34
*Saint-Simon, Louis, Herzog v.* 72
*Saint-Thierry, Wilhelm von* 114
*Schramm, Percy Ernst* 141
Schrift 48, 128, 181f.
*Ségur, Henri Philippe de* 131
*Seignobos, Charles* 5f., 18, 40, 46
*Simiand, François* 63, 164, 189, 210, 212
*Simmel, Georg* 212
*Simon, Richard* 95, 150
Sklaverei 176f., 180
*Sombart, Werner* 200
Soziologie 16f., 25, 43f., 128, 210
*Spinoza, Baruch* 95
Sprache, Linguistik 31, 78, 135f., 160–163, 174–193
Spuren 63–66, 73
Statistik 132ff., 143, 174
*Sueton* 71, 132
*Sulla* 157
*Surville, Clothilde de* 108
*Sybel, Heinrich von* 212

*Tacitus* 87, 93, 147
*Taine, Hyppolyte* 37
*Terenz* 142
*Thiers, Adolphe* 105
*Thomas von Aquin* 197
*Thukydides* 41
*Tocqueville, Alexis de* 117

Ursprung 34–40, 45, 53, 195

*Valéry, Paul* 13, 75, 174
*Vandal, Albert* 13
Vergleich 49, 125ff., 136
Verstehen 14, 47, 49f., 52f., 160f.
*Vespasian* 94
Vichy-Regime 51, 188
*Villemarqué, Théodore Hersard de La* 108
*Volney, Constantin François de* 93, 144
*Volta, Alessandro* 45
*Voltaire, François Marie Arouet, gen.*

68, 92, 118, 135, 195 ff.
*Vrain-Lucas, Denis* 109 f., 136

Wahrscheinlichkeit 96, 126 f., 138–147
Wandel (historischer) 46–49, 53, 200, 202
Weimarer Republik 179
Weltgeschichte 54
Weltkrieg, Erster 51, 84, 92, 111 f., 113, 119–124
Weltkrieg, Zweiter 7 f., 84
Werturteile 37, 156–159, 203, 210
*Wilhelm der Eroberer* 181
Wissenschaft, Erkenntnis 11 f.; 17 ff., 44, 49, 62 ff., 97, 138, 148, 184, 189, 207

Zeit (historische) 32 f., 40, 163, 173, 193 ff., 198 ff., 204
Zivilisation (Kultur) 7, 33, 48, 124, 128, 136, 203 f.